PASAJES

PASAJES

CULTURA

Segunda edición

MARY LEE BRETZ
Rutgers University

TRISHA DVORAK
University of Michigan

CARL KIRSCHNER
Rutgers University

Random House **New York**

This book was developed for Random House by Eirik Børve, Inc.

Second Edition

9 8 7 6 5 4

Library of Congress Cataloging in Publication Data
Bretz, Mary Lee.
    Pasajes, cultura.

    English and Spanish.
    Includes index.
    1. Spanish language—Readers—Civilization, Hispanic.
2. Civilization, Hispanic.   I. Dvorak, Trisha.
II. Kirschner, Carl, 1948–   .   III. Title.
PC4127.C5B73   1987   468.6'421   86-26322
ISBN   0-394-35322-6

Manufactured in the United States of America

Text design by James Chadwick
Cover design by Dare Porter
Photo research by Judy Mason

Grateful acknowledgment is made for use of the following:

Photographs   *page 1* © Steve Allen/Peter Arnold; *6* © David Mangurian/Inter-American Development Bank; *7* © Yoram Lehmann/Peter Arnold; *9* © Gilles Peress/Magnum Photos; *14* © Beryl Goldberg *(left)*; *14* © David Kupferschmid *(top right)*; *14* © Mark Antman/The Image Works *(bottom right)*; *20* © Joseph Koudelka/Magnum Photos; *29* © Beryl Goldberg; *30* © Kay Lawson/Jeroboam; *35* © Mary Ellen Mark/Archive Pictures; *41* © Cornell Capa/Magnum Photos; *42* © Cornell Capa/Magnum Photos; *43* © Peter Menzel; *46* courtesy of Forest Lawn Memorial-Park; *50* © Helena Kolda/Monkmeyer; *58* © John Weisblat/UNICEF; *59* © Marc Riboud/Magnum Photos; *62* © Claudio Edinger/Kay Reese; *70* © Yoram Lehmann/Peter Arnold; *76* © Owen Franken *(left)*; *76* © Georg Gerster, Rapho/Photo Researchers *(right)*; *78* © Paul Conklin/Monkmeyer; *82* © George Holton, Photo Researchers; *84* © Charles Harbutt/Archive Pictures; *88* © Stuart Cohen; *93* © Peter Menzel; *95* © David Kupferschmid; *96* © Leo de Wys; *99* © UPI/Bettmann Newsphotos; *104* © Mark Chester/Leo de Wys; *114* © UPI/Bettmann Newsphotos; *116* © courtesy of Peace Corps; *122* © UPI/Bettmann Newsphotos; *125* © Katherine A. Lambert; *131* © Ken Silverman/Leo de Wys; *143* © Fritz Henle/Photo Researchers; *145* © UPI/Bettmann Newsphotos; *148* © AP/Wide World Photos; *150* © Vautier/de Nanxe; *154* © Jeroboam; *162* © Jeroboam; *166* © Mimi Forsyth/Monkmeyer; *171* © UPI/Bettmann Newsphotos; *173* © Catherine Ursillo/Photo Researchers; *176* © Peter Menzel; *179* © AP/Wide World Photos; *185* © Joseph Koudelka/Magnum Photos; *192* © Eric Kroll/Taurus Photos; *196* © Nicole Bonnet/Gamma; *201* © Peter Menzel; *206* © UPI/Bettmann Newsphotos; *213* © AP/Wide World Photos; *222* © AP/Wide World Photos; *223* © Sergio Penchansky/Photo Researchers; *224* © Wollmann/Gamma; *225* © Wendy Watriss/Woodfin Camp; *229* © Stuart Cohen; *232* © Bobbie Kingsley/Photo Researchers; *235* © Mark Antman/The Image Works; *249* © Rogers/Monkmeyer; *251* © Carl Frank/Photo Researchers; *254* © Howard Claman/Monkmeyer

(Continued on page 277)

Contents

To the Instructor

Pasajes: Cultura has been designed with two goals in mind: to expose students to another culture without encouraging the formation of preconceptions or prejudices about it, and to improve their reading skills in Spanish. The concept of culture that has guided the authors of *Pasajes: Cultura* is that suggested by many social anthropologists: culture is a meaning system shared by members of a particular group or community; the values and beliefs that form this meaning system provide answers for fundamental human dilemmas and set guidelines for appropriate behavior.

The themes of the twelve chapters of *Pasajes: Cultura* are the same as those developed in the other texts in the series. They cover important characteristics and concerns of the Hispanic world, reflected in all its rich diversity: urban and rural; European, Indian, and African; young and old; Spain, Latin America, and Spanish-speaking communities within the United States. It is hoped that the exploration of each theme will lead students away from superficial generalizations and toward a deeper understanding of Hispanic ways of life.

One of the steps in this process is to increase students' sensitivity to their own American culture, and to the unique answers it provides for the same human dilemmas. The purpose is not to argue superiority or inferiority of cultures, but to recognize that the value of any culture's answers is relative, and to arrive at an appreciation of the significance of cultural differences.

In the third and fourth semesters of college Spanish, many students are confronted with a dilemma: they are supposed to begin "really reading" in Spanish, but the materials they are given may be impenetrable unless they have already been "really reading" for some time. The excitement and the adventure the instructor had hoped to convey often degenerate into a dictionary exercise. Possibly the most important skill an instructor can teach students is *how to get ready to read*.

Pasajes: Cultura aims to develop students' ability to read in a variety of ways. To do this, each chapter includes a section called **Antes de leer**, which includes three different types of pre-reading activities. The first, **Aspectos lingüísticos,** focuses on particular vocabulary or structural elements that are known to slow down reading comprehension for non-native speakers. Specific strategies for handling these problems are provided to aid in the recognition of new lexical items, the location of the main parts of the sentence, the breaking of complex sentences into simpler ones, and the recognition and interpretation of pronouns and transition words. Every chapter includes exercises and every fourth chapter has timed readings. Exercises and controlled readings should be covered in class (see the

Instructor's Manual for further discussion of time-controlled readings), without dictionary aids.

The second section within **Antes de leer** is **Aproximaciones al texto.** Here issues fundamental to reading comprehension are discussed and students practice transferring the skills they have developed in reading in their native language to reading in Spanish. Different chapters discuss and practice items such as skimming a text, using titles and section heads to prepare for reading, scanning, and outlining. **Prelectura,** the final section of **Antes de leer,** sensitizes students to the specific reading that appears in each chapter through the use of general discussion questions on the topic presented in the reading. All of these sources give students important information about the chapter topic and reading, thus establishing a mental set of expectations and preknowledge. The reading process is now greatly simplified: the student is filling in an outline rather than trudging through totally unfamiliar territory.

Each reading is preceded by a list of core vocabulary, **Vocabulario activo,** that students will need in order to understand and discuss the reading. The list is followed by exercises designed to help them assimilate the new materials. Within the first six chapters graphic symbols are used in the texts to cue the meaning of verb tenses that appear frequently but that have not yet been presented in *Pasajes: Lengua.* Important vocabulary items that cannot be guessed from context are glossed in the margins. Words that can be either guessed from context or from their similarity to other known words are indicated by a question mark __?__ in the margin.

The exercises following each reading progress from content questions that measure literal comprehension of the selection to questions calling for interpretation and extrapolation. The exercises vary in format from chapter to chapter, to hold students' interest and to allow for an increasing level of difficulty. The grammar points treated in the corresponding chapters of *Pasajes: Lengua* have been incorporated into the comprehension and discussion questions of the culture chapters.

Each chapter also includes short readings taken from Spanish and Spanish-American magazines and newspapers. These are always related to the topics and are not glossed, to give students practice in reading native Spanish. Brief pre- and post-reading exercises introduce the selections and provide follow-up. For further suggestions on how to use the readings, see the *Instructor's Manual.*

Major Changes in the Second Edition

- The total number of chapters has been reduced from 14 to 12. One new chapter theme, **El trabajo y el ocio,** has been added.
- Cultural information has been updated, where appropriate, and additional information about Spain has been added to a number of the readings.
- The **Antes de leer** section, described in detail above, has been expanded from one to three parts and now appears in all chapters. The **Aproximaciones al texto** and **Prelectura** subsections, totally new to this edition, give students more opportunities to practice and develop a

variety of reading skills. All of these sections lend themselves easily to creative classroom use.

- The **Después de leer** sections have been completely rewritten to allow for greater variety of exercises as well as better and more creative integration of grammar practice within the discussion format. The exercises always include further practice with the skills introduced in the **Antes de leer** sections.

- The **recortes** (*clippings*) from Hispanic magazines or newspapers, totally new to this edition, have sometimes been edited for length, but have been largely left in the original language. They are included to encourage independent reading on the part of students, and to increase their exposure to authentic language texts.

We hope that the materials in this text will enable both students and instructors to enjoy and profit from the study of Hispanic culture.

To the Student

Pasajes: Cultura is designed to introduce certain basic aspects of Hispanic culture and at the same time to teach you to become a faster reader of Spanish. The book is divided into twelve chapters, each devoted to the study of an aspect of Hispanic culture that is of universal human importance. In addition, the text tries to present points of obvious cultural contrast. As you read each selection, it is likely that you will become not only more sensitive to Hispanic culture, but also more aware of your own. It is our hope that the combination of greater awareness and sensitivity will enable you to reach a higher level of cultural understanding.

To improve your reading skills, *Pasajes: Cultura* has several features that we think will help you to read with greater ease and understanding of Spanish.

- **Antes de leer.** This section includes three different parts, all designed to help you read with minimal use of the dictionary and/or translation.

  The section called **Aspectos lingüísticos** helps to make you aware of how you read in English, and then shows you how to transfer those skills to reading in Spanish. Contrary to what you may think, you read successfully in English not because you know a lot of words, but because you know how to recognize the relationships between them. **Aspectos lingüísticos** gives you practice in word guessing, cognate recognition, simplifying sentences, recognizing the subjects and verbs of sentences, and generally, reading more rapidly and with greater ease.

  Aproximaciones al texto helps you to read better by practicing skimming, scanning, recognizing of common organizational structures in a text, and outlining.

  Prelectura helps you to familiarize yourself as much as possible with the general topic of the selection.

- **Lectura**

  Vocabulario activo. Before each reading selection there is a list of vocabulary useful for comprehending and discussing the selection. These vocabulary items are practiced in various exercises, so that by the time you actually begin to read, many previously unknown words will have become familiar.

  In the **Lectura** itself, vocabulary and structural glosses for unfamiliar items will appear in the margins. These have been kept to a minimum in order to encourage you to practice the skills you have learned in the **Antes de leer** sections.

- **Después de leer.** Following each selection are various comprehension and discussion questions designed to improve your understanding and expand your appreciation of what you have read. The exercises in this section will strengthen your spoken Spanish.

The readings in *Pasajes: Cultura* are challenging, and we think you will find them thought-provoking. We hope you will carefully and conscientiously practice the reading strategies offered in the book. When you finish reading *Pasajes: Cultura* you will not be a totally fluent reader of Spanish, nor will you know everything there is to know about Hispanic life. You will, however, have acquired a solid base for both goals, a base on which we hope you will continue to build.

Notes on the Glossing System

Words in the reading that are not in the chapter vocabulary and are not usually part of second-year college vocabulary are glossed in the margin. Single-word glosses are indicated by °: brisa°. The definition will appear to the right on the same line.

Sentimos una brisa° suave.   *breeze*

If a single line of text contains more than one glossed word, the definitions will appear on the same line (if there is sufficient space) or run over to the next line. Glosses taken from the same line of the text are separated by a slash.

Una brisa° suave hizo virar° la flecha.   *breeze / turn*

If more than one word requires glossing, the gloss symbol will appear after the last word in the phrase, and the first word will be reproduced in the margin.

Le dan las gracias por haberse dejado ver°.   haberse... *having let itself be seen*

When an entire sentence requires glossing, the gloss will appear in a footnote.

In the early chapters, glosses are in both English and Spanish. In later chapters, Spanish glosses predominate. When English is used, the gloss appears in italic type.

cargar°   *to load*

Where Spanish is used, the gloss appears in roman type.

miseria°   muy poca cantidad

The __?__ symbol in the margin indicates that you should be able to guess the meaning of the word.

CAPITULO UNO

GUADALAJARA, MEXICO

TIPOS Y ESTEREOTIPOS
Los estereotipos culturales

ANTES DE LEER

Aspectos lingüísticos

Word Guessing from Context

Even though you do not know every word in the English language, you can probably read and understand almost anything in English without having to look up unfamiliar words. You can do this because you have learned to make intelligent guesses about word meanings, based on the meanings of the surrounding passage (the context).

You can develop the same guessing skill in Spanish. There are two techniques that will help you. The first is to examine unfamiliar words and see if they remind you of words in English or another language you know. Such words are called *cognates* (for example, *nation* and **nación**). The second technique is the same one you already use in English, namely, scanning the context for possible meaning clues.

In the following sentences, the words in italics are cognates. The underlined words are those whose context reveals their meaning; try to guess what these words mean.

The sentences in this exercise and others like it are taken—sometimes with minor modifications—from the reading text for the chapter. Reading the sentences here will not only improve your reading skills in general but also prepare you to read the text in the chapter.

1. Un viaje de Nueva York a Europa dura sólo tres *horas* en avión supersónico.
2. Con *respecto* al don Juan, hay muchas *francesas*, alemanas, *japonesas* y norteamericanas que *afirman* con desdén que el *tipo* no es español sino *universal*.
3. Comen *ordinariamente* platos picantes como el chile con carne, las enchiladas y los tamales.
4. Es muy fácil partir de unas *observaciones superficiales* y crear una *imagen simplista*.
5. Muchas veces un *examen* más a fondo *revela* que la *realidad* y el *estereotipo* están en *conflicto*.

Word Guessing Using Suffixes

In addition to contextual cues, you can also use the ending of a word to guess its meaning. For example, you know that the suffix (ending) -**mente** corresponds to the English suffix -*ly*; this tells you that the word is probably an adverb. Similarly, the Spanish endings -**ar**, -**er**, and -**ir** often identify verbs. Knowledge of a number of

2

other common suffixes and prefixes (parts added to the beginning of a word) can improve your ability to recognize and understand unfamiliar vocabulary.

SUFFIXES: **-ado, -ido, -dad, -tad**

The suffixes **-ado** and **-ido** are added to verbs to form adjectives. They correspond to the English past participle. In English these forms usually end in *-ed* or *-en*, although there are a number of irregular forms as well.

sorprender *to surprise* → sorprendido *surprised*
esperar *to expect* → esperado *expected*
nacer *to be born* → nacido *born*

The suffixes **-tad** and **-dad** correspond to the English endings *-ness* or *-ty*.

felicidad *happiness*   formalidad *formality*
enfermedad *sickness*   facultad *faculty*

Can you guess what these words mean?

realidad   acostumbrado   personalidad
separado   universidad   educado

Aproximaciones al texto

Reading for the Main Idea

Reading is a skill that we use in a variety of ways every day. The particular reading techniques that we use depend on the kind of text we are reading and our purpose in reading it. For example, we do not read the TV guide in the same way that we read a novel. We may read a newspaper article with great concentration, but before deciding to read it we may have already skimmed quickly through a number of pages to choose the articles that seemed the most interesting.

In order to read for general understanding—for the main idea or gist of a selection—you do not need to know the meaning of every word in the passage. You can reconstruct the general meaning by relying instead on the words that you *do* know, plus a variety of textual, linguistic, and cultural cues. For example, in many readings the first paragraph contains a lot of information about what the body of the text will discuss. Similarly, the first sentence of a paragraph will often suggest its topic. By skimming the first paragraph and reading the first sentence of the paragraphs that follow, you can glean enough information to construct an overall idea of the information contained in the selection. This information is later helpful in providing a general context for guessing the meaning of unfamiliar words and expressions you encounter as you read the selection in its entirety. The more skill you develop in reconstructing the general meaning of a selection, the less dependent you will be on a dictionary, and the more effective you will be as a reader.

Prelectura

A. Lea el siguiente pasaje rápidamente, indicando con un círculo todas las palabras que Ud. sabe. Luego, a base de estas palabras, conteste las preguntas que siguen.

El mundo es cada vez más pequeño. Ahora que un viaje de Nueva York a Europa dura sólo tres horas en avión super-sónico, es posible pasar el fin de semana en un pequeño pueblo de los Alpes y regresar el lunes a los rascacielos de Wall Street. Y no sólo viajan los ricos; la clase media y los estudiantes también dejan sus países en busca de nuevas experiencias y oportunidades de trabajo. El intercambio de turistas y trabajadores es particularmente evidente en los Estados Unidos. Todos los años miles de turistas compran sus billetes para ir a México, a Colombia, a España o a otros países de habla española. Los turistas hispanos que llegan a los Estados Unidos son menos numerosos pero el número aumenta cada vez más. Y sin contar a los turistas, hay unos dieciséis millones de personas de habla española que viven en los Estados Unidos.

1. ¿Cuál es la idea principal de la lectura?
   a. Los turistas son importantes en los Estados Unidos.
   b. Hoy muchas personas viajan a otras partes del mundo.
   c. Existen muchos estereotipos sobre los turistas.
   d. Es difícil viajar (ir a otros países) porque las distancias son grandes.
   e. Es buena idea viajar porque es posible comprar artículos nuevos e interesantes en otros países.

2. ◧¡Necesito compañero!◨ El título de la lectura de este capítulo es «Los estereotipos culturales». El párrafo que Ud. acaba de leer es el primer párrafo de la selección. Con un compañero de clase, hagan una lista de por lo menos tres ideas o temas sugeridos en el título y el primer párrafo de la lectura.

B. Lea rápidamente *la primera oración de cada párrafo* de la lectura, sin buscar ninguna palabra en un diccionario. Trate de adivinar el significado de las palabras o expresiones que no sabe. ¿Cuál parece ser la idea central o principal de la lectura? ¿Es esta idea una de las tres que Ud. y su compañero sugirieron en el ejercicio anterior?

LECTURA

Vocabulario activo

You will need to know the meaning of the following words and expressions in order to understand and discuss the reading easily.

amamantar *to nurse (an infant)*	**las gafas** *(eye)glasses*	**el postre** *dessert*
el bolsillo *pocket*	**la lata** *can (food container)*	**el rascacielos** *skyscraper*
caminar *to walk*	**llorar** *to cry*	**el reflejo** *reflection*
el cuchillo *knife*	**nacer** *to be born*	**la reunión** *meeting*
el chicle *chewing gum*	**la nena** *very young child (f.)*	**el tenedor** *fork*
en busca de *in search of*	**el pecho** *breast*	**todavía** *still, yet*
	el plátano *banana*	

A. Dé un elemento o más que pertenece (*belongs*) a cada grupo.

1. las frutas
2. las partes del cuerpo
3. los utensilios para comer
4. las partes de la comida
5. los artículos de uso personal

B. Defina brevemente en español.

1. la reunión
2. la lata
3. el rascacielos
4. nacer
5. la nena
6. acciones con el cuerpo

C. Complete las oraciones en una forma lógica, usando la forma correcta de las palabras de la lista del vocabulario.

1. El hermano de Juan siempre camina con las manos en _____ .
2. Algunos niños pequeños _____ mucho.
3. No, hijo, no puedes comprar _____ . Es malo para los dientes.
4. En 1492 Cristóbal Colón sale de España _____ una nueva ruta al Oriente.
5. La madre va a _____ a la nena porque es hora de comer.
6. No, Ernesto no está en casa. _____ está en la reunión.
7. ¿Puedes ver tu _____ en el agua?

D. ¿Hay estereotipos que Ud. asocie con algunas de las palabras de la lista del vocabulario?

You might not immediately recognize some of the words and structures in the following selection. Make intelligent guesses whenever possible, and read for general understanding rather than for literal comprehension of every sentence. New grammatical structures and unreviewed verb tenses will be glossed in the margin in this chapter. This symbol in the margin (_?_) means that you should be able to guess the meaning of the indicated word.

◩ LOS ESTEREOTIPOS CULTURALES ◩

El mundo es cada vez más° pequeño. Ahora que un viaje de Nueva York a Europa dura° sólo tres horas en avión supersónico, es posible pasar el fin de semana en un pequeño pueblo de los Alpes y regresar el lunes a los rascacielos de Wall Street. Y no sólo viajan los ricos; la clase media y los estudiantes también dejan sus países en busca de nuevas experiencias y oportunidades de trabajo. El intercambio de turistas y trabajadores es par-

cada... *more and more*

_?_

ticularmente evidente en los Estados Unidos. Todos los años miles de
turistas compran sus billetes para ir a México, a Colombia, a España o a
otros países de habla española. Los turistas hispanos que llegan a los
Estados Unidos son menos numerosos pero el número aumenta cada vez
más. Y sin contar a los turistas, hay unos dieciséis millones de personas de
habla española que viven en los Estados Unidos.

¿Acompaña a este movimiento un mejor conocimiento de los Estados
Unidos en los países hispanos? ¿Comprenden los norteamericanos mejor a
los hispanos hoy que en años anteriores? En muchos casos, la respuesta es
afirmativa pero hay todavía una tendencia a la visión estereotipada. Para
muchos norteamericanos, España es el país del sol, de los bailadores y
cantantes de flamenco, de las señoritas morenas con mantillas negras y de
los don Juanes seductores. No saben que en el norte y especialmente en el
noroeste de España la lluvia es más frecuente que el sol, que el flamenco
sólo se cultiva en el sur del país y que es sólo un tipo de baile español y no
el más típico, y que hay gran número de personas rubias y de ojos azules
en el norte y también en el sur de España. ¿Y el don Juan? Hay muchas
francesas, alemanas, japonesas y norteamericanas que afirman con desdén
que el tipo no es español sino° universal.   *but rather*

La imagen que tienen muchos norteamericanos de Latinoamérica es
igualmente simplista. Creen que todos los que viven al sur hablan español,
sin recordar que en el Brasil la lengua oficial es el portugués. También
imaginan que todos los latinoamericanos viven en un clima tropical, llevan

La información sobre Latinoamérica que llega en los periódicos no es del
todo representativa. En Guatemala dos bibliotecarias catalogan libros en
la biblioteca de la Universidad Rafael Landívar.

La gente latinoamericana tiene herencias culturales muy diversas. Estos indios quechuas viven en el altiplano (*highlands*) boliviano.

sombrero y ropa similar al pijama norteamericano, siempre intentan evitar° no hacer
el trabajo, duermen la siesta siempre que° pueden (cuando no hacen el siempre... *whenever*
amor o bailan el cha-cha-chá), comen ordinariamente platos picantes° como   ?
el chile con carne, las enchiladas y los tamales, y hacen una revolución cada
dos o tres meses.

En cambio, la gente de los países hispanos, incluso° la gente educada, *even*
cree que la mayoría de los norteamericanos son unos materialistas que no
se interesan por los valores espirituales o artísticos. Imaginan que todas las
familias de los Estados Unidos viven en casas lujosas° y comen de latas o grandes y hermosas
de platos preparados fuera de casa. También creen que todos los hombres
norteamericanos llevan pistola y que en los Estados Unidos se da más
importancia a los deportes que a la educación. Según muchos hispanos, los
turistas norteamericanos nacen con el chicle en la boca, una cámara en la
mano, dinero en los bolsillos y gafas oscuras en la nariz.

Este tipo de estereotipo nace indudablemente de la ignorancia de la
vida y de las costumbres de otras culturas. Las diferencias entre un hispano
y un norteamericano no son insuperables pero sí son grandes. Es muy fácil
partir° de unas observaciones superficiales y crear una imagen simplista.   ?
Pero es más interesante y más inteligente examinar las diferencias como
reflejos de dos respuestas a la experiencia humana, cada una con sus
méritos y sus razones de ser°—históricas, sociales, políticas, geográficas o razones... *reasons for*
económicas.   *being*

Muchas veces un examen más a fondo° revela que la realidad y el   ?
estereotipo están en conflicto. Se dice° con frecuencia que en las relaciones Se... *It is said*
sociales los norteamericanos son informales mientras que los hispanos son
formales. Vamos a ver algunos casos concretos.

The following article is the first of the journalistic texts that you will find in each chapter of Pasajes: Cultura. The unedited nature of these passages will mean a fair amount of unfamiliar vocabulary and structures. Keep in mind that the first paragraph of any text is often the most difficult to read, because at that point you have the least amount of information about the selection's topic. The best solution is to keep reading, remembering to guess any words you can, and concentrate on grasping the main ideas.

This editorial, taken from a Chilean magazine, points out the contrast that often exists between what things are called and what they really are.

Barrios más dignos

Por HERNAN MILLAS

Hoy más que nunca es conveniente saber elegir el barrio donde se vive.

Parece que muchas personas han comprendido esto en los últimos días. Una de ellas me dice:

—Vivía en Lo Hermida, un sector poblacional muy deteriorado.

—¿Y le cambió la suerte?

—Sí. El municipio comprendió lo que significa vivir en un barrio muy pobre y le cambió el nombre. Ahora en vez de Lo Hermida se llama Grecia.

—¿Eso ayuda?

—Parece que sí. Por lo menos uno anímicamente se siente mejor al saber que ya no vive en Lo Hermida, sino que en Grecia. Incluso amigos me han felicitado: «¡Cuánto me alegro que ya no estés en Lo Hermida!»

—Pero las viviendas siguen las mismas…

—En el municipio nos explicaron que eso ya no tenía importancia. Que las viviendas estuvieran en mal estado y sus moradores en la ruina, tratándose de Grecia, resultaba más auténtico. Incluso nos mostraron unas fotos de unas ruinas en Atenas. Además nos hablaron de un posible plan de restauración.

Por su parte, otros municipios están igualmente preocupados de eliminar esa imagen negativa que dan algunas poblaciones marginales.

—Estamos pensando seriamente en cambiarle el nombre a la Caro. Está tan deteriorado como la ex Lo Hermida —refiere un funcionario.

—¿Y qué nombre le colocarían?

—Cardenal Spellman, por el ex prelado de Nueva York. Hay que buscar nombres que ayuden. Parece que los nombres de norteamericanos e ingleses traen suerte, porque los que viven en Kennedy, Monroe, Warren Smith, Paul Harris, Fleming, Chesterton, Fitz Roy, en Las Condes, tienen un buen pasar.

Se sugieren más cambios. Walt Whitman por Pablo de Rocka; Oscar Wilde, por La Legua; Les Halles, por Lo Valledor; Mónaco, por Zanjón de la Aguada; Conchale Vale, por Conchalí; Dallas, por La Victoria.

Un funcionario se pone contento pensando en la reacción en el extranjero ante las noticias: «En Mónaco el 70 por ciento de sus habi- | tantes están desempleados y las autoridades han dispuesto que a los niños les den almuerzo en las escuelas... .»

En los Estados Unidos, los que construyen poblaciones (barrios residenciales) prefieren ponerles nombres como «WhisperingWoods», «Princeton Estates» o «Grassy Knoll». No les llaman nunca «Asphalt Acres» ni «Barren Flats». ¿Por qué? ¿Qué relación hay entre este fenómeno y la opinión que se expresa en el artículo que Ud. acaba de leer?

Una conversación entre amigos hispanos es una cosa animada y compacta. La distancia entre las personas es mucho menos que en una conversación entre norteamericanos.

1. Estamos en una reunión de colombianos. Todos están hablando,° cantando,° gritando°—en fin, son viejos amigos. Es medianoche, y uno de ellos necesita regresar a su casa, pero antes de marcharse, de acuerdo con las costumbres hispanas, da la mano a cada uno de sus amigos.

   En Chicago hay otra reunión de amigos norteamericanos. Llega la hora en que uno debe marcharse. Con un «Buenas noches. Hasta pronto» se despide sin más.°
2. Un abogado de cincuenta años espera a su esposa en el aeropuerto de Lima. Descubre que un compañero de la universidad también está allí. Sorprendido y muy contento, corre y le da un abrazo° a su viejo amigo.

speaking

singing / shouting

se... he says good-bye without further ceremony

hug, embrace

Un hombre de negocios de Oregon entra en un hotel de Boston. Allí ve a su antiguo compañero de los años universitarios. Los dos están muy contentos con la inesperada reunión. Se estrechan la mano.°   Se... *They shake hands*

3. Una madre americana está en el parque Golden Gate con su hijo de tres años y una nena recién nacida.° La nena llora porque desea comer. La madre le dice a su hijo que es necesario regresar a casa porque es hora de amamantar a la nena.   ?

Una madre madrileña está en el Retiro° con su hija de cuatro años y un nene de pocos meses. Cuando el nene llora, la madre se sienta en un banco y le da de pecho.[1]   parque grande de Madrid

4. Un norteamericano y un hispano hablan en una fiesta. El norteamericano está acostumbrado a mantener una distancia de dos o tres pies° entre él y la persona con quien habla. En cambio, el hispano normalmente mantiene una distancia de dieciséis pulgadas.° Cada vez que el hispano avanza a la distancia a que él está acostumbrado, el norteamericano retrocede. Más que dos amigos, parecen dos adversarios.   dos... *0.6–0.9 metros*   dieciséis... *16 inches* (0.4 metros)

5. En un restaurante de Sevilla, una turista norteamericana está comiendo° con su amiga española. Las dos piden plátanos de postre pero mientras que la turista pela° el plátano y después lo come con las manos, las manos de la sevillana nunca tocan la fruta. Primero, ella le quita la piel° con cuchillo y tenedor y después corta el plátano en pedazos pequeños que luego come con el tenedor.   *eating*   ?   ?

6. Dos chicas norteamericanas deciden reunirse en la zona comercial de St. Louis con dos alumnas hispanas que estudian en su escuela. Hay mucha gente por las calles y las norteamericanas no pueden caminar juntas. A cada dos pasos se encuentran° separadas por otras personas que pasan entre ellas. En cambio, las hispanas caminan cogidas de brazo,° hablando de sus clases y de la vida escolar. Cuando ven a sus amigas de la escuela, deciden cambiar de compañeras y una de las hispanas toma el brazo de una de las norteamericanas. La de St. Louis está algo incómoda° porque no está acostumbrada a caminar así con otra mujer. La hispana nota que su compañera está incómoda y cree que es una chica muy fría.   se... *they find themselves*   cogidas... *arm in arm*   *uncomfortable*

¿Cuál de las dos culturas es más informal y cuál es más formal? No hay una respuesta categórica. Depende de la situación y, en muchos casos, de la personalidad de cada persona.

---

[1] In recent years, breast-feeding has increased considerably in the United States, while it has decreased in the Hispanic countries. However, the attitude toward nursing in public has not changed in the two cultures; it is generally accepted in Hispanic society and generally frowned on in the United States.

DESPUES DE LEER

Comprensión

A. Haga oraciones con las siguientes palabras, poniendo la forma correcta de los artículos, los verbos y los adjetivos. Donde se dan dos alternativas entre { }, escoja la forma apropiada. No cambie el orden de las palabras.

1. el / norteamericanos / viajar más / y / por eso / comprender / mejor / a / el / hispanos
2. para mucho / turistas / norteamericano / España / {ser-estar} / el / país / de / flamenco y todo / el / españolas / {ser-estar} / moreno
3. alguno / latinoamericanos / tener / {un-una} / imagen / de Norteamérica / que / {ser-estar} / también simplista
4. el / norteamericano / «típico» / {ser-estar} / {un-una} / materialista / que / vivir en / {un-una} / casa / lujoso y que / usar / gafas / oscuro
5. si / {un-una} / madre / latinoamericano / querer / amamantar a / su nene / normalmente / ella / necesitar / {ser-estar} / en su casa
6. la / personas / que / creer en / estereotipos / solamente / {ser-estar} / gente / estúpido

¿Son ciertas o falsas las oraciones con respecto a la información de la lectura? Corrija las falsas.

B. ◧¡Necesito compañero!◨ Las siguientes oraciones se basan en la lectura. Con un compañero de clase, comenten cada oración brevemente. ¿Qué significa para Uds., ahora que han leído (*you have read*) la lectura? ¿Qué importancia tiene o qué ideas sugiere? ¿Por qué está en una lectura sobre los estereotipos?

1. El mundo es cada vez más pequeño.
2. Hay todavía una tendencia a la visión estereotipada.
3. La realidad y el estereotipo muchas veces están en conflicto.
4. El norteamericano se despide de sus amigos sin mucha ceremonia.
5. El hispano abraza a su viejo amigo en el aeropuerto.
6. Una conversación entre amigos hispanos es una cosa animada y compacta.
7. La norteamericana come el plátano con las manos.
8. Las hispanas caminan por la calle cogidas de brazo.

C. Complete la siguiente tabla con la información necesaria para resumir (*to summarize*) los contrastes culturales.

SITUACION	LOS HISPANOS	LOS NORTEAMERICANOS
el amigo que se despide en una fiesta		Dice adiós y sale.
viejos amigos en una reunión inesperada	Se abrazan.	
la madre con su nena en el parque público		
dos personas en una conversación típica		Hablan a una distancia de más o menos tres pies.
alguien come una banana u otra fruta con piel		La come con las manos.
dos amigas que caminan juntas por la calle		Caminan sin tocarse los brazos o las manos.

Discusión

1. Estudie los ejemplos de la lectura. En su opinión, ¿quién es más formal y quién es más informal en cada situación, el hispano o el norteamericano?
2. ¿Cree Ud. que las reacciones de los norteamericanos en los ejemplos de la lectura son típicas? Imagine que Ud. está en cada situación. ¿Cómo reacciona?

3. ■¡Necesito compañero!■ ¿Son estereotipos todas las generalizaciones? Con un compañero de clase, preparen una definición de la palabra «estereotipo». Pueden usar las palabras a continuación que les parezcan más apropiadas. Prepárense para justificar su definición.

una idea	flexible	cómico
una actitud	estúpido	persona
una acción	falso	grupo
una emoción	inevitable	totalmente
un concepto	inflexible	parcialmente
un punto de vista	incorrecto	la realidad
una generalización	correcto	la mentira
general	superficial	siempre
específico	profundo	nunca
negativo	cruel	a veces
positivo		

Aplicación

1. ¿Cuál es el origen de los estereotipos? Cuando observamos las acciones y costumbres de otro grupo de gente, podemos llegar a unas conclusiones falsas sobre ese grupo. ¿Qué imagen falsa sobre los norteamericanos puede tener una persona de otro país si observa sólo las siguientes costumbres?

   a. Los norteamericanos se bañan (*bathe*) todos los días.
   b. La mayoría de los jóvenes norteamericanos no viven con sus padres después de cumplir los dieciocho años.
   c. Un porcentaje muy alto de las mujeres norteamericanas trabaja fuera de casa.
   d. La típica familia norteamericana tiene dos carros.

2. También llegamos a conclusiones sobre otros países según los sitios que visitamos. Si vamos solamente a un lugar, nuestra percepción del país va a ser muy limitada... y probablemente falsa. ¿Qué visión estereotipada de los Estados Unidos puede tener un turista si visita solamente estos lugares?

   a. la ciudad de Nueva York
   b. Abilene, Texas
   c. su universidad
   d. Miami Beach
   e. Hollywood
   f. San Francisco

   ¿En qué sentido van a ser falsas estas percepciones? ¿En qué sentido van a ser verdaderas? ¿Qué otros lugares debe visitar el turista para formarse una imagen más representativa de los Estados Unidos?

CAPITULO DOS

HAY UNA GRAN VARIEDAD DE RAZAS Y DE TIPOS EN EL MUNDO DE HABLA ESPAÑOLA, COMO SE VE EN ESTOS TRES RETRATOS.

LA COMUNIDAD HUMANA

El pueblo hispano

ANTES DE LEER

Aspectos lingüísticos

Picking Out the Main Parts of the Sentence

Part of guessing what words mean is figuring out what functions they have in a sentence—that is, who is doing what? To find out, you must watch for all of the structural clues about meaning that context provides. As this famous stanza from Lewis Carroll's "Jabberwocky" shows, you don't have to know the meaning of every word to understand a great deal about the relationships between words.

> 'Twas brillig, and the slithy toves
>   Did gyre and gimble in the wabe:
> All mimsy were the borogoves,
>   And the mome raths outgrabe.

You know that the words *wabe* and *borogoves* are nouns, because each follows the article *the*. In the phrase *the slithy toves, toves* is probably a noun, and *slithy*—because of the *-y* ending and its position before a noun—is likely to be an adjective. Despite the unfamiliar nature of most of its elements, the phrase *the slithy toves did gyre and gimble in the wabe* is largely interpretable: something *slithy* was *gyring* and *gimbling* in the *wabe*.

You can use structural clues in the same way in Spanish to help you interpret unfamiliar passages. Try this sentence.

> Donamente ganzaban los teloderos sepos a Luis, con una padición molita.

By looking at the word endings, can you find an adverb in the preceding sentence? A prepositional phrase? In the prepositional phrase, which is the noun and which is the adjective? How can you tell? Which of the remaining elements in the sentence can you identify as a probable verb? As a subject? As an object?

Although you still don't know the specific meanings of the strange words, you are beginning to get an idea of the general meaning they convey: some **teloderos** were doing something to Luis **donamente,** with a little **padición.** This sentence is an extreme example because of the high percentage of unfamiliar words and because it is an isolated utterance. In general, the selections you will read in this text will not contain so much unfamiliar vocabulary, and you will be able to depend much more on context for meaning.

Here are some simple Spanish structural clues that will help you determine word function and meaning.

1. Watch for word endings: **-mente** signals adverbs, **-ísimo** signals both adverbs and adjectives, **-tad** signals nouns, and so on.
2. Articles (**el, la, un, una** and their plural forms) indicate a following noun.
3. Common prepositions and adjectives (with their characteristic endings) also help to locate nouns.

Locating the Subject, Verb, and Object

Remember also that Spanish word order is sometimes very different from the word order you see in English sentences, so you cannot assume that the first noun in the sentence is the subject. You may not even see the subject mentioned at all—in Spanish, the subject is often indicated only by the verb ending. Still other Spanish sentences contain both a subject and an object. How will you be able to tell them apart if not by word order?

Two useful strategies are to look at verb endings and to look for the object marker **a,** which immediately precedes human objects in Spanish.

If the ending of a verb is **-mos,** for example, then you know that the verb has a first person plural subject (**Ana y yo** or **nosotras,** for example); a third person singular noun cannot be the subject. Again, if a word ends in **-an,** it may be either a singular noun (**pan**) or a third person plural verb (**miran**), and you will have to look for a third person plural subject to make sure it is a verb. If a word ends in **-in,** however, you can be sure that it is not a verb, since there is no such verb ending in Spanish.

Suppose you have a verb that ends in **-an** and two third person plural nouns all in the same sentence. Which noun is the subject, and which is the object?

> ¿Miran los niños a sus padres?
> ¿Miran a los niños sus padres?

In Spanish, the word **a** marks human direct objects. Thus, **sus padres** is the object of the first sentence and **los niños** is the subject. In the second sentence, **sus padres** is the subject and **los niños** is the object.

Identify the subjects (**S**), verbs (**V**), and any objects (**O**) in the following sentences.

1. La rica mezcla de gentes y tradiciones da un carácter único a la cultura hispana, pero al mismo tiempo plantea problemas que se resisten a soluciones fáciles o rápidas.
2. En los Estados Unidos consideramos al indio una raza, como al blanco y al negro, porque tiene ciertos rasgos físicos que lo tipifican.
3. Lo malo es que los defensores de la incorporación miran al indio desde un punto de vista paternalista y condescendiente.
4. Por su parte, dicen los indios, la sociedad debe proporcionar (*provide*) los recursos económicos necesarios.
5. Aunque esta alternativa intenta considerar el bienestar (*wellbeing*) del indio sobre todo, también quiere intensificar las separaciones y divisiones que ya existen en la sociedad latinoamericana moderna.

Recognizing Subordinate Clauses

You have already learned to recognize one important structural marker in Spanish: the **a** that marks human objects. The word **que** is another structural marker; it frequently introduces subordinate clauses.

Subordinate clauses are found within the main sentence. They always contain conjugated verbs and are introduced by words like **que** (or expressions containing the word **que,** such as **aunque, porque,** or **para que**), **si, como, cuando,** and **quien.**

Me gusta leer el periódico
{
que tiene una extensa sección
   deportiva.
porque así aprendo mucho sobre
   los acontecimientos (*events*) del día.
cuando tengo tiempo.

It is helpful to skip over both prepositional phrases and subordinate clauses as a strategy for simplifying reading. However, when you want the information contained in the subordinate clause, it is sometimes helpful to break the whole sentence into its various components (or clauses). Each of the following sentences, for example, contains a main (independent) clause and a subordinate clause and can be broken down into two smaller sentences, for easier comprehension.

SENTENCE WITH SUBORDINATE CLAUSE	SIMPLER SENTENCES
Los estudiantes que viven aquí son muy inteligentes.	Los estudiantes son muy inteligentes. Esos estudiantes viven aquí.
Las personas que trabajan en el rancho no ganan mucho dinero.	Algunas personas no ganan mucho dinero. Esas personas trabajan en el rancho.

Read each of the following sentences, and then break them down into simpler sentences. Remember to use the subordinate clause marker (**que,** and so on) as a clue to the location of some clauses. In this exercise, preterite tense verb forms are indicated after the verb with this symbol: **tomó** (←).

1. El gallego, del cual se derivó (←) el portugués moderno, todavía se habla en Galicia.
2. En los países vascos se habla vasco, una lengua antiquísima y misteriosa que no parece estar relacionada con ninguna otra lengua de Europa.
3. Dentro de su propia comunidad, que tenía el carácter de un clan cerrado, regían leyes gitanas que ponían el honor personal, la grandeza y la fidelidad a lo gitano por encima de todo.
4. En el norte, los indios formaban tribus que vivían de la pesca, la caza y de una agricultura rudimentaria.
5. Aunque los resultados eran similares, los procesos fueron (←) distintos, y la situación actual de los indios en Norteamérica y en Sudamérica refleja estas diferencias.

Aproximaciones al texto

Using What You Already Know

In Chapter 1 you practiced making good use of the structure of a reading to obtain a general idea of its content. Since the first paragraph and the first sentence of most paragraphs usually contain information about the general ideas to be discussed, you learned to skim them to get a quick overview of a selection's content.

It is also important to keep in mind that, as a reader, you *bring* much information to a text as well. For this reason, it always seems easier to read a passage on a familiar topic than one about an unfamiliar topic, although there may in fact be no difference in the level of difficulty of the language found in each text.

On the other hand, you also need to be alert to the possibility that your knowledge of a particular subject—and thus, the context you provide for what you are reading—may differ considerably from the information presented in the text. For example, our U.S. visual images of Indians and Indian lifestyles, while more helpful than no knowledge at all about Indians, will not correspond at all to the image of the Indian that exists in Latin America.

Before you begin to read, be aware of your expectations of the topic. Then skim the text in order to confirm or revise those expectations. As you read the text more closely, be alert to the need to continue revising your expectations as you gain more information from the text.

Prelectura

A. Mire las lecturas principales de este capítulo rápidamente, prestando atención especial a los siguientes aspectos:

- el título
- los subtítulos
- las fotos
- las tablas

B. ◘¡Necesito compañero!◘ Con un compañero de clase, hagan una lista de tres posibles temas para las lecturas. ¿Qué se va a comentar o describir en las lecturas de este capítulo? Miren rápidamente el primer párrafo de la primera lectura, marcando con un círculo todas las palabras que Uds. saben. ¿Es necesario cambiar su lista de temas ahora?

C. ◘Entre todos.◘ Comparen su lista con las de sus compañeros de clase. Entre todos, traten de escoger los tres temas más probables. Trabajando juntos, comenten todas las asociaciones—las ideas o imágenes mentales—que les sugieran (*suggest to you*) los tres temas que han indicado.

D. Vuelva a mirar las fotos. ¿Corresponden todas a la imagen mental que Ud. tiene de los temas? ¿Hay evidencia de información nueva o muy diferente de la esperada (*from what might be expected*)? ¿Dónde?

LECTURA

Vocabulario activo

a través de *across, throughout*
la cartomancia *fortune-telling with cards*
el cruce *crossroads*
despreciado *scorned*
el gitano *gypsy*
idealizar *to idealize*
la identidad *identity*
luchar *to fight; to struggle*

mantener (ie) *to maintain*	el nómada *nomad*	la patria *homeland*
mejorar *to improve*	nómada *nomadic*	el pueblo *people*
la mezcla *mixture*		

A. Busque antónimos en la lista del vocabulario.

   1. abandonar   2. admirado   3. deteriorar   4. sedentario

B. Busque sinónimos en la lista del vocabulario.

   1. la combinación   2. la comunidad   3. exagerar lo bueno

C. ¿Qué palabra de la segunda columna asocia Ud. con una de la primera?

   _____ 1. luchar   a. por, durante
   _____ 2. el gitano   b. el nombre
   _____ 3. a través de   c. el combate
   _____ 4. la identidad   d. el nómada

D. Defina brevemente en español.

   1. la patria   2. la cartomancia   3. el cruce

As you read the following selection, remember that this symbol in the margin (?) means that you should be able to guess the meaning of the indicated word. New grammatical structures and some unreviewed verb forms will be glossed in the margin. The past tenses, the future, and the present participle, however, will be indicated with these symbols, after the verb form:

$$\text{future} \rightarrow \quad \text{past} \leftarrow \quad \text{present participle (-ing)} \curvearrowright$$

When a form is very irregular, its infinitive plus the appropriate symbol will appear: **fue (← ser).** The infinitive for some irregular subjunctive forms will also be indicated: **digas (decir).**

This exercise will help you to recognize the symbols and to associate them with the appropriate verb tense or form. Indicate the tense of each of the verbs marked with a symbol.

                                    FUTURE   PAST   -ING

1. María lo leyó (←).
2. Todos los niños estaban jugando (⌒).
3. Te lo daré (→) pronto.
4. Aprenden mucho más trabajando (⌒).
5. Eligieron (←) a un nuevo presidente.
6. Siguen corriendo (⌒) todos los días.
7. ¿Lo viste (←) caer?
8. Seremos (→) muy ricos algún día.

◪ EL PUEBLO HISPANO: Parte 1 ◪

Lejos de ser una comunidad homogénea y monocromática,° el pueblo his-   °de un solo color
pano abarca° numerosos grupos humanos. Romano, árabe, europeo, indio,   °incluye
africano; creencias judías, cristianas, musulmanas, mitos indios y tote-

El baile flamenco es una mezcla de música
gitana, andaluza, árabe y judía. Forma parte de
los festivales andaluces como el que se celebra en
la Feria de Sevilla, España.

mismo africano: esta rica mezcla de gentes y tradiciones ha dado (←) un
carácter único a la cultura hispana. Al mismo tiempo, ha planteado° pro-   *ha... it has presented*
blemas que se resisten a soluciones fáciles o rápidas.

LOS GITANOS EN ESPAÑA

Situada en el cruce entre dos continentes y fácilmente accesible desde el
mar Mediterráneo, España ha sido (←) invadida y habitada por muchos
diferentes grupos a través de su historia: íberos, celtas, griegos, romanos,
godos, árabes. Todos estos grupos, especialmente los romanos, que estuvieron (← estar) en España seis siglos,[1] y los árabes, que ocuparon (←) la
Península durante ocho siglos,[2] han dejado (←) su impacto en la civilización
y la cultura españolas. Cada una de las diecisiete comunidades° autónomas   regiones
conserva sus propias tradiciones y costumbres, formando (ᴍ) así una
patria chica° dentro de la patria nacional. Quizás la más notable entre estas   pequeña
tradiciones es la persistencia de otras lenguas además del español. El cata-
lán, parecido al antiguo provenzal° de Francia, se habla en las regiones de   dialecto del francés

---

[1]Los romanos estuvieron (← estar) en España desde el siglo II a. de J.C. (antes de Jesucristo) hasta
principios del siglo V d. de J.C. (después de Jesucristo).
[2]Los árabes invadieron (←) España en el año 711 y fueron (← ser) expulsados por los Reyes Católicos en
1492.

La siguiente entrevista con una gitana española recuerda con nostalgia su juventud, su arte y el gran amor de su vida.

María, «La Perrata»: El flamenco intuido y recordado

Por CARMEN AMORES

María se sienta debajo de un limonero y piensa que ya nada es lo mismo. Representante de ese cante* antiguo, semiolvidado, María encarna a esa gente ya marginada de la popularidad. Es de una casa gitana de Lebrija, donde tiene, en sitio preferente, una placa de la Junta de Andalucía, dedicada a ella «como Monumento vivo de nuestra cultura jonda,[†] autenticidad en sus quejíos[††] y pureza en su voz».

Heredera de una dinastía de *cantaores* de Utrera, María, «La Perrata», debe este mote a su abuelo, al que, parece ser, le gustaban mucho los perros. Los gitanos de su época, los gitanos de Utrera, vivían «*mu* malamente». «Mis padres», recuerda, «eran muy pobres. Mi madre, Teresa, cantaba, y mi padre, que era un trabajador del campo, hacía también sillas en casa. Se ponía a cantar por *seguirillas*. Le acompañaba mi hermano, que ya desde chico tenía una garganta privilegiada, y ¡eso era!… Yo me embobaba escuchando a mi padre, … ¡Qué cosa tan bonita!»

«Entonces parece que había más alegría. Teníamos fiesta todos los días. Los gitanitos de Utrera se volvían locos por escucharme. Se ponían de rodillas delante mía, ¡era increíble!, y me decían: Perratita, hija, cántanos, que queremos llorar. Y entonces me ponía yo, una niña, a cantarles, y se ponían todos los gitanos, delante mía, a llorar». A María le brillan los ojos cuando explica que el cante flamenco desgarra porque es del alma. Y sentencia, casi humildemente: «Como cantamos los gitanos no pueden cantar nunca los payos. Es un don que Dios nos ha dado».

*canto, canción, música
[†]honda, profunda
[††]quejidos, lamentos

Eran aquéllos malos tiempos para el arte del flamenco. El *cantaor* formaba parte irremisiblemente de una corriente marginal, de la miserable vida nocturna, en la que sólo se podía hacer una cosa: divertir a los demás. «El flamenco que yo conocí era cuando mi hermano era joven y venían los señoritos a buscarlo para llevárselo a los reservados. Allí lo tenían hasta por la mañana. Así está el pobrecito, malo de tanto beber y de tanta mala noche pasada. Y si le pagaban, le daban una peseta. El flamenco no ha estado nunca, y no está, pagado».

Pero pronto acaban las penalidades para María, «La Perrata». Se casó muy joven, con 14 años. «Mi marido me robó. Fui a Lebrija a cantar con mi hermano y allí lo conocí. Lo vi sólo una vez, porque a la segunda ya era su mujer. El era *mu* gitano. Entonces tenían los flamencos la costumbre de robar a las novias; así que se fue a Utrera, se puso en compló con mis primas y éstas, con engaños, me metieron en un taxi y me llevaron a Lebrija. ¡Ya ves lo que sería aquello para mí que iba llorando! Mi familia se disgustó porque yo era muy pequeña, y cuando mi madre llegó a verme, lo que yo quería era irme con ella a casa. Pero mi suegro, que estaba muy contento conmigo y que se volvía loco con mi cante, la convenció de que estaba en una casa muy decente y de que su hijo iba a casarse conmigo».

Y ahora, con la lejanía de los años, susurra María: «Es bonito lo de robar a la novia, porque los gitanos que roban a las novias no las miran hasta que no se van a casar con ellas. Las respetan hasta ese día. Yo estuve acostándome con mis cuñadas hasta que me casé, que fue muy pronto». La boda se celebró por el rito gitano, y dice María que a ellos no les gusta que los payos sepan cómo se casan. Y se vuelve misteriosa cuando desvela sólo algunos de los pormenores de la boda. «Estábamos en un salón muy grande y mi suegro examinaba uno por uno a los invitados, y si había algún payo, le pedía por favor que se marchara, porque es una cosa muy nuestra».

Cuatro o cinco meses duró la juerga. «Pero ¿cómo es posible?», le pregunto. Y para ella la explicación es sencilla: entonces había más alegría. Sin embargo, se atreve a aventurar que ahora, por lo que ella llama «cuestión económica», los gitanos ya no se conforman y quieren llevar otra forma de vida. «Sigue habiendo fiestas», dice, «pero ya no es lo mismo», María, «La Perrata», a quien gusta decir que lleva a honra lo de ser gitana, reconoce que se están perdiendo sus costumbres más puras porque están ya muy «ligados con los payos».

Sorprende, a estas alturas de este casi mágico relato amoroso, que María sólo tuviera tres hijos, cosa que no es frecuente entre los gitanos. «El no quería que yo pariera más para que no me estropeara, porque tenía pasión por mí. Y yo por él. Al casarme tan joven, él lo ha sido todo para mí: mi padre, mi madre... El me ha enseñado a vivir. Era muy sentimental; un gitano de muy buen corazón, de los que ya no hay hoy».

Y poco a poco, los recuerdos de María consiguen dibujarnos un gitano de ésos de antes, de los que, como ella dice, ya no quedan. Y parece que nos vamos metiendo en una obra de Lorca y que el dramatismo, la fuerza expresiva de esta raza, se presenta como es: fuerza y rito de un pueblo más o menos perseguido y mucho más que menos marginado. Y se presenta también con sus singulares contradicciones. Como la de este gitano que sólo tenía un deseo: que sus hijos estudiaran, que tuvieran su «carrerita» para llegar a ser algo en la vida.

La voz medio rota, dramática, de María, «La Perrata», toma forma de nuevo en sus recuerdos cuando piensa cómo él—siempre él— se embobaba oyéndola cantar las nanas a sus hijos. Y serenamente, María vuelve al presente porque no quiere acordarse de que cuando su marido murió ella no quería seguir viviendo. Tuvo que pasar mucho tiempo para que volviese a cantar. «Me puse muy mala por los nervios y los médicos me obligaron a cantar porque, decían, eso era bueno para mí. Y yo veo que me da vida el flamenco porque a mí me parece que a los gitanos, cuando tenemos una pena, el cantar es como un rezo *pa* nosotros».

De los políticos, María dice saber muy poco: «Yo de política no entiendo. Los conozco porque habla de ellos el televisor». Pero sí le gusta opinar, en cambio, de la situación de los gitanos, un tema que conoce bien. «A los gitanos nunca les han dado su sitio. Siempre los han mirado como algo bajo. Y eso no puede ser». Y consigue hacerte pensar cuando, lúcidamente, pregunta: «Vamos a ver, ¿cuándo viene un gitano en los periódicos como que ha atracado un banco o ha hecho robos grandes? Eso no lo hacemos nunca, porque el gitano no tiene valor. Lo que han robado siempre, al ir por los campos con sus niños *esmayaítos*, han sido gallinas, pero para comérselas. A los gitanos», repite, «no les dan su sitio».

Y cuando a una se le hace difícil imaginarse a esos gitanos en un *pisito* confortable y mínimo, y cree que a lo mejor es un pueblo que busca vivir de otra manera, con más libertad, entonces María afirma, tajante: «No, porque lo bueno le gusta a todo el mundo, y ellos se quejan. Quieren casas, trabajo y colegios para sus hijos. ¿Por qué no se los dan?»

Y resueltamente saca su propia y elemental conclusión: «Hay de todo, como entre los payos. Los hay buenos y malos, pero como en nuestra raza *semos* menos, pues tiene que haber menos malos que en la otra».

A estas alturas no necesita María de experiencias ajenas para expresar la identidad propia de la raza gitana. «Hay muy pocos gitanos ricos, y los pocos que hay no han dejado nada al morir. Eso es una cosa muy nuestra. Nos gusta mucho la grandeza».

Con esa peculiar filosofía ante la vida, María, «La Perrata», afirma que los gitanos son todos muy cristianos. Y su hijo Juan, «El Lebrijano», gitano rubio y con ojos azules («el color verdadero de los gitanos es el rubio tostado», nos revela María), que la está escuchando, apostilla: «Muy cristianos quiere decir con fe en Cristo, no en otras cosas. No son beatos y no siguen la línea tradicional. Sin embargo, no hay ningún gitano que blasfeme el nombre de Cristo. La Iglesia nunca se ha portado bien con nosotros; ha sido una tirana. El gitano sigue creyendo en Cristo, no en los hombres que manejan la figura de Cristo».

En la nostalgia con frecuencia se combinan la tristeza y la felicidad. ¿Es verdad en este caso? ¿Cúales son los detalles tristes que recuerda María? ¿y los felices?

Cataluña y Valencia. El gallego, del cual se derivó (←) el portugués moderno, todavía se habla en Galicia. En los países vascos se habla vasco, una lengua antiquísima° y misteriosa que no parece estar relacionada con ninguna otra de Europa.

A pesar de° las diferencias regionales, hay bastante uniformidad racial y étnica por toda la Península Ibérica. En realidad, la única minoría étnica que todavía existe en España son los gitanos. Sin nacionalidad, los gitanos son un pueblo nómada. Originariamente de la India, los gitanos aparecieron (←) en Europa en el siglo XV y hoy se encuentran esparcidos° por casi todos los continentes del mundo. Los europeos de aquel entonces° pensaban que eran de Egipto y por eso les pusieron (← poner) el nombre de *egiptanos*. De ahí vino (← venir) el término «gitano» en español, al igual que «*gypsy*» en inglés (de «*Egyptian*»).

Los gitanos formaban un grupo misterioso que no parecía tener ningún interés en incorporarse° a la sociedad en general. Dentro de su propia comunidad, que tenía el carácter de un clan cerrado, regían° leyes° gitanas que ponían el honor personal, la grandeza° y la fidelidad a lo que era gitano por encima de todo. Aunque eran excelentes artesanos y se les conocía° como grandes comerciantes de caballos,° para muchas personas de aquella época, su habilidad en los espectáculos de circo° y la cartomancia los hacía sospechosos.° En España, como en muchas otras partes del mundo, pronto adquirieron (←) una fama muy negativa. Despreciados por su ropa exótica, su lengua extraña y su estilo de vida, se les atribuía° toda clase de vilezas:° el robo, el engaño° en el comercio, la magia negra.

Durante los siglos XVI y XVII, el gobierno separó (←) a los gitanos del resto de la población, confinándolos (∿) en ciertas regiones del país. Al mismo tiempo quiso (← querer) prohibir que se agruparan° en comunidades separadas de modo que se vieran° obligados a asimilarse a la sociedad. Como resultado de estos esfuerzos, poco a poco empezaron (←)

muy antigua

A... In spite of

scattered

aquel... back then

becoming incorporated

were in force / laws

generosity

se... they were known

comerciantes... horse traders

circus

suspect, suspicious

se... was attributed to them / ?

?

se... they group together

de... so that they might be

a perder su lengua y a mezclarse (si no exactamente a asimilarse) un poco más con la sociedad no gitana. Según algunos, fue (← ser) esta mezcla de lo gitano con lo español, y especialmente con lo árabe de Andalucía, lo que dio (←) origen al *cante* y baile flamenco, cuyos° ritmos tristes y sensuales han llegado a ser° sinónimo de la música más típica de España.

whose
han... have become

Ha habido° varios intentos de eliminar la discriminación contra las tradiciones y costumbres gitanas. Durante el siglo XVIII, se les consideró (←) ciudadanos° españoles. En los siglos XIX y XX varios escritores[3] hasta los idealizaron (←), presentándolos (ᴍ) como víctimas románticas e inocentes. Sin embargo° todavía hoy son despreciados por muchos y, por lo tanto, siguen sufriendo (ᴍ) alguna discriminación. Viven marginados de la sociedad en general y excluidos de muchos de sus beneficios. Aunque los gitanos buscan mejorar su situación con respecto a los *payos* (nombre que les dan a los no gitanos), no quieren perder su propia identidad cultural.

Ha... There have been
citizens
Sin... Nevertheless

Comprensión

A. En la lectura, subraye en cada párrafo la oración que mejor resuma la idea principal. Luego compare las oraciones que ha indicado (←) con las de sus compañeros de clase para llegar a un acuerdo (*agreement*).

B. Las siguientes palabras aparecen en la lectura. Después de haberla leído (*having read it*), ¿qué significado (*meaning*) tiene cada una para Ud.? ¿Qué información asocia con cada una?

1. el cruce
2. la mezcla
3. la lengua
4. la patria chica
5. nómada
6. sospechoso
7. separar
8. el flamenco

C. ¿Cierto o falso? Cambie las siguientes oraciones personales por otras impersonales o pasivas usando el pronombre **se.** Cuidado con la concordancia del verbo. Luego diga si son ciertas o falsas según la lectura. Corrija las oraciones falsas.

MODELO: *Encontramos* muchos grupos humanos en el pueblo hispano. →
Se encuentran muchos grupos humanos en el pueblo hispano.
Cierto.

1. En las comunidades autónomas de España, *la gente conserva* muchas tradiciones y costumbres distintas.
2. En cada una de las comunidades, *la gente habla* una lengua diferente.
3. *La gente de aquel entonces pensaba* que los gitanos venían de la India.
4. *Muchos atribuían* características muy negativas a los gitanos, porque *muchos creían* que eran gente mala.

---

[3]Uno de los más famosos fue (← ser) el poeta Federico García Lorca (1898–1936), que habló (←) de los gitanos en el *Romancero gitano,* una colección de poemas.

5. Para ganarse la vida, *la gente gitana trabajaba* en los circos, *practicaba* la artesanía y *tocaba* música flamenca.
6. Durante la última parte del siglo XIX y la primera parte del siglo XX, *varios poetas escribieron* poemas románticos sobre los gitanos.
7. Ya no *vemos* mucha discriminación contra los gitanos en España.

Vocabulario activo

actual *current day, present*
la amenaza *menace, threat*
el analfabetismo *illiteracy*
el atraso *backwardness*
   atrasado *backward*
colonizar *to colonize*
   la colonia *colony*
   la colonización
     colonization
   el colono *colonist*
el desarrollo *development*
   echarle la culpa *to blame*
     someone/something

esclavizar *to enslave*
   el esclavo *slave*
la fuerza *force*
imponer *to impose*
intentar *to try*
marginado *shut out*
orgulloso *proud*
perder (ie) *to lose*
quitar *to take away*
el recurso *resource*
el rechazo *rejection*
la sangre *blood*
el ser *being, creature*

ser discriminado *to be discriminated against*
tanto... como... (...tanto como...) . . . *as well as* . . .
tener vergüenza *to be ashamed*
tipificar *to characterize*
tratar de + *inf. to try to do something*

┏ **PEQUEÑO GLOSARIO DE TERMINOS RACIALES**

BLANCO   A white person. This term is often used to refer to anyone who does not look predominantly Indian.

CRIOLLO   In colonial times, this word referred to a person of Spanish descent born in America. Now it is frequently used as a synonym for *white*.

CHOLO   A word with many different connotations, many of them extremely negative. Generally, it refers to a person in a state of transition between Indian and **mestizo** status.

GRINGO   In some countries, this is a general word for foreigner, especially one who looks white. The term is applied equally to someone from Europe or North America. In other countries (especially Mexico and Cuba) a **gringo** is specifically someone from the United States.

INDIGENA   An indigenous, or native, person or thing; an Indian.

INDIO   An Indian. Since this term often has negative connotations, the term **indígena** is a commonly preferred substitute.

MESTIZO   In colonial times, this term referred to a person of mixed European-Indian ancestry. Now it refers to someone who, regardless of ancestry, speaks fluent Spanish and shares the European culture, that is, someone who may be Indian by blood but not by culture.

A. Busque sinónimos en la lista del vocabulario.

1. aislado
2. caracterizar
3. el colonizador
4. una persona o un animal
5. intentar
6. de hoy día

B. Busque antónimos en la lista del vocabulario.

1. la aceptación   4. dar   7. exonerar
2. el progreso   5. estar orgulloso   8. la destrucción
3. liberar   6. encontrar   9. ni el uno ni el otro

C. ¿Qué palabra no pertenece al grupo? Explique por qué.

1. gringo, criollo, indígena, blanco
2. imponer, el recurso, la fuerza, la amenaza
3. marginado, discriminado, atrasado, orgulloso

D. Defina brevemente en español.

1. el mestizo   3. la sangre   5. el gringo
2. el criollo   4. el analfabetismo   6. el esclavo

EL PUEBLO HISPANO: Parte 2

LOS INDIOS EN AMERICA LATINA

En América Latina fue (← ser) el doble proceso de conquista y colonización
lo que° inició (←) la mezcla de razas y tradiciones. Este proceso continuó   *lo... what*
(←) durante los siglos XVIII y XIX con la inmigración desde Europa de
grandes números de italianos, ingleses, irlandeses y alemanes. Muchos
todavía pueden sorprenderse° al ver el nombre de O'Higgins[4] entre los   *be surprised*
patriotas latinoamericanos, pero la verdad es que hoy O'Higgins y Ruf son
nombres tan chilenos como Alvarez o Bustamante, y Pagliere y Livingston
tan argentinos como Ortiz o López.

Lo que se encuentra con menos frecuencia son nombres como Tu-
pahue, Noculqueo, Cusihuaman y Chuquín: nombres indios. En la América del Sur, como en la América del Norte, la colonización de todo un nuevo
mundo implicó (←) la exclusión, cuando no la exterminación, de otra raza
humana. «El problema del indio» es una vieja polémica° en México y Lati-   *debate*
noamérica, donde muchos quieren culpar° al indio del atraso económico y   *?*
social en comparación con las naciones europeas o con los Estados Unidos.
Ellos observan entre la gente indígena varios aspectos negativos: un alto
porcentaje de analfabetismo, su escasa° participación en la economía y su   *limitada*
propia resistencia en general al contacto con los no indios. Se dice que los
indios, porque se niegan a° asimilarse a la cultura y a la civilización occi-   *se... they refuse to*
dentales, son incapaces de participar en la vida moderna. La conclusión
lógica de estas personas es que la solución para el progreso y desarrollo de
su país está en la liquidación de los indios.

Es triste e irónico encontrar esta actitud hacia los indios en los mismos
países donde el indígena históricamente alcanzó° elevados niveles° de civi-   *reached /   ?*

---

[4]Bernardo O'Higgins (1778–1842), líder revolucionario, fue (← ser) el primer jefe de estado de Chile
después de que ese país consiguió (←) la independencia de España.

lización, y en donde casi toda la población tiene algo de sangre india. Pero como vamos a ver, tener apariencia física india es una cosa, mientras que ser indio es otra completamente diferente. Muchos hispanoamericanos están orgullosos de tener antepasados indios, pero ser indio en toda Latinoamérica es algo sumamente negativo.

¿QUIEN ES INDIO?

A Los antropólogos no están de acuerdo cuando establecen los grupos sociales que hay en Latinoamérica. Unos dicen que hay tres grupos: los blancos, los indios y los mestizos; otros dicen que hay cuatro: blancos, mestizos, indios y cholos; y otros dicen que hay solamente dos grupos: el mestizo y el indio. Si alguien le preguntara° a un indio cuántos grupos hay, su respuesta sería° dos: los indios y los no indios.

Si... If someone were to ask
would be

B En los Estados Unidos consideramos al indio una raza, como al blanco y al negro, porque tiene ciertos rasgos físicos que lo tipifican. En Latinoamérica, el indio se define más por características socioculturales que por características raciales. Desde los días de la conquista, los españoles tomaron (←) esposas indias; así, hay una gran mezcla de sangre en Sudamérica. En muchos lugares, es muy difícil distinguir los indios y los no indios solamente por su apariencia física. La diferencia es cultural; el indio es el que vive como un indio; habla una lengua indígena (y muchas veces no habla otra lengua), lleva ropa indígena, participa en fiestas y otras costumbres indígenas y vive en una comunidad indígena.

C Desgraciadamente, el que vive como indio también vive marginado de la sociedad en general. En varios lugares, es discriminado abiertamente; se le considera° un ser inferior y no se le permite° entrar en la vida nacional. En otros lugares, donde quieren y aun piden su participación, es el indio mismo quien se aleja,° quien no desea relacionarse con los otros grupos étnicos. Tanto la actitud negativa contra los indios como su aparente rechazo de la sociedad no indígena responden a motivos históricos que datan del principio de la colonización del Nuevo Mundo.

se... he is considered /
no... he is not
permitted
se... backs away

LA COLONIZACION DEL NUEVO MUNDO

D La historia de Norteamérica y de la América del Sur son similares en muchos aspectos. Los colonos ingleses y los conquistadores españoles encontraron (←) tierras fértiles y bellas, llenas° de enormes recursos naturales, con toda clase de plantas y animales exóticos. En el sur tanto como en el norte, el Nuevo Mundo ya estaba habitado por indios, bautizados° así por Colón porque creía que había llegado° a la India Asiática. En el norte, los indios formaban tribus que vivían de la pesca,° la caza° y de una agricultura rudimentaria. En el sur, había pescadores y cazadores, y todavía quedaban° restos° del avanzado sistema social que habían alcanzado° las grandes civilizaciones inca, maya y azteca. El contacto entre los nuevos y los viejos habitantes de América fue (← ser) violento y su resultado inevitable: los indios poco a poco perdieron (←) sus tierras y vieron (←) la destrucción de sus antiguos modos de vida.

full

baptized
había... he had arrived
fishing / hunting

había / evidencia /
habían... had attained

E   Aunque los resultados eran similares, los procesos fueron (← ser) distintos, y la situación actual de los indios en Norteamérica y en Sudamérica refleja estas diferencias. Los ingleses llegaron (←) al Nuevo Mundo por razones religiosas y políticas; vinieron (← venir) con sus familias para colonizar, es decir, para establecer nuevas comunidades en el nuevo territorio. Cuando encontraron (←) que las tierras estaban en manos indias, usaron (←) la fuerza para desplazarlos.° Poco a poco empujaron° a los indios hacia el oeste, y por fin los encerraron° en pequeñas parcelas de tierra, los «Territorios Reservados», en donde todavía viven hoy muchos de sus descendientes.

_?_ / _?_
_?_

F   En Latinoamérica, la situación era muy distinta. Los españoles que acompañaron (←) a Cortés y a Pizarro eran soldados y no vinieron (← venir) al Nuevo Mundo tanto para colonizar como para conquistar. Querían sacar los recursos (especialmente el oro y la plata) del nuevo territorio y para hacerlo, necesitaban a los indios. Les quitaron (←) sus tierras, pero en vez de empujarlos a otro lugar, los esclavizaron (←) y les hicieron (←) trabajar la tierra y las minas. Aunque después la corona° intentó (←) abolir la esclavitud y la explotación de los indios, no pudo (← poder) controlar totalmente a los colonos. Legalmente los indios no eran esclavos, pero en el terreno económico, continuaban bajo el control de la clase dominante.

Crown

LA SITUACION ACTUAL DEL INDIO

G   Desde el principio de la conquista hasta el presente, los indios en Latinoamérica se han encontrado° en una situación ambigua; están dentro de la sociedad, pero también fuera de ella; son una parte importante de la economía[5] pero se les excluye° de sus beneficios. Así es que hoy los indios, unos 20 millones de personas, forman una población efectivamente marginada de la vida nacional. En muchos países, sus compatriotas no indios los ven como una vergüenza, como impedimento al progreso. Hay otros que quieren ayudar a los indios porque reconocen que la miseria en que viven es el resultado de los 400 años de opresión y explotación que han sufrido (←) a manos de sus hermanos «civilizados». Ambos grupos saben que tienen que encontrar una solución al «problema del indio» si sus países quieren beneficiarse al máximo de sus recursos y de su población.

se... have found themselves

se... they are excluded

H   El problema se agrava° porque muchas veces los indios mismos no están dispuestos° a cooperar con sus «salvadores».° La experiencia les ha enseñado (←) a ser suspicaces;° ahora interpretan toda intervención de los no indios como otro intento de quitarles sus posesiones o imponerles las reglas y normas de la cultura dominante. Ven a todo extranjero como una amenaza. Podemos citar el caso de un pueblo indio ecuatoriano. Durante una campaña° para controlar la viruela,° el gobierno de Ecuador mandó (←) personal sanitario° para vacunar° a los indios. Pero fue (← ser) imposible

_?_
_?_ / _saviors_
suspicious

campaign / smallpox
health / _?_

---

[5]The Indian population has always been important economically in terms of its labor and the agricultural and clothing goods it produces and contributes to the larger economy. However, Indians themselves have not benefited greatly from their work and products and do not participate in the larger economy in terms of saving, investing, and exchanging money.

convencer a los indios para que aceptasen° la ayuda de los médicos—o les
tiraban piedras,° o huían° a las montañas y no regresaban al pueblo hasta
que los médicos se habían marchado.° Los médicos finalmente con-
vencieron (←) al cura para que les ayudase.° Anunció (←) una misa especial; cuando todos los indios habían llegado,° cerraron (←) la puerta de
la iglesia con llave° y así pudieron (← poder) vacunar a gran número de
indios, usando incluso la fuerza si el indio se resistía. Entonces corrió (←)
el rumor entre los indios no inoculados de que los *misti* (no indios) ya no
estaban contentos con robarles sus tierras y sus aguas sino que° ahora
querían robar también sangre india.

para...	*to accept*
tiraban...	*they threw rocks /* ?
se...	*had left*
cura...	*priest to help them*
habían...	*had arrived*
	key
sino...	*but rather*

¿CÓMO SOLUCIONAR EL PROBLEMA?

Generalmente se considera que hay tres posibles soluciones al problema
indio en Latinoamérica: la incorporación, la integración o la libre determinación.

Los que proponen la incorporación de los indios quieren educarlos de
acuerdo con las normas sociales y culturales de la sociedad no indígena.
Aunque se han establecido° programas de educación, de atención sanitaria
y de organización social en las comunidades indígenas, lo malo es que los
defensores de la incorporación miran al indio desde un punto de vista°
paternalista y condescendiente. Quieren salvarlo° de su ignorancia, porque
piensan que el indio no tiene cultura propia. O si bien reconocen que existe
una cultura indígena, deciden que esa cultura no sirve, que es inferior y que
supone una barrera para el progreso. En realidad, la incorporación del indio
es solamente otra forma de liquidación porque tratan de quitarle su cultura
para imponerle otra.

se... *have been established*

punto... *perspectiva*
to save him

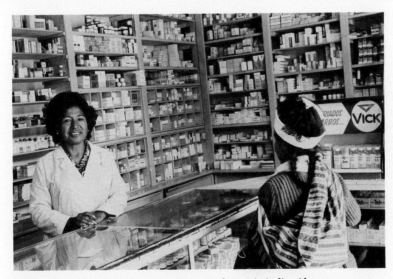

Muchos hispanoamericanos comparten una herencia india. Algunos, como
esta farmacéutica peruana, se han integrado plenamente (*completely*) a la
cultura occidental. Otros, como su cliente, prefieren mantener sus tradiciones
indígenas.

La integración del indio no implica el abandono de su
propia cultura. En la región del Lago Titicaca en el Perú,
la radio ayuda a vencer el analfabetismo entre los indios aymarás.

J   La solución de la integración busca formar una tercera sociedad que ni
sea blanca ni india, sino° una integración de lo bueno de las dos culturas.   *but rather*
Los defensores de la integración quieren cambiar la visión negativa que se
tiene de los indios y sustituirla por otra que los ve como seres humanos, con
formas culturales y valores tan buenos como° los de la sociedad blancomes-   *tan... as good as*
tiza. La integración trata de conocer la realidad indígena para seleccionar los
valores y características que deben ser conservados y desarrollados. Se
intenta hacer esta selección mediante° la participación completa del indio   *by means of*
mismo. En vez de° imponerle un sistema de educación o de salud,° quieren   *En... Instead of / health*
su participación directa en todo lo relacionado con su vida colectiva y
pública, su educación y su salud, sus derechos° económicos y sociales. El   *rights*
problema más grande es decir quién o quiénes deben tener el derecho de
decidir cuáles son los rasgos de la cultura india que deben ser conservados
y cuáles eliminados.

K   La tercera solución, la de la libre determinación, fue (← ser) formulada
por varios dirigentes° de los movimientos indigenistas de los Estados Uni-   *?*
dos y el Canadá. Consiste en un rechazo total de los intentos de integración
o de incorporación porque proceden° de grupos no indígenas. La idea   *vienen*
básica es que la comunidad indígena debe decidir el presente y el futuro de
su pueblo. Los indios deben plantear° los problemas de su comunidad y   *?*
también las soluciones. Y por su parte, dicen los indios, la sociedad debe
proporcionar° los recursos económicos necesarios como recompensa por la   *dar, contribuir*

explotación histórica que han padecido,° y porque ellos son los verdaderos dueños° de las riquezas de América. De esa forma, los indios demandan el progreso, pero solamente a partir de° su propia cultura, de su organización social y política. Aunque esta alternativa intenta considerar el bienestar° del indio sobre todo, también quiere intensificar las separaciones y divisiones que ya existen en la sociedad latinoamericana moderna.

han... *they have suffered*
verdaderos... *rightful owners*
a... *based on*
well-being

¿Incorporación, integración o libre determinación? Cualquiera que sea° la solución, sus consecuencias cambiarán (→) la historia y el desarrollo económico de la América hispana y sus repercusiones tendrán (→ tener) un gran impacto en el mundo actual.

Cualquiera... *Whatever may be*

Comprensión

A. Al lado de cada párrafo de la lectura hay una letra. Escriba la letra de cada párrafo junto a la oración que resuma mejor su información. ¡OJO! Hay una oración que no corresponde a ningún párrafo de la lectura.

_____ 1. Los indios a veces tienen miedo de cooperar con los no indios, aun cuando esta cooperación los beneficia directamente.

_____ 2. Hay muchas semejanzas históricas entre Norteamérica y América del Sur con respecto a los colonos y su contacto con los pueblos indígenas.

_____ 3. Para los colonos ingleses, los indios representaban un estorbo (impedimento) para sus planes de establecer comunidades en el nuevo territorio.

_____ 4. Tanto con respecto a su participación en la sociedad moderna como a la actitud de los no indios hacia esta participación, la situación actual de los indios es ambigua.

_____ 5. Esta posible solución busca una mezcla de lo mejor de las dos culturas—la india y la no india—mediante la participación directa de los indios en el proceso.

_____ 6. Esta posible solución prefiere que el indio abandone su cultura (que es primitiva y atrasada) para aceptar la cultura y todos los beneficios de la sociedad no india.

_____ 7. En Latinoamérica, para decidir quién es indio, es más importante considerar las características culturales que las características raciales.

_____ 8. Hay muchos programas para eliminar el analfabetismo, la enfermedad y la pobreza entre las comunidades indígenas.

_____ 9. La sociedad moderna rechaza al indio y el indio también rechaza la sociedad moderna.

_____ 10. Esta posible solución dice que el indio tiene el derecho de seguir viviendo según su propia cultura, y que el gobierno tiene la responsabilidad moral de recompensarle económicamente por el robo de sus antiguas tierras.

_____ 11. Hay diferencias de opinión sobre la definición de «indio».

_____ 12. Los colonos españoles necesitaban a los indios para la explotación de los recursos del nuevo territorio.

B. Con cinco o seis palabras claves (*key*) de la lista del vocabulario, escriba un breve resumen (de una o dos oraciones) de la lectura sobre los indios.

C. Conteste las preguntas según la lectura. Use complementos pronominales para evitar la repetición innecesaria.

MODELO: ¿Consideramos al indio en Estados Unidos como una raza? →
Sí, lo consideramos como una raza.

1. ¿Consideran al indio en Latinoamérica como una raza?
2. ¿Aceptan o rechazan los indios la sociedad no indígena?
3. ¿Aprecian en Latinoamérica el pasado indio?
4. ¿Cierta gente latinoamericana ve a los indios actuales como seres superiores?
5. ¿Incluían los colonos ingleses a la gente india en sus planes para colonizar el Nuevo Mundo?
6. ¿Querían los médicos ecuatorianos robar sangre india?
7. ¿En qué lugar de Latinoamérica usan la radio para combatir el analfabetismo?
8. ¿No quieren los indios el progreso?

D. La siguiente tabla resume la comparación de las experiencias de los indios en Norteamérica y Sudamérica durante el período de colonización. Complétela con información de la lectura.

PUNTOS DE COMPARACION	NORTEAMERICA	SUDAMERICA
Grupo colonizador principal		*los españoles*
Motivos para la colonización		
Tratamiento que se daba a los indios	*apartarlos en áreas especiales*	
Resultado de este tratamiento	*la separación racial*	
Actitud general hoy en día de los indios hacia la cultura no india		

DESPUES DE LEER

Discusión

1. ¿En qué sentido(s) es diferente la imagen que se tiene del «gitano norteamericano» de la imagen del «gitano español»? ¿Existen semejanzas entre ellos también? Explique.
2. ¿Nota Ud. algunas semejanzas entre los gitanos y otros grupos étnicos? Por ejemplo, ¿qué otros grupos étnicos comparten estas características?

   - no tener nacionalidad
   - tener leyes de conducta propias para los miembros del grupo
   - hablar una lengua particular
   - no querer incorporarse a la sociedad

3. ¿Qué hay de malo en la solución de la integración? ¿en la solución de la incorporación? ¿en la solución de la libre determinación?
4. ¿Existe un problema indio en los Estados Unidos? ¿Es diferente del problema indio sudamericano? Explique.
5. ■¡Necesito compañero!■ ¿Cuál es la imagen del indio que se presenta en la televisión y el cine norteamericanos? Con un compañero de clase, escojan los cinco adjetivos de la siguiente lista que correspondan mejor con esta imagen. Prepárense para justificar su respuesta.

inocente	guapo	débil
corrupto	primitivo	inferior
estúpido	trágico	víctima
inteligente	mentiroso	honrado
justo	trabajador	romántico
heroico	feo	artístico
cobarde	fuerte	igual
cruel	natural	superior
perezoso	materialista	religioso

   ¿Pueden dar algunos ejemplos «no típicos» del indio que también se hayan presentado (*have been presented*)?

6. En la América del Sur la actitud negativa hacia los indios actuales existe al lado de una admiración hacia las figuras indias del pasado. ¿Existe la misma situación en los Estados Unidos?
7. Imagine que Ud. es el presidente (la presidenta) de un país latinoamericano con una gran población de indios marginados. Describa cómo va a solucionar el problema y justifique su solución.
8. Si muchos latinoamericanos tienen sangre india, ¿cómo pueden ellos pensar que los indios son inferiores?
9. Imagine que Ud. es indio/a. Convenza al líder de su país de que el gobierno tiene la responsabilidad de pagar los programas sociales y educativos de su tribu.

33

Aplicación

1. ¿Cree Ud. que los problemas que tienen los indios en los Estados Unidos son diferentes de los problemas que tiene cualquier otro grupo minoritario? ¿Por qué sí o por qué no?
2. Tanto los gitanos de Andalucía como los indios norteamericanos provocan cierto interés turístico. ¿Qué ventajas y desventajas trae esto?
3. ◘¡Debate!◘ Fórmense tres grupos de dos estudiantes. Cada grupo debe preparar una descripición de una de las tres soluciones al problema indio que se mencionan en la lectura. Los otros estudiantes de la clase deben preparar preguntas para hacerlas durante las presentaciones de los tres grupos.

CAPITULO TRES

CUZCO, PERU.

LA MUERTE Y EL MUNDO DEL MAS ALLA

El hispano ante la muerte

ANTES DE LEER

Aspectos lingüísticos

More on Word Guessing

In Chapter 1 you learned how to recognize word meanings based on several common suffixes (**-ado**, **-ido**, **-tad**, and **-dad**). Three other suffix groups that will help you guess word meanings are superlatives, diminutives, and augmentatives.

SUPERLATIVES: **-ísimo**

This suffix is attached to adjectives or adverbs to give superlative meaning, expressing *very/extremely + adjective/adverb.*

> malo *bad* → mal**ísimo** *extremely bad*
> lento *slowly* → lent**ísimo** *very slowly*

DIMINUTIVES: **-ito, -ico, -illo, -ín (-ina), -uelo**

Added to any word, the diminutive endings express smallness and/or affection. They correspond to English *-y* (*Bill* → *Billy*), but are used much more frequently in Spanish. The use of these endings, along with the way in which they are affixed to words, varies from region to region, with one form preferred within a particular area.

> perro *dog*   → perr**ito** *little dog*
> abuela *grandmother* → abuel**ita** *granny, grandma*
> pollo *chicken*   → poll**uelo** *chick*

Although all of these endings signify smallness, **-illo** expresses negativity or worthlessness as well. Compare **animalito** (*cute little animal*) with **animalillo** (*wretched, miserable animal*).

AUGMENTATIVES: **-ón (-ona), -azo, -ote (-ota), -acho, -ucho**

These suffixes connote largeness and/or derogatory meaning. The **-acho/-ucho** endings imply only negative feelings.

> mujer *woman* → mujer**ona** *large, grotesque woman*
> silla *chair*   → sill**ón** *large chair*
> libro *book*   → libr**azo**, libr**aco** *voluminous book (of little worth)*
> delgado *thin* → delgad**ucho** *absurdly skinny*
> feo *ugly*   → fe**ote** *big and ugly*

Can you guess the meaning of the following words? ¡OJO! Included in this exercise are words with suffixes from Chapter 1.

amiguito	tristísimo	arbolucho
burlón	cursillo	pequeñito
dedicado	querido	confortabilidad
gravedad	perdido	positivísimo
solemnidad	resignado	desaparecido
angelito		

Aproximaciones al texto

Using the Main Idea to Anticipate Content

In Chapters 1 and 2 you learned techniques that enable you to quickly skim a selection to get a general idea of its meaning. Another important technique is using your knowledge of the main idea to anticipate the rest of the selection's content.

If you know, for example, that the main topic is a history of embalming practices throughout the world, then you can predict that you will find information in the text from a variety of countries (not just one), that the information will probably be organized chronologically, and that there is likely to be a fair amount of comparative detail about the religious or cultural significance of embalming. On the other hand, if the topic appears to be Egyptian embalming practices, then you would expect the text to limit itself to that country and to describe the process in detail.

What type(s) of information from column B would you expect to find in a text whose main idea is indicated in column A?

A	B
_____ 1. comparison/contrast of attitudes about death in several countries	a. anecdotal information (the description of specific cases)
_____ 2. discovery of the tomb of King Tutankhamen	b. information from more than one country
_____ 3. exposé on artificial means of prolonging life	c. biographical information
_____ 4. famous deaths that changed the world	d. historical detail
	e. geographical description
	f. technical detail
	g. biological information
	h. philosophical discussion

If you thought that any item from column B applied to more than one selection from column A, how would the specific information differ according to each topic? That is, if you expected to find historical detail in two texts, what specific types of detail would you look for in each?

Prelectura

A. Lea rápidamente el primer párrafo y la primera oración de cada párrafo de la lectura. ¿Cuál parece ser la idea principal de la lectura?

1. Hay muchas semejanzas entre la manera en que los hispanos y los anglosajones reaccionan ante la muerte.
2. Los anglosajones no comprenden las actitudes de los hispanos hacia la muerte.
3. A los hispanos les gusta la muerte; a los anglosajones no les gusta.
4. Las diferencias culturales entre el mundo hispano y el mundo anglosajón se reflejan en sus actitudes hacia la muerte.

B. ◨¡Necesito compañero!◨ ¿Cómo reacciona Ud. cuando se habla de la muerte? Hagan los siguientes ejercicios con un compañero de clase. Luego compartan sus opiniones con los otros compañeros de clase.

1. En inglés, con frecuencia usamos eufemismos cuando hablamos de temas que no nos gusta comentar abiertamente delante de ciertas personas—por ejemplo, el sexo, ciertas funciones biológicas, la muerte. A veces los eufemismos son cómicos; a veces son poéticos. Algunos eufemismos para hablar de la muerte son *to buy the farm, to go to that great X in the sky, the dear departed.*

   Con un compañero, hagan una lista, en exactamente dos minutos, de todos los eufemismos en inglés que puedan recordar que se usan para hablar de la muerte. ¿Hay ciertos grupos o personas que se asocian típicamente con algunos de esos eufemismos?
2. ¿Cómo completaría Ud. (*would you complete*) las siguientes oraciones? Con un compañero, hagan y contesten preguntas para averiguar cuáles de las siguientes frases reflejan sus sentimientos.

   La experiencia de la muerte es triste, pero es peor si la persona...

   a. es muy vieja   d. es importante
   b. es muy joven   e. es muy pobre
   c. es padre/madre   f. es alguien que conozco

   También es peor si ocurre...

   a. inesperadamente (*unexpectedly*)   e. como resultado de un accidente
   b. lentamente   f. como resultado de un crimen
   c. rápidamente   g. como resultado de una larga
   d. con sufrimiento físico   enfermedad

   ¿Tienen Uds. sentimientos y opiniones semejantes? Traten de explicar algunas de sus opiniones.
3. ¿Cómo completaría Ud. las siguientes oraciones? Usando la siguiente escala, haga preguntas a su compañero para averiguar lo que él opina sobre las siguientes afirmaciones.

         1 = siempre   2 = a veces   3 = nunca

Hablar de la muerte es...

_____ aburrido	_____ triste
_____ aterrador (*frightening*)	_____ de mal gusto
_____ asqueroso (*sickening*)	_____ terapéutico
_____ mala suerte	_____ morboso
_____ importante	_____ interesante
_____ difícil	_____ fácil
_____ estúpido	_____ deprimente (*depressing*)
_____ malo para los niños	_____ controvertible (*controversial*)

C. Examine cada una de las fotos que acompañan la lectura.

1. Trate de dar la siguiente información.

   - ¿Quiénes están en la foto?
   - ¿Dónde están?
   - ¿Qué hacen?

2. ¿Cómo reacciona Ud. al ver las fotos? ¿Le parecen normales o extrañas? ¿Le gustan? ¿Le sorprenden? ¿Le molestan? Explique. ¿Qué hay en las fotos que estimula esta reacción? ¿Es su reacción muy personal o hay otras personas en la clase que piensen como Ud.?
3. ¿Hay alguna foto que le impresione más que las otras? ¿Cuál es? ¿Puede explicar por qué le produce una impresión tan fuerte?
4. ¿Qué acciones o actitudes esperamos ver en fotos de los mismos sitios en los Estados Unidos?

LECTURA

Vocabulario activo

el asco *disgust; revulsion*
la burla *joke*
el cementerio *cemetery*
convivir (con) *to live together (with)*
el difunto *dead person*
disfrazar *to disguise*
el dolor *grief*
en cambio *on the other hand*

enterrar (ie) *to bury*
el entierro *burial*
evitar *to avoid*
la gravedad *seriousness*
el gusto *taste*
ser de mal (buen) gusto *to be in bad (good) taste*
la liberación *liberation*
la pérdida *loss*

permanecer *to remain*
el recuerdo *memory; remembrance*
sorprender *to surprise*
el sufrimiento *suffering*
superar *to overcome, surpass*
tratar *to treat, deal with*
la vela *candle*
el velorio *wake*

A. ¿Qué palabra no pertenece al grupo? Explique por qué.

1. la tumba, la burla, el velorio, el cementerio
2. el sufrimiento, el dolor, el asco, la pérdida

B. Ponga la letra de la definición con la palabra definida.

____1. el difunto
____2. el entierro
____3. superar
____4. disfrazar
____5. evitar
____6. la vela

a. una cosa que ilumina con fuego en vez de electricidad
b. un individuo muerto
c. eludir, no tratar
d. ceremonia de meter a un difunto en la tumba
e. cambiar la apariencia de algo
f. vencer o triunfar sobre las dificultades

C. Complete las oraciones en una forma lógica, usando la forma correcta de las palabras de la lista del vocabulario.

1. Al profesor le gusta ____ a los estudiantes y cambia la fecha de los exámenes sin anunciarlo.
2. No creo que entiendas ____ del caso; es un delito (*crime*) serio.
3. Ellos quieren salir de la ciudad para ir a vivir al campo, pero su hijo quiere ____ en la ciudad.
4. Creo que tú tienes razón. ____, lo que dice Julián no tiene sentido.
5. Cuando visito un lugar nuevo, me gusta comprar algo como ____ de mi visita.
6. En este país se considera de ____ contar chistes (*jokes*) sobre las personas inválidas.
7. Después de terminar ese trabajo, ya no tengo más responsabilidades ni deberes. ¡Qué sensación de ____!
8. A veces es imposible comprender muy bien a otra persona hasta que uno ____ con ella.
9. Es una persona muy sensible (*sensitive*); no le gusta hablar de temas tristes ni ____ otros asuntos negativos.

▣ EL HISPANO ANTE LA MUERTE ▣

Se dice que la manera en que una persona muere nos revela mucho de su vida. Del mismo modo, la manera en que una cultura trata la muerte nos dice mucho de esa cultura. Es curioso observar que en el caso de los países anglosajones, la manera de tratar la muerte es no tratarla. Según el soció-logo Geoffrey Goren, la muerte ha sustituido al° sexo como el tabú del siglo XX. Si antes los niños creían que una cigüeña° los traía al mundo, hoy reciben lecciones de biología desde temprana edad. Pero si antes los niños asistían a la muerte de un abuelo o de otra persona, hoy nadie les permite ver escenas de esta clase. Y cuando los niños preguntan por un abuelo «desaparecido», raras veces les dicen que está muerto; se prefiere inventar una explicación menos desagradable, como, por ejemplo, el cuento del abuelo que duerme tranquilo en un jardín bello.°

    ¿Reacciona la gente de la misma manera en el mundo hispano? Si leemos el testimonio de los viajeros españoles que han pasado (←) algún

ha... has substituted for

?

bonito

En el mundo hispano es costumbre pasar el Día de los Difuntos en el cementerio, visitando a los familiares y amigos ya muertos. Muchas veces se lleva comida y la familia pasa el día allí.

tiempo en los Estados Unidos, vemos que las dos culturas tienen actitudes bien distintas ante la muerte. Miguel Delibes[1] ve con sorpresa que en los EEUU la gente quiere «disfrazar» la muerte. Mientras que en España el Día de los Difuntos es un día dedicado al recuerdo de los familiares muertos, en USA es una fiesta infantil. Y cuando la muerte llega, como por fuerza° tiene que llegar, no entra en casa de los norteamericanos. Los enfermos son llevados al hospital y mueren allí aun cuando no puedan hacer nada por ellos. Y después de morir, el difunto es llevado a la funeraria, donde hacen el milagro° de quitarle toda apariencia de muerto. «Parece que duerme», dice la gente que viene a despedirse° del difunto. Otra vez la muerte aparece disfrazada. Lo mismo ocurre en el cementerio, sitio que a los viajeros españoles les parece más bien un parque con sus lagos plácidos, su

por… inevitablemente

miracle

_?_

---

[1] Escritor español contemporáneo y autor de un libro de observaciones sobre los Estados Unidos, *USA y yo*, publicado en 1966.

Para el hispano es imposible pensar en la vida sin pensar
en la muerte; aceptan la idea de la muerte y conviven con
ella.

yerba cepillada° y sus árboles decorativos. Al hispano le sorprende mucho
que los norteamericanos intenten hacer desaparecer la muerte del mismo
cementerio.

yerba... *manicured
grass*

    También en la expresión del sufrimiento los norteamericanos intentan
quitarle importancia a la muerte. Se considera de mal gusto manifestar el
dolor con demasiada fuerza. Sólo se puede llorar o gritar cuando uno está
solo, raras veces en presencia de otros. Esto sucede menos con las mujeres
pero aun ellas deben disfrazar su dolor.

    La cultura hispana tiene otras actitudes y respuestas a la experiencia de
la muerte. Se habla mucho del «culto a la muerte» en la sociedad hispana
y es indudable que en la vida social y en la literatura, la muerte aparece con
una frecuencia que sorprende y molesta al anglosajón. Muchos estudiantes
norteamericanos que siguen su primer curso de literatura hispana se quejan
de° que siempre muera alguien en las obras.° Pero es que, mientras el
norteamericano evita o disfraza la muerte, el hispano convive con ella. En
todos los países de cultura hispana, se celebra el Día de los Difuntos con
visitas al cementerio. La gente pone flores y velas sobre la tumba en memoria de sus muertos. En muchas partes, las visitas duran varias horas durante las cuales la familia come, bebe y charla° al lado de la tumba de un ser

se... *complain / works
of literature*

?

En la cultura hispana no se evita el recuerdo de la muerte. Está presente
en forma seria o cómica, como aquí en estos pasteles en forma de calaveras
(*skulls*) para el Día de los Difuntos, Ciudad de México, México.

querido. El deseo de estar cerca de los familiares muertos es tan fuerte en
algunos sitios que los vivos no quieren mudarse° de su pueblo. Así les pasa
a unos viejos de un cuento de Juan Rulfo,[2] que insisten en permanecer en
un pueblo pobre y casi deshabitado: «Pero si nosotros nos vamos, ¿quién
se llevará (→) a nuestros muertos? Ellos viven aquí, y no podemos dejarlos
solos.»

    En muchas partes del mundo, la gente del pueblo cree que las almas°
de los difuntos vuelven a su casa el 31 de octubre o el primero de no-
viembre. Mientras que el fantasma inglés es generalmente una figura cruel
que asusta,° el fantasma hispano es recibido como un amigo perdido; en
algunos países, la familia pone algo de comida o la bebida favorita del
difunto en el altar o en algún rincón de la casa.

    Esta convivencia° siempre hace menos formales las relaciones entre la
gente mientras que la distancia o el desconocimiento produce la formalidad. Así en los Estados Unidos, la gente se porta° con gran solemnidad
y reserva en toda situación relacionada con la muerte. Se considera que es
inmaduro o de mal gusto contar chistes° sobre la muerte. El hispano también sabe portarse con gravedad ante la muerte pero es igualmente capaz
de otras reacciones. Combina la tristeza y la festividad, los lamentos ante
la pérdida de un amigo y la aceptación resignada ante la muerte, la gravedad y la burla irreverente. De esta manera, durante el Día de los Difuntos
en México, se decoran las casas con calaveras, se venden panes con forma
de huesos y esqueletos y se cantan canciones populares haciendo (∿) burla
de la muerte.

ir a vivir a otro lugar

souls

?

?

se... actúa

contar... *to tell jokes*

---

[2] Cuentista mexicano contemporáneo.

La eutanasia representa un dilema moral para todas las sociedades modernas. ¿Conoce Ud. algún caso famoso en el que estuviera implicado este problema? ¿un caso en el que se tomaran medidas heroicas para prolongar la vida de una persona enferma?

Eutanasia
El deber de vivir frente a la muerte voluntaria

Por PACHO FERNANDEZ LARRONDO

El avance científico se acelera y provoca nuevas situaciones. Hoy pueden mantenerse formas de vida impensables ayer. Hay bancos de ojos, de huesos y de semen *vivos*, como hay cuerpos prácticamente descerebrados.

No sólo se han alargado los promedios de vida, sino también los promedios de duración de las agonías. De una situación en la que más de un 90 por ciento de los humanos morían en sus propios hogares, rodeados de su familia, se ha pasado, en los países desarrollados, a otra en la que tres cuartas partes de la gente fallece en hospitales y servicios asistenciales.

Quien caía en coma hace medio siglo moría muy pronto. Hoy puede reanimársele en muchos casos hasta acostumbrar a su organismo a una nueva situación en la que vegete sin ayuda de medios mecánicos: después de una lucha legal de un año hasta que la familia logró retirar el respirador que sostenía artificialmente a *Karen Ann Quinlan*, su cuerpo aún resistió nueve años más como un vegetal adaptado a un nuevo ambiente. ¿*Karen* murió a los veintiún años o poco después de cumplir los treinta y uno?

Y, sin embargo, ni aun en estos casos de coma irreversible cabe una nueva generalización en sentido contrario al tradicional. Son muchos los casos en que llega a producirse una recuperación total o parcial, como el reciente de la niña extremeña *Rosa Paz Barrios*, repentinamente vivaz tras ocho meses de coma profundo, o como el fenómeno afirmado por la revista soviética *Sovietskaya Soyuza*, según la cual una mujer de aquella nacionalidad despertó «*vuelta al estado infantil*» tras veinte años de catalepsia.

Entre los seres conscientes también han cambiado las circunstancias. Siempre ha habido enfermedades largas y penosas, pero nunca como ahora se habían conocido tantos casos de terapias agresivas frente a procesos claramente diagnosticados como mortales, y en edades o circunstancias en las que muchas personas han perdido toda ilusión por vivir.

Roswell Gilbert llevaba cincuenta y un años casado con *Emily Gilbert* y la amaba como se aman dos ancianos: ya no concebía la vida sin ella. Y, sin embargo, *Roswell Gilbert* dio un sedante a su esposa y le disparó un tiro en la cabeza en septiembre del pasado año. *Emily* padecía el *mal de Alzheimer*, una enfermedad cerebral en la que el paciente pierde su propia personalidad y su memoria, deteriorándose progresivamente. El señor *Gilbert* ha sido condenado a cadena perpetua, aunque el gobernador del Estado de Florida estudia un posible perdón o reducción de pena.

Ya no se consideran inevitables las muertes por procesos irreversibles, pero tampoco es siempre tan cierta la irreversibilidad. En el concepto «*coma profundo*» se diferencian hasta 15 grados de comunicación del organismo aparentemente inerte y hasta un 50 por ciento de casos con posibilidades de mejora, aunque no lleguen a recuperar la conciencia o la relación inteligente con el exterior. En estos casos, la estimulación sensorial permanente podría aliviar algunas situaciones, pero requeriría de cuatro a seis personas en atención exclusiva a cada paciente: ¿cuántos casos podrían atenderse en un mundo en que son permanentes las quejas por la escasez de dotación en los servicios sanitarios más elementales? ¿Es preferible «ceder» estos casos a un establecimiento público u obligar al grupo familiar a asumir estas responsabilidades?

¿Un jubilado debe quedar condenado a ver degradarse en el abandono a su lado, impotente, a su pareja mientras ésta le pide a gritos que le ayude a terminar de una vez? El capellán católico de un hospital madrileño ha reconocido: «Hay tantos procesos cuyo mantenimiento se aproxima a una tortura física o psicológica que se dan

diversos casos de ayuda secreta a la muerte por compasión, inclusive entre los médicos, aunque siempre con mucho miedo de perder la reputación y acabar en la cárcel. Considero el mandamiento divino ‹no matarás,› como una extensión de la ley natural, pero lo mismo que nuestra religión no se ha opuesto frontalmente a toda pena de muerte, tampoco debe oponerse a algunos casos que son realmente gracia de muerte.»

En parte, la polémica legal acerca de la eutanasia surge en torno a la expresión «la muerte voluntaria». ¿Por qué cree Ud. que es problemática esta expresión? Para algunas personas, reside en la diferencia semántica entre «salvar» y «prolongar». ¿Qué diferencia(s) ve Ud.?

A algunos norteamericanos la actitud del hispano les parece morbosa. Acostumbrados a mantener una separación bastante rígida entre la muerte y la vida, les disgusta la fusión de las dos en la visión hispana. Pero es que para el hispano, es inconcebible pensar en la vida sin pensar en la muerte. El famoso poeta Quevedo[3] expresa la idea de vida como «no morir» en uno de sus sonetos, y Calderón,[4] otro escritor español, escribe un conocido° drama titulado *La vida es sueño*. Es decir,° la muerte es más real que la vida y representa el momento en que despertamos a la verdad. La tradición indígena de Latinoamérica tiene una visión semejante. Para los mayas, la muerte no es un fin sino una mutación, un cambio a otra fase de la existencia.

famoso

Es... *That is to say*

De ese modo, la tradición cultural hispana hace difícil la evasión de la muerte. También hay una explicación socioeconómica. En un país desarrollado° donde la mayor parte de la gente vive en la confortabilidad, la muerte representa una pérdida. En cambio, para un pueblo miserable, la muerte representa una liberación, un escape de los sufrimientos que traen el hambre, la pobreza y la enfermedad. En muchas partes, se llama «angelito» al niño que muere, porque va directamente al cielo° y tiene la suerte de morir sin experimentar el sufrimiento de la vida. Claro, hay mucha gente en los países hispanos que no vive en la miseria y es interesante notar que en las clases medias y altas de estos países, la tendencia a «disfrazar» la muerte es cada vez más evidente.

?

?

La diferencia entre la actitud hispana y la de otros grupos étnicos se ve claramente en un estudio sobre las actitudes hacia la muerte que se hizo en Los Angeles. Se estudió a cuatro grupos: los japoneses, los anglos, los

---

[3] Francisco Quevedo (1580–1654), poeta y moralista español.
[4] Pedro Calderón de la Barca (1600–1681), dramaturgo español.

Para muchos hispanos, los cementerios americanos no parecen cementerios sino parques, como el cementerio de Forest Lawn en Glendale, California.

negros y los mexicanoamericanos.[5] Se descubrió que, en comparación con los otros grupos, los mexicanoamericanos piensan en la muerte con más frecuencia y están más dispuestos° a manifestar sus emociones en público. Incluso los mexicanoamericanos dicen que les preocuparía si no pudieran° expresar con fuerza su dolor ante la muerte de un ser querido. También están más dispuestos a besar° o tocar al difunto, lo cual les da asco a muchos anglos. Además, su actitud hacia el velorio es distinta. Mientras que sólo el 22 por ciento de los anglos entrevistados° querían tener un velorio, el 68 por ciento de los mexicanoamericanos se mostraron partidarios.°

Paradójicamente, en comparación con los otros grupos, los mexicano–americanos están más dispuestos a confesar su miedo ante la muerte, y, por lo general, no quieren saber si tienen una enfermedad grave o van a morir. Sin embargo, aceptan la muerte y sienten la necesidad de pensar en ella. Es probable que sea° por medio de la convivencia con la muerte como el individuo hispano supera el miedo que siente. Es interesante notar que en el estudio de Los Angeles, sólo un 35 por ciento de los anglos, frente a un 73 por ciento de los mexicanoamericanos, consideraron que la entrevista y la discusión sobre la muerte fue una experiencia positiva.

?

les... *it would bother them if they couldn't*

to kiss

interviewed

se... were in favor

it is

---

[5] The study distinguishes between Chicanos (born in the United States and of Mexican descent) and Mexican-Americans (of Mexican descent and born and raised in Mexico prior to relocating in the United States).

¿Qué consecuencias tienen las diversas maneras de enfocar la muerte en las dos culturas? Según Goren, la prohibición a la manifestación pública del dolor hace que la pérdida de un ser querido sea° más traumática. Sin la   *be* posibilidad de expresarse sinceramente, el norteamericano disfraza sus propios sentimientos e intenta disfrazar la muerte misma. Para el hispano, en cambio, la convivencia con la muerte es una necesidad y al mismo tiempo un beneficio.

DESPUES DE LEER

Comprensión

A. Mire la lista del vocabulario. En su opinión, ¿cuál de las palabras representa mejor la actitud hispana hacia la muerte? ¿y la actitud norteamericana? Justifique su respuesta.

B. ◘¡Necesito compañero!◘   Las siguientes ideas vienen de la lectura. Con un compañero de clase, busquen dos o tres puntos que apoyen (*support*) o que ejemplifiquen (*are examples of*) cada idea general.

1. En el mundo hispano, el Día de los Difuntos es un día dedicado al recuerdo de los familiares muertos; en los Estados Unidos es una fiesta infantil.
2. El hispano sabe portarse con gravedad ante la muerte pero es igualmente capaz de otras reacciones.
3. El nivel socioeconómico puede afectar la manera en que uno reacciona ante la experiencia de la muerte.
4. Tanto el tema de la muerte como la expresión abierta del dolor son más aceptables entre los hispanos que entre los anglosajones.
5. En la literatura hispana, el tema de la muerte aparece con frecuencia.

C. ¿Cierto o falso? Complete las siguientes oraciones con la forma correcta del pretérito o del imperfecto de los verbos indicados. Luego diga si son ciertas o falsas según la lectura o según su propia vida. Corrija las oraciones falsas.

1. El estudio que se (*hacer*) en Los Angeles (*revelar*) que hay diferencias entre los sexos con respecto a las actitudes hacia la muerte.
2. Para muchos de los adultos hispanoamericanos, la muerte no es un tema grave o morboso. De niños muchos de ellos (*ir*) al cementerio el Día de los Difuntos; allí (*comer: ellos*) y (*charlar*) con su familia al lado de la tumba de un pariente querido.
3. En el pasado los niños norteamericanos (*asistir*) a los entierros familiares.
4. Hoy es posible que algunos adultos norteamericanos no recuerden ninguna experiencia infantil relacionada con la muerte porque, de niños, cada vez que un pariente (*morir*), los adultos no les (*decir*) que la persona

desaparecida (*estar*) muerta sino que (*but rather*) (*dormir*) o que (*vivir*) en un jardín bello muy lejano.

5. Según la tradición indígena de la América del Sur, la muerte (*representar*) el fin de la existencia.

6. Un amigo hispano cree que mi actitud hacia la muerte no es muy sana: hace un año un amigo íntimo mío (*morir*) y yo (*llorar*) mucho aun cuando (*estar*) con otras personas.

Discusión

1. ¿Cree Ud. que los sociólogos tienen razón cuando dicen que el norteamericano evita el tema de la muerte? ¿Puede Ud. pensar en otros aspectos de la vida que el norteamericano prefiera excluir de su conversación o evitar en su conducta? ¿Hay otros ejemplos de conversión de una fiesta religiosa en una fiesta infantil? Explique.

2. Hoy en día, hay una tendencia a dejar morir en casa en vez de en el hospital a las personas gravemente enfermas. Se dice que es más humano. ¿Para quién es más humano? ¿para el enfermo? ¿para los niños de la familia? ¿para los amigos del enfermo?

3. ¿Ha asistido (←) Ud. alguna vez a un velorio? ¿Qué hacían las personas y cómo era el ambiente? ¿Qué grupos étnicos mantienen el rito del velorio? ¿Conoce Ud. las costumbres de otro grupo étnico con respecto a la muerte? ¿Son similares a las norteamericanas o muy diferentes? Explique.

4. ¿Qué aspecto del contraste entre las actitudes hispana y norteamericana hacia la muerte le parece el más interesante? ¿Por qué?

Aplicación

1. Después de la explosión del *Challenger* en 1986, se habló mucho del impacto traumático que eso iba a tener en los niños, ya que ellos casi habían considerado (*had considered*) a la maestra-astronauta Christa MacAuliffe como una amiga personal. Se informó que iban a poner psicólogos en las escuelas para ayudar a los niños a hablar de sus sentimientos sobre este asunto. ¿Qué revela este episodio sobre la actitud norteamericana hacia la muerte?

2. Después de la tragedia del *Challenger*, se insistió en tomar todas las medidas necesarias para localizar y recuperar los restos de los siete astronautas muertos en el accidente. ¿Por qué cree Ud. que se hizo esto? ¿Cree Ud. que esta acción fue útil o dañina (*damaging*) para la familia y los amigos de los difuntos? Explique.

3. Hoy en día los libros y las películas de terror están de moda (*are "in"*). En su opinión, ¿cómo se puede explicar la fascinación por lo aterrador (*frightening*) y lo terrorífico (*hair-raising*)? ¿A Ud. le gustan estas películas? ¿Por qué sí o por qué no? ¿Cuál es la película más aterradora que Ud. ha visto (←)? Describa brevemente lo que pasó en la película.

4. ◧¡Necesito compañero!◧   La muerte es uno de los temas centrales en cada una de las siguientes películas.

       The Big Chill   *Terms of Endearment*   *Ordinary People*

Con dos o tres compañeros de clase, comenten las siguientes preguntas con respecto a cada película. Luego, compartan sus opiniones y el resultado de su análisis con los otros compañeros de clase.

- ¿Quién muere y bajo qué circunstancias?
- ¿Es la escena de la muerte propiamente una parte importante de la película?
- ¿Qué explora la película—la manera en que la muerte afecta a la familia y amigos íntimos del difunto, o la manera en que la idea de la muerte afecta a la persona que va a morir?
- En general, ¿cómo reaccionan las personas más cercanas al difunto ante su muerte? ¿La aceptan? ¿La rechazan? ¿Están tristes? ¿perplejos (*confused*)? ¿furiosos? ¿Se sienten de alguna manera culpables (*guilty*)? ¿responsables? Explique.
- ¿Hay algún cambio a través de la película con respecto a este sentimiento? Explique.
- En su opinión, ¿es realista la representación de la muerte en la película? ¿Es creíble (*believable*) la reacción de las otras personas?

5. ◧¡Debate!◧   Fórmense tres grupos de cuatro o seis estudiantes para debatir los siguientes temas. La mitad de cada grupo debe preparar los argumentos afirmativos, mientras la otra mitad prepara los argumentos negativos. Los otros estudiantes de la clase deben preparar preguntas para hacerlas durante los debates.

a. Un pariente está gravemente enfermo.

      AFIRMATIVO   NEGATIVO

      Se lo deben decir porque _____ .   No se lo deben decir porque
                                                _____ .

b. Un pariente quiere donar su cuerpo a la investigación científica.

      AFIRMATIVO   NEGATIVO

      Debe hacerlo porque _____ .   No debe hacerlo porque _____ .

c. La madre de un amigo acaba de morir y el amigo quiere tener los ritos funerarios en casa.

      AFIRMATIVO   NEGATIVO

      Debe tenerlos en casa   No debe tenerlos en casa
      porque _____ .   porque _____ .

CAPITULO CUATRO

ESPAÑA

LA FAMILIA
La familia hispana

ANTES DE LEER

Aspectos lingüísticos

Controlled Reading Practice

So far you have practiced three techniques that can help you improve your reading skills.

1. *Guessing the meaning of unfamiliar words.* To read well in any language, you need a relatively large vocabulary. You can look up unfamiliar words as you read, but this is not always necessary. You have learned to guess the meanings of words in several ways: by looking for English cognates, by considering the context in which words are used, and by learning to recognize some common suffixes (**-ado, -ido, -tad, -dad**). Remember that you do not need to know the meaning of every word in order to understand the meaning of a reading passage or selection.
2. *Identifying the main parts of the sentence.* First, watch for verb endings to help you locate the verb. Once you have found the main verb, look for possible subjects and objects. The verb ending will suggest the possible subject if none is stated in the sentence, and the word **a** will signal human objects.
3. *Word formation (diminutives, augmentatives, and superlatives).* Remember that the **-ísimo** ending communicates *very/extremely + adjective/adverb.* The diminutives (**-ito, -ico, -illo, -ín, -uelo**) indicate smallness, **-illo** sometimes having a negative connotation. The augmentatives (**-ón, -azo, -ote, -acho, -ucho**) express largeness or negative qualities.

Practice the techniques you learned in previous chapters as you read the following article. Remember to use the techniques to reconstruct the text's probable content first; then read the selection quickly. Try to guess the meaning of words that you don't know and concentrate on grasping the general idea or gist of the article.

⌐

Reading Practice

Try to read the article in about five minutes (a reading speed of approximately 80 words per minute); then do the comprehension exercises.

Las tareas con mamá
Un hábito peligroso que más vale no fomentar.

Las tareas con mamá
Un hábito peligroso que más vale no fomentar

A estas alturas del año, Isabel está absolutamente agotada. Estudia sistemáticamente de lunes a viernes y, a veces, también los fines de semana. Como no le falta sentido del humor, cuenta que el año pasado pasó raspando, pero que no sabe si este año lo logrará. Lo gracioso del asunto es que Isabel ya no es una joven estudiante sino una mamá de cuatro hijos, uno de los cuales se niega a estudiar si no está con ella.

En realidad el asunto es bastante trágico, porque Jorge ya tiene doce años y nunca aprendió a estudiar por su cuenta. Siempre ha dependido de la ayuda de su mamá en la realización de cualquier trabajo, tarea o investigación que se le pide en el colegio; más aún cuando se trata de una prueba.

Isabel—con la mejor de las intenciones—asumió esta rutina, tratando de ayudar a su hijo porque veía que no le resultaba fácil estudiar. Desgraciadamente, Jorge se acostumbró de tal manera que ni siquiera es capaz de imaginar la posibilidad de estudiar solo. Cuando la mamá no está en casa, simplemente no se hacen las tareas....

Este no es un caso único y, por eso, la psicopedagoga Ximena Maira advierte a los padres frente al peligro de fomentar este hábito. Si bien hay niños que necesitan más ayuda que otros en sus tareas y en sus estudios, jamás hay que crear la dependencia.

Cuando la situación que se ha creado es tan grave como en el caso de Jorge e Isabel, la especialista recomienda que se le vaya dejando solo, aunque esto signifique una baja importante en el rendimiento e incluso la posibilidad de repetir el año. Aunque el costo parece grande, los beneficios serán aún mayores. El niño irá asumiendo el trabajo escolar como su propia responsabilidad y, lo que es más importante, también podrá considerar suyos los logros que obtenga. Una nota regular pero obtenida por sí solo tendrá mucho más valor que la calificación más alta que debe compartirse con la mamá.

Más allá de las notas, subraya Ximena Maira, el estudiar por sí mismo implica también un logro de independencia en otros aspectos de la vida. Si un niño sigue dependiendo de su madre para estudiar, lo más probable es que en el futuro sea una persona insegura, ya que no ha podido tomar conciencia de sus propias capacidades.

1. ¿Cuál es la idea principal de la lectura?
   a. Muchas madres hoy trabajan y también son estudiantes.
   b. Los niños aprenden mejor si sus madres los ayudan con la tarea.
   c. Las madres no deben ayudar demasiado a sus niños con la tarea.
   d. Hoy las madres ayudan a sus niños con la tarea más que en el pasado.

2. Identifique a las siguientes personas.
   _____ Isabel   a. maestro/a de escuela   e. hijo/a
   _____ Jorge   b. madre/padre   f. amigo/a
   _____ Ximena   c. psicólogo/a

3. ¿Cuál es un beneficio que puede resultar de la actividad descrita (*described*) en el artículo?
   a. notas más altas   c. una familia más inteligente
   b. un mejor sueldo   d. un niño más independiente

4. ¿Cuál es un problema que puede resultar de la actividad descrita en el artículo?
   a. un niño más dependiente   c. notas más bajas
   b. conflictos entre los padres   d. dificultades con los jefes en el trabajo
      y los maestros

¿Qué pueden significar las palabras o expresiones subrayadas?

5. En realidad el asunto es bastante trágico, porque Jorge ya tiene doce años y nunca aprendió a estudiar por su cuenta .
   a. using the book   c. for a story
   b. on his own   d. without a reward

6. La especialista recomienda que se le vaya dejando solo, aunque esto signifique una baja importante en el rendimiento e incluso la posibilidad de repetir el año.
   a. an important reduction in what is accomplished
   b. less importance given to what is learned
   c. little overall difference in the results
   d. a large increase in the amount of work

7. El niño irá (→) asumiendo el trabajo escolar como su propia responsabilidad y, lo que es más importante, también podrá considerar suyos los logros que obtenga.
   a. the logs   c. the playmates
   b. the problems   d. the achievements

Aproximaciones al texto

Scanning for Specific Information

Up to this point, you have practiced techniques for reading for the general idea of a text. Sometimes you will also want to read for very specific information. When you read the index of a book, for example, or an ad in a newspaper, you are interested in locating specific information. For this reason, you let your eye pass over or scan the text very quickly until you find exactly what you are looking for.

Look at the questions that accompany each of the following articles; then scan each article quickly to find the answers.

Tribulaciones de los escolares

Dos de cada diez niños españoles en edad escolar pueden enfermar de la columna vertebral si la escuela a la que asisten tiene unos viejos e incómodos bancos que les obligan a sentarse en mala posición. Esto, unido a la falta de ejercicios físicos, serán los culpables de la *escoliosis*, que así se llama el mal.

Sin embargo, todo parece que terminará bien, gracias al invento del Scolitrón, un pequeño aparatito a pilas que actúa por estimulación eléctrica sobre el costado del niño.

La corriente es muy pequeña y no provoca molestias en el peque. Sólo estimula los músculos intercostales y fortalece la columna.

1. ¿Cuál es el problema que señala el artículo?
2. ¿Cuántas personas sufren de ello?
3. ¿Cuál es la posible solución?
4. ¿Cuánto cuesta la solución?

El estimulador, que tiene un precio aproximado a las 70.000 pesetas, ha comenzado a ser distribuido en Estados Unidos, donde fue construido por los doctores Jens Axeelgaard y John Brown, del Instituto de Minneapolis.

Madre desesperada

Tengo un hijo de tres años muy malo para comer; a veces pasan días enteros y no quiere ingerir ningún alimento (ni los dulces le gustan demasiado). Lo llevé al médico y él me dijo que no debía exigirle comida, pero tampoco darle golosinas a deshora, que en algún momento mi hijo sentiría hambre y querría comer voluntariamente. Yo estoy muy preocupada y no concuerdo con la opinión del doctor. Creo que seguir sus indicaciones sería contraproducente porque el niño podría debilitarse demasiado... y ya está muy flaco. ¿Podrían ustedes publicar un reportaje, donde reunieran opiniones de diversos especialistas sobre la inapetencia infantil y la manera correcta de enfrentarla? Ojalá incluyeran algunos «trucos» para aliviar esta angustiosa tarea.

María Angélica Valdés
Las Condes

1. ¿Por qué está desesperada la madre?
2. ¿Cuántos años tiene su hijo?
3. ¿Está de acuerdo con los consejos de su médico?

Las viudas no son alegres

La Federación Nacional de Viudas Españolas existe, y cuenta con 279.000 afiliadas, muy bien organizadas, «porque con unas leyes machistas y napoleónicas como las de este país, es el único medio de sobrevivir», dice su presidenta.

La presidenta, en efecto, no anda con matices: «La situación de la viuda en nuestro país es desesperada. Hay que tener en cuenta que la edad media de viudedad ha bajado mucho—entre los cincuenta y los cincuenta y dos años—y esto crea grandes problemas económicos. El marido muere y deja a los hijos sin educar y a la mujer sin poder percibir la pensión. Además, en la mayoría de los casos, sin

1. ¿Cuál es el nombre de la organización de viudas?
2. ¿Cómo se llama la presidenta de la organización?
3. ¿Cuántos miembros tiene?
4. ¿Cuántas viudas hay en todo el país?

ningún ahorro, pues los primeros años de un
profesional son muy duros.» Todas se quejan
de lo escasa que es la jubilación de las
viudas—un 40 por 100 del sueldo base en pa-
sivos y un 47 por 100 de la Seguridad Social—y
de la cantidad de trabas que pone la Administración a la hora de percibirla. «Esta situación
angustiosa nos incitó a asociarnos.»

La señora viuda de Carré, cincuenta y cinco años, discreta y enérgica, preside los destinos de las viudas organizadas desde hace diez
años.

279.000 viudas amargadas, angustiadas y
que no bromean, inscritas en 210 delegaciones
distribuidas por toda España.

Las viudas de la Federación Nacional
constituyen apenas un 10 por 100 de las viudas
españolas. Dos millones de señoras de este
país lloran a su marido fallecido. Dos millones
de mujeres que enfrentan solas los problemas
de la vida, a menudo cargadas de hijos sin
educar y casi todas sin la menor formación
profesional.

Prelectura

As you know already, skimming the title and pictures that accompany a reading
text often yields important information about its contents. If it is is divided into
sections with subtitles, these can also help you construct a general idea of the
information in the text.

A. Lea rápidamente el primer párrafo de la lectura y mire todos los subtítulos.
Luego imagine que Ud. busca la siguiente información sobre la familia
hispana. Utilizando la información que ya tiene, ¿sería conveniente (*would it
be a good idea*) leer esta lectura?

SI   NO   QUIZAS

☐ ☐ ☐   1. Las fiestas familiares
☐ ☐ ☐   2. La importancia de la religión dentro de
la familia
☐ ☐ ☐   3. El número de hijos en la familia típica
☐ ☐ ☐   4. Diferencias entre la familia rural y la
familia urbana
☐ ☐ ☐   5. Factores que afectan la estructura
familiar
☐ ☐ ☐   6. Las maneras en que los padres
disciplinan a sus hijos

SI NO QUIZAS

☐ ☐ ☐   7. Las posibilidades que existen para el divorcio en la sociedad hispana

☐ ☐ ☐   8. Si la familia es menos importante hoy que hace cincuenta años

☐ ☐ ☐   9. La familia hispana durante el siglo XIX
☐ ☐ ☐   10. La imagen de la familia en la literatura y el cine hispanos

B. A continuación se reproducen los subtítulos de la lectura. Léalos rápidamente y decida en qué sección o secciones se puede encontrar la información indicada. Ponga la letra de la sección o secciones en el espacio indicado.

SUBTITULOS

A   La familia rural y la economía campesina
B   La familia urbana y la sociedad industrializada
C   La socialización de los hijos
D   El matrimonio y el divorcio

INFORMACION   SECCION (SECCIONES)

1. Cómo los padres educan a los hijos   _____

2. El impacto del progreso tecnológico en
   la familia   _____

3. Características de la familia que vive en
   el campo   _____

4. La posibilidad de convivencia (*living
   together*) de la pareja antes de casarse   _____

5. Los valores de la familia hispana tradicional   _____

LECTURA

Vocabulario activo

el ahijado *godchild*
aislado *isolated*
el antropólogo *anthropologist*
ciegamente *blindly*
el compadrazgo *godfather status, relationship*
el compadre *godfather of one's child*
criar *to raise, bring up*

desempeñar *to fulfill (a function); to play (a role)*
encargarse de *to take charge of*
el lazo *tie, link*
el padrino *one's own godfather*
recoger *to collect; to pick up; to take in*

repartir *to share; to divide up*
sobrevivir *to survive*
la supervivencia *survival*
el sociólogo *sociologist*
sumo *great*
sumamente *very, extremely*

A. Busque antónimos en la lista del vocabulario.

1. el ahijado   2. recoger

B. ¿Qué palabra de la segunda columna asocia Ud. con una de la primera?

_____ 1. el compadre   a. el bautismo
_____ 2. el ahijado   b. el hijo espiritual
_____ 3. aislado   c. una responsabilidad
_____ 4. encargarse   d. la separación
_____ 5. sumamente   e. muy

C. Dé las palabras que se corresponden con las definiciones.

1. sin pensar o reflexionar
2. un individuo que estudia la conducta social de la gente
3. algo que une dos elementos
4. hacer un papel

D. Defina brevemente en español.

1. el antropólogo   2. criar   3. la supervivencia

▨LA FAMILIA HISPANA▨

Antropólogos y sociólogos concuerdan° en que, en muchos aspectos, hay más diferencias culturales entre clases sociales dentro de un país que entre dos países distintos. No es decir que no haya ninguna diferencia entre una familia de Bogotá y otra neoyorquina de la misma clase social, sino que estas dos familias tienen más en común que dos familias colombianas de dos clases sociales distintas. La clase social a la que pertenece la familia y también el *status* económico del país influyen mucho en la estructura familiar. Puesto que en muchos países hispanos coexisten sectores económicos muy industrializados con otros sumamente atrasados, es evidente que no se puede hablar de la familia hispana como si se tratara de° una institución homogénea. Hay que hablar de varias familias hispanas: la rural tradicional y la urbana industrial, para nombrar sólo las clasificaciones principales.

                       ?

como... *as if it were a question of*

LA FAMILIA RURAL Y LA ECONOMIA CAMPESINA

La familia rural de las sociedades más tradicionales es típicamente una agrupación° aislada y autónoma. Más o menos el 30 ó 40 por ciento de las familias rurales posee y cultiva un pequeño terreno; estas familias, casi todas indias, participan muy poco en la vida del país. Producen su propia comida y en gran medida satisfacen sus propias necesidades. Más frecuentes son las familias en que el padre trabaja en una de las grandes haciendas y recibe un salario con el que logra aumentar lo que recoge de una tierra arrendada.° En ambos casos, a causa de la distancia que hay entre las zonas rurales y los grandes centros urbanos, la familia constituye la institución más importante y es frecuentemente la única institución con la que el ciudadano° está en contacto.

                       ?

rented

citizen

    La familia rural es una familia numerosa. Con muchos niños el trabajo se puede repartir; desde pequeños, los niños participan en las ocupaciones

En el ambiente rural es una ventaja tener muchos niños. Ellos ayudan con
el trabajo y contribuyen mucho a la supervivencia de la familia. En esta foto
de México, faltan tres hijos que están trabajando para ayudar a los demás.

y tareas familiares. La supervivencia de la familia depende en gran parte de
su capacidad de operar como unidad. En consecuencia, la familia rural se
organiza de una manera jerárquica y autoritaria. Es una familia patriarcal,
en la que el padre toma todas las decisiones importantes. La madre tiene la
responsabilidad de la casa y la crianza de los hijos. Los hijos tienen más o
menos autoridad según el orden de nacimiento; así, el hijo mayor se en-
carga de proteger y disciplinar a sus hermanos menores y la hija mayor
sustituye muchas veces a su madre en los trabajos domésticos.

Un buen ejemplo de la familia rural es la de Pedro Martínez, un campesino mexicano estudiado por el famoso antropólogo Oscar Lewis. Pedro,
el padre, domina totalmente a los otros miembros de la familia. Su esposa
Esperanza es una persona sumisa, fiel y trabajadora. Pedro y Esperanza se
casaron jóvenes, cuando él tenía veintiún años y ella diecinueve. De su
matrimonio nacieron doce hijos, pero seis murieron antes de cumplir los
ocho años. Para Pedro un gran número de hijos es señal de buena suerte.
Una vez, cuando Esperanza se enfermó, él dejó de considerarla «normal»
ya que tenía dificultades para concebir debido a su enfermedad. No la vio
como realmente «curada» hasta que volvió a dar a luz.° Después del nacimiento de otros dos hijos, Pedro comentó, «Mi esposa había vuelto° a lo
normal. Eso es lo que yo quería». Aunque Esperanza tiene miedo al embarazo y al parto, también cree que es beneficioso tener muchos hijos. «Todos
los hijos significan dinero; pues cuando empiezan a trabajar, ganan dinero.»

había... *had returned*

La familia rural es unida, protectora y estable; generalmente incluye a los abuelos, tíos, primos y otros familiares como miembros de la unidad central. Después de casarse, es frecuente que el nuevo matrimonio pase a vivir en casa de los padres del marido, o con menos frecuencia, de los padres de la novia. No es raro que varios matrimonios emparentados° vivan *que son parientes* en una sola casa, y en algunas ocasiones, eso quiere decir en un solo cuarto. Esta familia extendida, que existe comúnmente en todas las sociedades rurales del mundo, representa una adaptación útil a unas condiciones de vida poco favorables. Con más de dos adultos en la familia, todos tienen más seguridad. La muerte y la enfermedad afectan menos si hay otros individuos que pueden sustituir al que ya no puede cumplir sus responsabilidades. En otras palabras, la familia rural extendida desempeña muchas de las funciones en la sociedad tradicional que en la sociedad urbana desempeñan las nuevas organizaciones sociales con fines° espe- *purposes* cíficos. En lugar de ir al hospicio,° el huérfano es recogido por una tía o una *?* hermana u otra persona que siempre ha convivido (←) con el niño. En vez de ir a un asilo de ancianos, los abuelos o los tíos abuelos° son acogidos en *tíos... great-uncles and* casa de sus parientes. *great-aunts*

En muchos países la familia extendida abarca° a más personas que los *?* parientes consanguíneos.° Los lazos de mutuo cariño y obligación se ex- *?* tienden también a todos los compadres. Aunque esto ocurre en todas las familias hispanas, las relaciones de compadrazgo son más fuertes en los ambientes rurales. El compadrazgo tiene su origen en ritos eclesiásticos

Hay muchos niños en la familia rural pero también hay muchos parientes adultos para criarlos (*raise them*). La palabra *babysitter* no tiene un equivalente exacto en español.

como el bautismo, la confirmación y el matrimonio. Cuando un individuo recibe uno de estos sacramentos, necesita padrinos o padres espirituales, que se encargarán (→) de su cuidado religioso y aún físico, si se le mueren los padres verdaderos. Normalmente los padres del niño les piden a unos parientes o buenos amigos que sirvan de padrinos. En muchos países, incluso en los Estados Unidos, el compadrazgo se cumple por razones religiosas, pero no existe ni se espera una estrecha relación entre el padrino y el ahijado. En los países hispanos, por el contrario, si uno acepta la invitación de ser padrino, entra en una relación muy especial con el ahijado y también con los padres. En algunos sectores de México, en particular, cada ocasión de cierta importancia requiere nuevos padrinos: la cura de una enfermedad, la construcción de una nueva casa, un campeonato° de fútbol o de básquetbol, etcétera.

championship match

Muchas de las características de la familia campesina son comunes a todas las sociedades rurales del mundo. Sin embargo, si comparamos la sociedad agrícola tradicional de los Estados Unidos con la de los países hispanos, podemos ver algunas diferencias importantes. Los colonos que poblaron los Estados Unidos vinieron para establecer su independencia religiosa, social o económica. Llegaron a una tierra relativamente despoblada y se acostumbraron a no tener grandes barreras que estorbaran° sus movimientos. Por lo tanto,° la idea de espacios abiertos resulta ser muy importante en los Estados Unidos. Muchos colonos abandonaban las casas que habían construido° y las tierras que habían desmontado° cuando veían que venían nuevos colonos. No querían vivir «encerrados» con tanta gente. El concepto de *privacy* sigue siendo muy importante para el ciudadano norteamericano. En cambio, la palabra española que expresa *privacy*, «privacidad», es tan reciente que todavía no aparece en muchos diccionarios.

?

Por... *For this reason*

habían... *had built /*
?

La diferencia de actitud hacia el espacio se ve claramente en la manera en que las dos culturas pueblan el campo. En los Estados Unidos la casa del agricultor se construye en medio de su terreno. La distancia de un vecino a otro varía pero la casa del vecino está casi siempre lejos. En cambio, en España y Latinoamérica el agricultor que posee su propia tierra vive en comunidad y sale cada día para trabajar su tierra, reflejo inverso° del *suburbanite* norteamericano que día y noche hace el viaje rutinario entre su casa y su oficina.

reflejo... *mirror image*

LA FAMILIA URBANA Y LA SOCIEDAD INDUSTRIALIZADA

La industrialización trae cambios importantes en cuanto a la organización familiar. Mientras que en la sociedad tradicional la familia es la unidad de producción, en la sociedad urbana industrial la familia ya no produce lo que consume; depende cada vez más de estructuras no familiares y de un salario. Mientras que los campesinos de la sociedad rural no necesitan estudios formales para aprender su oficio, la industrialización trae una creciente especialización en los trabajos y, por lo tanto, exige una mayor preparación de los trabajadores. Los niños ya no son una ventaja sino una carga,° puesto que necesitan estudiar durante un tiempo más o menos largo antes de entrar al mundo laboral. En consecuencia, hay una tendencia a tener menos hijos en una sociedad industrializada. También han tenido (←) su impacto la incorporación de la mujer al trabajo y la generalización del uso de anticonceptivos. En los países hispanos, como en otras partes del mundo, son muchos los católicos que no siguen las prohibiciones de la Iglesia en este asunto. Pero la ideología y la situación económica cuentan: los no creyentes tienen menos hijos que los creyentes; los de izquierda son menos fecundos que los de derecha; y los de clase alta o culta son también menos prolíficos que los de clase baja y con escasos estudios.

Otra diferencia que se puede señalar está en relación con la importancia de la familia extendida. En general instituciones ajenas a° la familia como bancos, seguros, asilos y guarderías infantiles° se encargan de las tradicionales funciones familiares para que los esposos puedan trabajar. Por todas estas razones, en el medio urbano la gran familia extendida es reemplazada por la familia nuclear, es decir, la unidad compuesta por los padres y los hijos.

En los países hispanos, igual que en los Estados Unidos, la familia nuclear ha estado (←) sufriendo (ᴒ) graves trastornos° como producto de la creciente industrialización y urbanización. En la sociedad industrializada, la familia no trabaja junta; el padre, y cada vez más la madre, sale del hogar° y permanece fuera durante gran parte del día. Aunque esto también puede pasar en una sociedad rural, los hijos siempre pueden acompañar al padre al campo, donde llegan a tener un conocimiento directo del trabajo que hace. En cambio, es posible que los hijos de un abogado o fundidor° nunca observen a su padre en su lugar de trabajo. De este modo, se crea una distancia entre padres e hijos.

En los últimos años se ha visto (←) en Hispanoamérica un movimiento masivo hacia las ciudades. En 1936 el 65 por ciento de la población venezolana vivía en el campo; en 1970 el 75 por ciento de la población estaba concentrada en las ciudades. Este fenómeno se repite en todos los países de Hispanoamérica. Para la familia, la emigración a la ciudad significa una ruptura drástica, cuyas repercusiones son particularmente fuertes en las relaciones entre padres e hijos. Los hijos se adaptan rápidamente a los nuevos sistemas mientras que muchas veces los padres los desaprueban.° En estas circunstancias, las diferencias generacionales pueden fácilmente ahondarse° y a menudo la familia se desintegra aún más.

LA SOCIALIZACION DE LOS HIJOS

«Es curioso», observó recientemente un chileno que ha pasado (←) mucho tiempo en los Estados Unidos, «pero he notado (←) que cuando las amistades visitan a una mujer norteamericana que acaba de dar a luz, la mayoría de su atención e interés recae sobre ella: ¿cómo está? Y ¿cómo estuvo?° Y ¿cuándo puede volver a casa? En cambio, cuando da a luz una mujer hispana, se encuentra más o menos desatendida° mientras sus visitantes se reúnen en torno del° recién nacido, pasándolo de uno a otro entre ex-

burden

ajenas... outside of
_?_

efectos negativos

casa

welder

rechazan

grow deeper

¿cómo... how was it? (the birth)

_?_
se... cluster around the

La familia española es muy unida. Aunque hoy en día hay menos hogares en que los abuelos viven con sus hijos, todavía hay muchas reuniones familiares, especialmente a la hora de la comida.

clamaciones de admiración y afecto.» En los países hispanos, los niños son el foco,° la «razón de ser» del matrimonio. Como tal, reciben mucha aten- ción, con frecuencia se les incluye en las actividades de los miembros adultos y suelen ser tratados con más indulgencia y tolerancia que los niños en los Estados Unidos. Pero esto no quiere decir que no reciban ninguna disciplina. Desde una edad temprana se les enseña que su propia libertad importa menos que el respeto a sus padres. Por ejemplo, en la familia Martínez descrita por Lewis, tanto Pedro como Esperanza creen que los hijos deben obedecer ciegamente las órdenes de los padres, en particular las del padre. Pedro mismo dice, «Me gusta que mis hijos sean despiertos,° pero lo primero que traté de quitarles fue la agresividad y la locuacidad. Todos mis hijos son humildes, obedientes y trabajadores.»

    Como muchas familias rurales que gastan toda su energía en sobrevivir, la familia Martínez no muestra su cariño con palabras ni con abrazos ni besos. Toda la familia vive en un solo cuarto y la proximidad física se compensa con una distancia emocional. En otros contextos el contacto físico entre padres e hijos—de tipo cariñoso al igual que castigante°—suele ser más visible. Los norteamericanos a veces se muestran confusos por el comportamiento de los padres hispanos. Por un lado pueden parecer «besucones»°° y demasiado indulgentes; por otro se muestran más auto- ritarios, gritan a los niños y emplean el castigo físico—sea un tirar del pelo o un bofetón°—con más frecuencia que muchos padres norteamericanos. Pero esto se debe a que en general los hispanos son más demostrativos y abiertos con sus emociones que los norteamericanos. En los Estados Unidos se recurre más al castigo «psicológico», por ejemplo, se le manda al niño a su cuarto sin comer o se le quita algún privilegio. El castigo físico se reserva

° centro

° alert

° ?

°° que besan y abrazan
   mucho

° slap

para cuando ya no hay otro remedio y por lo tanto se asocia con la ira° y la
pérdida de control. Dentro de la cultura hispana no tiene ese impacto, ni
para los padres ni para el niño. *anger*

Hay otras esferas en que es importante reconocer diferencias culturales
para no llegar a conclusiones inexactas. Por ejemplo, los hijos hispanos
suelen vivir en casa de sus padres por más tiempo que los hijos norteamericanos. Sin embargo, sería° un error concluir que por lo tanto el hijo *it would be*
hispano se independiza más tarde que el norteamericano. En los Estados
Unidos la independencia del hijo casi se define por la separación; el que
todavía vive en casa de sus padres, por definición, carece de libertad personal. En la cultura hispana no es así. Un hijo mayor puede vivir con sus
padres y, con tal que esté trabajando y ganando algún dinero, tendrá tanta
independencia como el norteamericano que vive solo.[1]

En la cultura hispana, la independencia en el sentido de «poder hacerlo
solo» no tiene la importancia que tiene en la norteamericana. Sea en la
sociedad rural o en la urbana, los padres hispanos fomentan la cooperación
antes que el espíritu competitivo y agresivo. Esto se ve más claramente en
las culturas donde hay una gran influencia india. Entre los indios mixtecas° *de la región Oaxaca*
se ha observado (←) una aversión absoluta a toda forma de agresividad. Las *de México*
madres mixtecas expresan continuamente su deseo de impedir que los hijos
participen en cualquier clase de riña aun si fueran° atacados por otros. Para *they were*
muchas de estas madres, la única ocasión en que ellas usarían° un castigo *would use*
físico es precisamente para impedir la conducta agresiva de los hijos. Sin
duda los mixtecas son un caso extremo, pero las familias mexicanas que
residen en Ciudad de México demuestran una actitud algo parecida. Hace
poco, dos sociólogos hicieron un estudio sobre el fenómeno. Diseñaron un
juego en que la cooperación era necesaria para ganar, y expusieron a este
juego a un grupo de niños mexicanos y a otro norteamericano. Les sorprendió descubrir que a pesar de la presencia de un premio para los que ganaban, los niños norteamericanos no pudieron renunciar a la competencia
para adoptar una conducta cooperativa. Los niños mexicanos, en cambio,
por no tener una gran tendencia competitiva, asumieron una conducta
cooperativa con mucha facilidad.

EL MATRIMONIO Y EL DIVORCIO

En toda sociedad la estructura familiar está determinada en gran medida
por la formación, el funcionamiento y las posibilidades de terminar el
matrimonio. En casi todos los países hispanos el catolicismo es la religión
oficial; por lo tanto existen grandes trabas° culturales que se oponen al *obstáculos*
divorcio. Antes de que España legalizara° el divorcio en 1981, había una *?*
fuerte campaña adversa de la derecha y de la Iglesia, que advertía que el
divorcio significaba la disolución de la familia. En realidad, muchas menos
parejas de lo que se pensaba se han aprovechado° de la nueva ley. Esto se *se... have taken*
explica en parte porque es menor el número de parejas: en los últimos diez *advantage*

---

[1]Esta libertad es menos probable en el caso de la hija que se queda viviendo en casa de sus padres.

¿Qué piensan los niños de sus abuelos? ¿Qué pensaba Ud.? ¿Cree Ud. que habrá (→) cierta universalidad con respecto a estas percepciones? Los siguientes comentarios vienen de niños chilenos; a ver si Ud. oye en sus voces algún eco familiar.

NIÑOS Y ABUELOS:

Una chispeante percepción

Pergenios de entre 5 y 10 años, todos alumnos del colegio La Girouette—menos una niñita que asegura que los bisabuelos «andaban en camello»—, hablan sin tapujos de papás, abuelos y nietos.

• **Nicolás Albaglye** (8 años): Cuando los abuelitos eran jóvenes, tuvieron a nuestros papás; ahora quieren jugar con nosotros. Los días miércoles yo me voy a almorzar a la casa de mi abuela y siempre nos tiene una sorpresa. Vamos a Fantasilandia, al Mundo Mágico, a los go-kart del Mampato.

• **Paula Fluxá** (7): A mí mi abuelita me enseñó a jugar a las bolitas, porque cuando ella era chica se pasaba jugando a las bolitas.

• **Martín Hernández** (10): Los abuelitos saben más que los papás, porque tienen más años. Y en todos los trabajos de investigación que tenemos en el colegio nos ayudan ellos. De lo que más sabe mi abuelito Raúl es de medicina; y mi abuelito Mario, de arquitectura.

• **Cristóbal Navarro** (7): Los papás siempre llegan muy tarde. Solamente los fines de semana salimos, casi siempre vamos a andar en bicicleta en las mañanas y a veces jugamos o vamos al estadio. Y cuando vamos donde mis abuelitos, hacemos lo que queremos. Si queremos un helado, el tata va a comprarlo al tiro. Y siempre que vamos, nos tiene pasteles y cosas ricas. Pero ahora los veo menos, porque voy poco. Antes iba todos los viernes, y ahora me invitan y me invitan, y yo les digo «cuando pueda».

• **Marcela Cortés** (8): Si mi abuelito no existiera, yo nunca podría ir a vender entradas, porque mi abuelo es dueño del teatro de Coronel. Y también vamos a la playa y nos tiramos en un colchón, y mi abuelo me ayuda a hacer unos hoyos grandes, tan hondos que hasta sale agua.

• **Isabel Garreaud** (8): Bueno, mis papás le dicen a mi abuelita, «¿pero cómo la pueden regalonear tanto, si ella los trata tan mal?» Es que ellos escuchan mal, están bien sorditos los dos, entonces uno se cansa de decirles tantas veces lo mismo. Y los abuelitos van después donde mi mamá, «¿cuándo va a tener mejor carácter esta niñita?» Y mi mamá me grita «¡Chabelaaaaa!»

• **María Elena Varas** (9): Montón de veces me quedo a dormir donde mi abuela. Yo le digo, «oye, abuela, ¿me puedo quedar a dormir?» Y ella me dice «sí, claro», y dormimos juntas, con el guatero. Y a veces ella me dice, «te puedes quedar, pero yo voy a salir a una parte», y yo igual me quedo dormida.

• **Marcela Castillo** (9): A mi abuelito le encanta la cocina y la carpintería. Trabaja la madera y nos presta las máquinas y hacemos cosas con madera. Y después cocinamos lasagna y empanadas fritas.

• **Paul Eichwald** (9): Mi abuelito habla de cosas antiguas. Por ejemplo, de un perro que era bien majadero y se metía en la mugre. Y cuenta que cuando él era chico, se caía a cada rato de su bici, y se caía todos los días en el colegio. Y un día salió como momia del hospital.

• **Martín Hernández** (10): Mis abuelitos me contaban que antes que existiera la tele dibujaban mucho, salían a andar en bicicleta. Se subían a los tejados de las casas y tiraban los gatos para abajo. Y mi abuelo me contaba que cuando mataban a las gallinas para comérselas, les encantaba desplumarlas y disfrazarse de indios.

• **Alejandra Schlessinger** (5): Los abuelos son bastante viejos, pero más viejos son mis bisabuelos. Pero los bisabuelos son más entretenidos que los abuelos. Había cosas que ya no existen en este tiempo moderno. Por ejemplo, no había autos, así que se transportaban en burros, caballos, camellos, carrozas o victorias. O usaban los pies para transportarse.

¿Encontró Ud. semejanzas entre sus percepciones y las de estos niños? ¿Son similares también las bases (las razones o los motivos) de estas percepciones? ¿Son tipos universales «los abuelitos»? ¿Lo son también «los nietecitos»?

años, las bodas en España se redujeron en un 30 por ciento. Aunque no tan acusado° como en los Estados Unidos, se ve en España también una inclinación a posponer el matrimonio. Según una encuesta° reciente, la edad ideal para casarse es de 26,3 años para el hombre y 23,72 años para la mujer. Al mismo tiempo, los encuestados° parecen oponerse a la tradición española de tener el primer hijo en seguida:° la mayoría de ellos cree que es mejor dejar pasar un tiempo después de casarse antes de tener el primer hijo.

    En algunos países hispanos—Argentina, Chile, Colombia y el Paraguay—la ley no admite divorcio de ningún tipo. En otros se permite el divorcio en casos limitados, mientras que en unos pocos países se consigue por petición de los casados.[2] Para la gente adinerada° el divorcio es siempre posible: se arregla un viaje a un país donde el divorcio es legal o se invierte una fuerte cantidad de dinero para anular el matrimonio. Para la clase pobre no hay posibilidad de divorcio en muchos de los países hispanos. En consecuencia, no es raro que el individuo pobre prefiera la unión consensual.° Con frecuencia, la mujer pobre teme el matrimonio porque quiere conservar la posibilidad de abandonar a su compañero si él abusa de ella.

    El rechazo del matrimonio se refleja en otro libro de Oscar Lewis, *Los hijos de Sánchez*. En éste la tía de la familia que se estudia vive con un hombre que quiere casarse con ella. Pero ella insiste en que nunca va a casarse otra vez porque en su primer matrimonio sufrió muchísimo y ha jurado (←) no volver a casarse. La actitud masculina es semejante. Jesús Sánchez, el padre de la familia, ha vivido (←) con cinco mujeres y ha sido (←) un buen «marido» para todas. Siempre ha pagado (←) los gastos de los hijos y de la casa pero se ha resistido (←) a casarse porque no quería perder su libertad. Por eso Jesús nunca entró en relaciones con mujeres vírgenes. «Todas mis mujeres habían estado° casadas antes que yo viviera con ellas. De otro modo, habría° complicaciones. Si hubiera sido virgen, habría tenido que° casarme con ella en la iglesia o según la ley civil o estaría° en la cárcel por veinte años.»

notable

poll

_?_

_?_

que tiene dinero

unión... vivir con la persona sin la formalidad legal del matrimonio

habían... had been

there would be / Si... If she had been a virgin, I would have had to
I would be

---

[2]La separación legal y también la anulación del matrimonio sí ocurren en todos los países hispanos, especialmente entre las clases acomodadas.

También influye el factor económico, como explica un hijo de Jesús. «Un hombre pobre no tiene bastante dinero para una boda. Además, un pobre no tiene nada que dejar a sus hijos, así que no es necesario protegerlos legalmente. Si yo tuviera° un millón de pesos o una casa, o una cuenta corriente o algunos bienes materiales, tendría° una ceremonia civil para legalizar a mis hijos como herederos legítimos. Pero la gente de mi clase no tiene nada.» *had*

I would have

Las relaciones consensuales son muy frecuentes en Hispanoamérica y muchas veces constituyen relaciones estables. No obstante, la posibilidad de abandono de la familia por el padre es más posible que en una pareja formalmente unida, lo cual deja a la mujer en una situación muy difícil para sostener a la familia. Por fuerza tiene que dejar al hijo a veces solo en casa mientras que ella sale a ganar una miseria.° *salario muy bajo*

Como se ha visto (←), no se puede hablar de una sola familia hispana. Es necesario tener en cuenta muchos otros factores, especialmente la clase social y el contraste entre el medio rural y el urbano. Como en todas partes del mundo, la familia hispana ha sido (←) afectada negativamente por los procesos de modernización. A pesar de estos cambios, ha conservado (←) algunas características de la familia tradicional—la solidaridad, la autoridad paternal, la cooperación—que la diferencian de la estructura familiar típica de los Estados Unidos. Se espera que la fuerza de estos valores logre contrarrestar° los efectos de la urbanización y ayude a la familia a defenderse y a persistir como una institución de suma importancia cultural y humana. *?*

DESPUES DE LEER

Comprensión

A. Complete las oraciones con la respuesta correcta.

1. La familia rural de la sociedad preindustrializada *no* es una familia _____ .
   a. de numerosos hijos
   b. en que los hijos ayudan con el trabajo de la casa
   c. patriarcal
   d. que interviene en la economía de su país

2. El campesino del país hispano _____ .
   a. vive en medio de su terreno
   b. vive en el pueblo con otros campesinos
   c. está más consciente de los asuntos nacionales que el campesino de los Estados Unidos
   d. tiene conciencia del concepto de *privacy*

3. El compadrazgo _____ .
   a. sólo ocurre en los países hispanos
   b. se considera de gran importancia en los países hispanos
   c. se limita a los ritos eclesiásticos
   d. sólo se establece entre hombres

4. En la familia urbana hispana _____ .
   a. la familia nuclear casi ha desaparecido (←)
   b. los padres tienen más autoridad que en la familia rural
   c. las instituciones sociales se encargan de ciertas funciones familiares
   d. la mujer no trabaja

5. La familia hispana rural se parece mucho a (*greatly resembles*) _____ .
   a. cualquier otra familia hispana
   b. cualquier otra familia rural, no importa de qué país

B. Un amigo tiene las siguientes ideas sobre la familia hispana. ¿Qué información de la lectura necesita tomar en cuenta (*to take into account*)?

1. La típica familia hispana es una familia extendida.
2. No existe el divorcio en los países hispanos.
3. Los jóvenes hispanos son mucho menos independientes que los jóvenes norteamericanos porque siguen viviendo (ᴖ) en la casa de sus padres aun hasta los treinta años.
4. Las características de la familia campesina hispana son exclusivamente hispanas.
5. La vida de los campesinos pobres sería (*would be*) mucho mejor si no tuvieran (*they did not have*) tantos hijos.
6. La familia hispana parece muy diferente a la familia norteamericana.

C. Mire rápidamente la lectura para encontrar la siguiente información.

1. La familia Martínez

   - los nombres de los esposos de la familia Martínez estudiada por Oscar Lewis
   - el número de hijos que tenían
   - la actitud de la esposa hacia el embarazo y el parto

2. Las actitudes hacia el matrimonio

   - los países hispanos en que se prohíbe totalmente el divorcio
   - dos razones económicas por las cuales los pobres a veces evitan el matrimonio

D. Complete la siguiente tabla con la información necesaria para resumir los efectos del contexto social y económico en la estructura de la familia.

FACTOR	EFECTO EN LA FAMILIA
1. La familia está demasiado lejos de un centro urbano para poder depender de las instituciones sociales si un pariente se enferma o se muere.	
2. Los trabajos demandan cada vez más entrenamiento y educación.	
3. La urbanización es rápida y masiva.	
4. El catolicismo es la religión oficial de los países hispanos.	

Discusión

1. ¿Cuáles son las ventajas de la familia nuclear? ¿de la familia extendida? ¿Cuáles son las desventajas de cada una? ¿Hay ciertos grupos en los Estados Unidos que suelen tener familias extendidas? ¿Cuáles son? ¿Por qué cree Ud. que la familia extendida es típica de estos grupos y no de otros?
2. Haga una lista de las relaciones personales más importantes que un individuo contrae a lo largo de su vida. ¿Hay alguna que sea la más importante de todas? ¿Cuál es, en su opinión? En los Estados Unidos, ¿hay alguna institución que sea semejante al sistema del compadrazgo hispano? Si Ud. o un miembro de su familia necesita ayuda económica o emocional, ¿a quién se dirige (turn)? Explique su respuesta.
3. ¿Son distintas la familia rural norteamericana y la urbana? ¿En cuál de los dos ambientes prefiere Ud. vivir? ¿Por qué?
4. En la lectura Jesús Sánchez dice que nunca tuvo relaciones sexuales con una mujer virgen. ¿Por qué no? ¿Cree Ud. que la virginidad se considera importante en la sociedad norteamericana actual? ¿y en otros países?
5. En la familia rural hispana, hay poco contacto físico entre los parientes. ¿Pasa lo mismo en la familia norteamericana? En los Estados Unidos, ¿se considera permisible el contacto físico entre dos miembros de la familia en público? ¿En qué circunstancias? ¿Cuándo no es permisible?
6. Según la lectura, ¿por qué es erróneo decir que los hijos hispanos se independizan más tarde que los norteamericanos? En su opinión, ¿es bueno o malo que los hijos norteamericanos dejen la casa de sus padres muy temprano? Explique. ¿Cuáles son algunos de los efectos de una separación temprana?
7. Suele decirse que la familia hispana es más unida que la norteamericana. ¿Qué entiende Ud. por una familia «unida»? ¿Qué pueden hacer los padres para crear una familia unida? ¿Qué importancia tiene la disciplina o la falta de ella para la unidad familiar?

Aplicación

1. ⬛¡Necesito compañero!⬛   Según la lectura, la familia hispana y la norteamericana se diferencian en cuanto al respeto hacia los padres. ¿Están Uds. de acuerdo? En una típica familia norteamericana, ¿cuánta importancia se les daría (*would be given*) a las siguientes acciones?

   1 = de poca importancia   3 = importante   5 = de gran importancia

   _____ responder (*to talk back*) a los padres   _____ desobedecer al padre
   _____ discutir (*to argue*) con los padres   _____ mentir o engañar
   _____ no escuchar consejos   _____ insultar a los padres
   _____ no defender a los padres   _____ hablar mal de los padres
   _____ salir de casa sin decir adónde se va   _____ no pedir permiso para salir o
   _____ no llegar a comer sin aviso previo   hacer algo
   _____ desobedecer a la madre   _____ llegar tarde a casa sin avisar

   ¿Qué indican sus respuestas sobre el respeto hacia los padres en la familia norteamericana?

2. Cuando Ud. era niño, ¿qué tipo de castigo era el más frecuente en su familia, el castigo físico o el castigo psicológico? En su opinión, ¿cuál es el peor? ¿Por qué?

3. ¿Cree Ud. que en general los padres respetan a sus hijos? ¿Por qué sí o por qué no? ¿Qué deben hacer los padres para mostrar respeto? ¿Por qué cree Ud. que algunos padres abusan de sus hijos física o sexualmente? ¿Qué se puede hacer para evitar esto?

4. Se habla mucho de la desintegración de la familia como unidad social en todas partes del mundo. ¿Cree Ud. que la familia va desintegrándose (ʍ)? Si dice que sí, justifique su respuesta, dando (ʍ) factores que Ud. cree que contribuyen a esta desintegración. Si dice que no, dé los datos (*information*) en que basa su opinión.

5. Hoy en día, además de hablar de la familia nuclear y de la familia extendida, se habla de la familia «bi-nuclear», es decir, del niño que pertenece a dos familias distintas. ¿Cómo puede ocurrir esta situación? ¿Qué problemas o posibles ventajas le trae al niño? ¿y a los padres?

6. ⬛¡Necesito compañero!⬛   Imaginen que Uds. van a escribir un artículo sobre la típica familia norteamericana. De las siguientes familias (o de otras que quieran agregar a la lista), ¿cuál escogerían (*would you select*) como el mejor ejemplo de la familia «típica»? ¿Por qué?

   la familia de «*Happy Days*»   los Keaton de «*Family Ties*»
   los Ewing de «*Dallas*»   los Huxtable de «*The Cosby
   los Cleaver de «*Leave It to   Show*»
   Beaver*»   la situación familiar de «*Kate &
   la familia de «*Different Strokes*»   Allie*»

CAPITULO CINCO

EL ALTIPLANO, BOLIVIA

GEOGRAFIA, DEMOGRAFIA, TECNOLOGIA

La Hispanoamérica actual

ANTES DE LEER

Aspectos lingüísticos

Simplifying Sentence Structure

It is a lot easier to identify the main parts of a sentence (subject, verb, object) if you can identify the nonessential parts. Prepositional phrases and verbal phrases are two constructions that can complicate the basic structure of a sentence. Fortunately, both are easy to recognize.

Recognizing Prepositional Phrases

Prepositional phrases are always introduced by prepositions such as **por, para, contra, de,** and so on. The preposition is always followed by a noun or pronoun that serves as the object of the preposition: **por él, para Juan, contra mis deseos, de plástico.** The preposition and object together form a prepositional phrase.

It's helpful to identify and omit prepositional phrases in addition to subordinate clauses when you are trying to locate the main subject and verb of a sentence. Read each of the following sentences and identify any prepositional phrases and subordinate clauses. Then identify the main parts of the basic sentence that remains: subject (**S**), verb (**V**), and any objects (**O**).

1. Cuando se habla de Hispanoamérica, se suelen señalar dos aspectos contradictorios: la inmensa riqueza natural de la zona y la increíble pobreza de buena parte de la población.
2. Para entender la coexistencia de estas dos realidades paradójicas, hay que considerar los factores geográficos y demográficos que influyen en el desarrollo de los países hispanoamericanos.
3. Para atravesar Ecuador de norte a sur o de oeste a este, hay que soportar un continuo subir y bajar con cambios continuos de temperatura y de presión.

Recognizing Verbal Phrases

In addition to prepositional phrases and subordinate clauses, the verbal phrase is another structure that can be skipped over in complicated sentences. A verbal phrase, in contrast to a clause, does not contain a conjugated verb. It consists instead of either a past participle (**-do: hablado, comido**) or a present participle (**-ndo: hablando, comiendo**). The past participle functions as an adjective, the present participle as an adverb.

Cualquier discurso **pronunciado por él** tiene que ser interesante.	*Any speech given by him has to be interesting.*

> Queremos resolver el problema   *We want to solve the problem by*
> **hablando con ellos.**   *talking with them.*

Verbal phrases like these can be ignored while you locate the main verb and the rest of the main sentence.

Note: when these forms are accompanied by auxiliary verbs, they are functioning as verbs and should be considered carefully when you analyze the sentence. Auxiliary verbs used with the past participle include **haber** (**he preparado** = *I have prepared*), **ser** (**es preparado** = *it is prepared*), and **estar** (**está preparado** = *it is prepared*). Auxiliary verbs used with the present participle include, among others, **estar** (**estoy preparando** = *I am preparing*), **venir** (**viene preparando** = *he's coming along preparing*), and **seguir** (**siguen preparando** = *they continue preparing*).

Read each of the following sentences and identify any prepositional phrases, verbal phrases, and subordinate clauses. Then identify the main parts of the basic sentence that remains: subject (**S**), verb (**V**), and any objects (**O**).

1. Dos cordilleras atraviesan el país de norte a sur, creando (ᴧᴧ) una meseta en el centro.
2. Ansioso de terminar y enojado por su falta de previsión, tomó toda la materia que le quedaba y la arrojó en un gran montón.
3. Limitados a un área relativamente pequeña, algunos hispanoamericanos tienen por fuerza que vivir en los Andes.
4. La gente acostumbrada a vivir en esas alturas sufre problemas respiratorios si se traslada a zonas de baja altitud.

Though the system of eliminating phrases does omit important information from the sentence, it is a good strategy for simplifying passages with which you may be having difficulty; it helps you to understand the basic message of the sentence, which in turn allows you to make intelligent guesses about the remainder.

Aproximaciones al texto

Discriminating Between Facts and Opinions

An important skill to develop as a reader is the ability to tell the difference between facts and opinions. Uncritical readers accept anything in print as factual simply because it has been published. Being a *critical* reader means making decisions. You will want to accept immediately what you view as factual. In contrast, however, you will want to think about opinions and decide whether or not there is enough information available to justify accepting them.

Escriba **H** si Ud. cree que la oración representa un **hecho** (*fact*) y **O** si Ud. cree que es una **opinión**.

_____ 1. España es un país con gran diversidad geográfica: montañas, playas, bosques y campos áridos.
_____ 2. Sudamérica es una región de enorme diversidad geográfica.

_____ 3. La cordillera de los Andes se extiende sin interrupción desde Venezuela al extremo sur de Chile.

_____ 4. La cordillera de los Andes es muy hermosa.

_____ 5. La diversidad del terreno hispanoamericano causa terribles problemas para los habitantes de ese continente.

_____ 6. En Hispanoamérica los habitantes de una región miran al ciudadano de una comunidad vecina con hostilidad.

_____ 7. El índice de analfabetismo en Hispanoamérica disminuye todos los años, al igual que el de la mortalidad infantil.

_____ 8. Para resolver sus problemas, Hispanoamérica tiene que explotar más sus recursos naturales.

_____ 9. Al mismo tiempo, será ($\rightarrow$) beneficioso que se haga en Hispanoamérica una propaganda intensa a favor del control de la natalidad.

_____ 10. En Argentina el 32 por ciento de la población vive en Buenos Aires.

¿En qué basó Ud. su decisión en cada caso?

Prelectura

A. Mire el título y los subtítulos de la lectura de este capítulo. ¿Cuál parece ser el tema central? ¿Qué información se va a presentar?

B. Examinando las fotos, ¿qué impresión tiene Ud. de la geografía de Hispanoamérica? ¿Cuáles de los siguientes adjetivos la describen mejor?

tropical	superpoblada	uniforme
verde	natural	árida
seca	agrícola	variada
industrializada	despoblada	fría
fértil	llana	salvaje
montañosa		

¿Se pueden aplicar todos estos adjetivos al paisaje de los Estados Unidos también? Para Ud., ¿cuál de los adjetivos (u otro que no esté en la lista) describe mejor el paisaje norteamericano?

C. ¿En qué sentido puede la geografía afectar cada uno de los siguientes aspectos de la vida?

el comercio   la educación   la manera de vivir   la salud

D. ¿Cuánto sabe Ud. ya de los países hispanoamericanos? Tome el siguiente _test_ antes de leer la lectura.

Busque los siguientes países en el mapa (página 74).

_____ 1. Argentina   _____ 5. Puerto Rico
_____ 2. Nicaragua   _____ 6. Chile
_____ 3. México   _____ 7. Bolivia
_____ 4. Colombia   _____ 8. Guatemala

Ponga los siguientes países con sus capitales.

_____ 1. Caracas

_____ 2. Bogotá

_____ 3. Managua

_____ 4. San José

_____ 5. La Habana

_____ 6. Quito

_____ 7. Lima

_____ 8. Tegucigalpa

a. Argentina

b. Ecuador

c. Honduras

d. Nicaragua

e. Chile

f. Costa Rica

g. Cuba

h. Colombia

i. Ecuador

j. Venezuela

k. Perú

LECTURA

Vocabulario activo

a pesar de *in spite of*
el aislamiento *isolation*
atravesar (ie) *to cross*
aumentar *to increase*
la barrera *barrier*

el camino *road*
el ciudadano *citizen*
el control de la natalidad
    birth control
la cordillera *mountain range*

la cosecha *harvest; crop*
crear *to create*
crecer *to grow, become*
    larger
el crecimiento *growth, increase*

el Cuerpo de Paz *Peace Corps*	**el ferrocarril** *railroad*	**el poblador** *settler*
cultivar *to grow, cultivate*	**fértil** *fertile*	**despoblado** *uninhabited*
dificultar *to make difficult*	**lleno** *full*	**la pobreza** *poverty*
disminuir *to decrease,*	**paradójico** *paradoxical*	**el regionalismo** *regionalism*
diminish	**la periferia** *periphery*	**la riqueza** *riches*
la diversidad *diversity*	**poblar (ue)** *to populate,*	**la selva** *jungle*
la escasez *scarcity*	*settle*	**subir** *to go up; to climb*

A. Busque antónimos en la lista del vocabulario.

1. poblado
2. bajar
3. facilitar
4. el centro
5. aumentar
6. destruir
7. la riqueza
8. vacío
9. la uniformidad
10. el nacionalismo
11. estéril

B. ¿Qué palabra de la segunda columna asocia Ud. con una de la primera?

_____ 1. la selva
_____ 2. la calle
_____ 3. el ferrocarril
_____ 4. la topología
_____ 5. cruzar
_____ 6. la sobrepoblación
_____ 7. la píldora

a. el terreno
b. el control de la natalidad
c. crecer
d. atravesar
e. tropical
f. el camino
g. el tren

C. Complete las oraciones en una forma lógica, usando la forma correcta de las palabras de la lista del vocabulario.

1. La falta de lluvia produjo una _____ de comida en toda la zona.
2. _____ la buena cosecha de este año, no vamos a tener suficiente comida.
3. La policía puso _____ para impedir el paso de los coches.
4. Es un individuo _____ . No le gustan los niños pero se casó con una mujer que tiene diez hijos.

D. Defina brevemente en español.

1. el Cuerpo de Paz
2. cultivar
3. poblar
4. el aislamiento
5. el ciudadano
6. la cordillera

▣ LA HISPANOAMERICA ACTUAL ▣

Los conquistadores españoles vinieron de un país que se destaca° por su diversidad geográfica. En el sur tiene tierra fértil y risueña,° en el norte hay verdes intensos y cielos nublados. En Castilla domina la severidad de los inmensos llanos° de la meseta central. Por sus montañas y playas, bosques° y campos° áridos, los conquistadores estaban acostumbrados a una geografía variada. Aun así, se sorprendieron ante los contrastes del terreno hispanoamericano. Esta rica diversidad es el mejor recurso del pueblo hispanoamericano y, al mismo tiempo, su mayor problema.

Cuando se habla de Hispanoamérica, se suelen señalar dos aspectos

se... stands out
feliz

plains / forests
fields

España es un país con una gran diversidad geográfica, como se ve aquí en el contraste entre las montañas y el verde del País vasco en el norte, y la sequedad (*aridity*) y la llanura del campo de Extremadura en el suroeste.

contradictorios: la inmensa riqueza natural de la zona y la increíble pobreza de buena parte de la población. Fue la riqueza lo que atrajo a los conquistadores españoles y después a los inversionistas° ingleses y norteamericanos. Muchas de las minas de cobre, estaño y plata, muchos de los campos petrolíferos y muchas de las grandes fincas° donde se cultivan frutas o café o se cría ganado, pertenecieron en una época a las grandes compañías multinacionales con base en los Estados Unidos. Aunque hoy en día la explotación está dirigida cada vez más por compañías nacionales, la inversión norteamericana sigue siendo de gran importancia. A pesar de la gran riqueza de Hispanoamérica, sigue habiendo° una gran pobreza. Para entender la coexistencia de estas dos realidades paradójicas, hay que considerar los factores geográficos y demográficos que influyen en el desarrollo de los países hispanoamericanos.

investors

?

sigue… there continues to be

LA GEOGRAFIA DE HISPANOAMERICA

Geográficamente, Hispanoamérica es una de las zonas más variadas de todo el mundo. Más del 80 por ciento de su extensión está en la zona tropical y la idea que tiene un norteamericano de las tierras hispanoamericanas es que son densas selvas tropicales, llenas de animales y plantas exóticos. Pero el continente sur tiene 4.500 millas (7.200 kilómetros)[1]

---

[1] En la enumeración española, se utiliza un punto (.) donde la enumeración inglesa utiliza una coma (,) y viceversa: español = $3.000,00; inglés = $3,000.00.

de largo y si incluimos la zona de Centroamérica, la longitud es de 6.000 millas (9.600 kilómetros). A modo de comparación, recordemos que la distancia entre Londres y Pekín es también de 6.000 millas. Así que desde México a Argentina se pasa de la zona templada a la tropical hasta llegar a la isla de la Tierra del Fuego con sus vientos glaciales y sus temperaturas frígidas (apenas 50 grados Fahrenheit/10 grados centígrados en verano).

Pero más impresionante que los cambios de latitud es la presencia de los Andes. La cordillera andina se extiende sin interrupción desde Venezuela al extremo sur de Chile; es decir, 4.500 millas (7.200 kilómetros). En comparación con las cordilleras de Europa, los Estados Unidos y Africa, los Andes son los montes de mayor altura y de mayor extensión. El pico más alto es el Aconcagua, en Chile, con 22.826 pies (6.959 metros) y hay numerosas montañas que exceden los 16.000 pies (4.900 metros). En muchas partes de Hispanoamérica, las montañas están cubiertas de nieve durante todo el año, aun en zonas tropicales que tienen la misma latitud que el Congo o Tanzania en Africa. En consecuencia, en muchos países hispanoamericanos, el clima está determinado más por la altitud que por la latitud. En Colombia, sólo unas 30 millas (48 kilómetros) separan una selva tropical de la nieve perpetua.

Se ve el dramatismo de los Andes muy claramente en Ecuador. Dos cordilleras atraviesan el país de norte a sur, creando (ᴍ) una meseta en el centro. Pero otras cordilleras cruzan la meseta por el medio y la dividen en

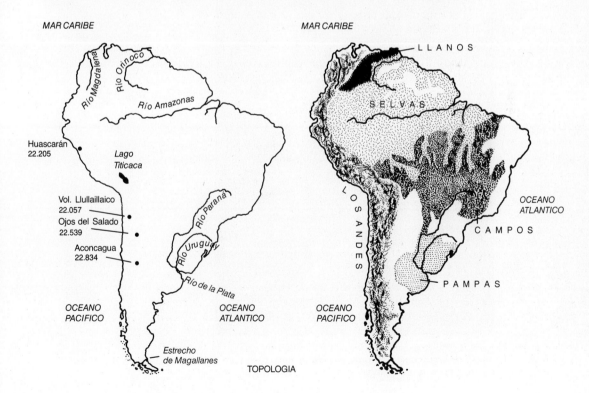

una gran cantidad de secciones que se llaman *hoyas*. Para atravesar Ecuador de norte a sur o de oeste a este, hay que soportar un continuo subir y bajar con cambios constantes de temperatura y de presión. La topología peculiar de Ecuador ha dado (←) origen a un cuento sobre la creación del país. Se dice que cuando Dios creó el hemisferio occidental,° empezó en Alaska y bajó hacia Hispanoamérica. Cuando llegó a Sudamérica, continuó por la costa del este hasta llegar al extremo sur y entonces subió por la costa del oeste. Pero cuando llegó al punto donde la costa del oeste iba a juntarse con Panamá, Dios encontró que le sobraba material. Ansioso de terminar y enojado por su falta de previsión,° tomó toda la materia que le quedaba y la arrojó° en un gran montón. De esa forma se dice que nació Ecuador.

En comparación con las montañas Rocosas y la Sierra Nevada de los Estados Unidos, los Andes forman una barrera mucho más infranqueable.° Hay pocos puertos de montaña° y en su mayoría están a una altura de 12.000 pies (3.700 metros) o más. A menudo los coches que se atreven a° cruzar por estos puertos tienen que compartir el poco espacio que el camino les deja con los muleros.° Los caminos que atraviesan los Andes no son, por supuesto, rutas comerciales. Los Andes, en el oeste, y la selva amazónica,

del oeste

foresight

?

?

puertos... mountain passes
se... dare to

mule drivers

Entre los muchos climas de Centro y Suramérica, predomina una larga zona ecuatorial, donde se cultivan el plátano y otras frutas tropicales.

MAR CARIBE

Caracas

Bogotá

Quito

Lima

La Paz

Brasilia

Asunción

OCEANO ATLANTICO

Santiago

Montevideo

Buenos Aires

OCEANO PACIFICO

TRANSPORTACION

en el este, han impedido (←) la comunicación y el comercio entre la periferia del continente y el interior. Como se puede ver en el mapa, el interior de Hispanoamérica sigue sin muchos caminos transitables° y sin vías de ferrocarril.°

passable

vías... train tracks

Aun cuando se han vencido (←) los obstáculos para construir una vía férrea, la comunicación no es ni rápida ni económica. Hay una línea de ferrocarril que une la ciudad de Lima con Cerro de Pasco. La distancia directa entre los dos lugares es de 115 millas (185 kilómetros). Pero con las curvas y los rodeos que la vía tiene que seguir, el tren viaja a lo largo de 220 millas (354 kilómetros), es decir, casi el doble. Además, se necesita más combustible para el viaje, la velocidad es menor que en un viaje a través de terrenos más uniformes y también es menor la cantidad de mercancía° permisible. Un viaje que se puede hacer en dos o tres horas en terreno llano° se hace en diez en los Andes. El Perú no es el único país con esta clase de problema. En Venezuela, una sección de 576 millas (927 kilómetros) de ferrocarril requiere más de 700 puentes y, en Ecuador, el tren tiene que subir más de 10.000 pies (3.000 metros) en cincuenta millas.

merchandise

?

Como consecuencia de esta situación geográfica, la población hispanoamericana está concentrada en la periferia, y la comunicación entre los

Para muchas personas, el futuro de cualquier país está en la explotación de sus recursos naturales. Pero hay muchas maneras de «explotar» esos recursos y muchas manos que quieren intervenir, como lo demuestra este artículo del periódico colombiano El tiempo.

Los parques nacionales
El último refugio de los colombianos
Constituyen apenas algo más del 4 por ciento del territorio nacional y son el único espacio público de todos los colombianos. Amenazados por quienes pretenden privatizarlos, los Parques Nacionales garantizan un futuro verde para el país.

Por GERMAN SANTAMARIA

No tienen puertas, ni pasillos, ni ascensores, pero son los más hermosos y libres hoteles de Colombia. Se trata de los Parques Naturales Nacionales.

Son veintiséis Parques Nacionales, cinco santuarios de fauna y flora y una reserva. Apenas suman el 4.3 por ciento del territorio nacional y constituyen el espacio público de todos los colombianos, es decir significan la tierra, las aguas y el aire que aún no es del todo propiedad privada.

En un país ya parcelado, donde la gran mayoría llegó tarde al reparto de la tierra o fue ignorada en esta ceremonia, los Parques Naturales constituyen el único patrimonio de todos los colombianos; son la naturaleza desatada en la belleza para todos. Cuando las calles fueron privatizadas con porterías y guardianes, cuando los campos quedaron cautivos por las alambradas y las armas, los Parques Nacionales del país se convirtieron en el único refugio libre para todos, para sentir allí y amar allí a un país que ya es ajeno para su inmensa mayoría.

Por ello, el año pasado aproximadamente cien mil personas visitaron estos Parques Naturales. Cerca de 20 mil concurrieron al Parque Tayrona, en la Costa Atlántica. Los otros más visitados fueron el Puracé, en el Cauca, el Cocuy, en Boyacá, el Tuparro, en el Vichada y la Isla Ciencia Gorgona.

Entonces estos Parques recibieron a sus huéspedes de la manera más generosa, les entregaron todo a cambio de nada, les ofrecieron sus ensenadas, sus selvas, sus playas, sus cumbres nevadas, su flora primigenia y su fauna libre. Como los únicos hoteles gratuitos y naturales del país, la grandeza de su naturaleza fue gozada por quienes en carpas o en cabañas del Inderena pasaron allí su temporada de vacaciones. Fueron aquellos que no cayeron en la trampa de los hoteles congestionados, las playas atosigadas, las pizzerías calurosas, los restaurantes bilingües y las discotecas lobas.

A los parques fueron quienes no huyeron de la fatiga para tropezar con un cansancio mayor, o sea de la alienación de la ciudad a la alienación turística donde tiene un precio cada momento de vida.

Pero este patrimonio único de todos los colombianos está amenazado y sus enemigos acechan. Y sus enemigos son desde el latifundista desaforado y el pequeño colono hasta el hotelero y la plácida familia que sueña con una casa campestre en el Parque.

Y el Tayrona
De las 15 mil hectáreas que constituyen el Parque Tayrona tal vez las únicas que son del Estado sin discusión, y por ello de todos los colombianos, son las 3 mil que constituyen su plataforma submarina. Es decir, la tierra que yace bajo las aguas.

Y el resto está en discusión. Esto quiere decir que sobre más del 95 por ciento de la tierra restante, que constituye las espléndidas bahías y las ensenadas y las montañas que bordean el mar, existe la posesión y aún discutibles títulos de propiedad, la mayoría de acaudaladas familias de la Costa Atlántica.

En la práctica, el único sector sobre el cual el Estado a través del Inderena ejerce soberanía territorial es la Bahía de Cañaveral, donde se halla la infraestructura turística que atrae a la mayoría de los visitantes. Es tal vez una de las playas más hermosas de Colombia, aunque también una de las más peligrosas.

Pues bien, la semana pasada se presentó una persona alegando títulos de propiedad sobre esta zona, que hoy día es prácticamente el rostro del Parque Tayrona hacia el país. Precisamente en el extremo occidental de esta playa, en la actualidad el Inderena adelanta un interesante programa. Se trata de la construcción de un conjunto de «Ecohabs», es decir construcciones similares a las malocas tayronas.

La intención es que en estos «Ecohabs» se desarrolle un programa turístico especial. Es decir, que allí se puedan llevar a cabo programas turísticos racionales, para pequeños grupos, dentro de un concepto y metodología que no rompa la ecología del Parque ni corrompa con los vicios turísticos la primigenia belleza de la naturaleza tayrona.

Esta magnífica idea del Inderena será la respuesta científica y ecológica a las grandes transnacionales hoteleras y a sus testaferros criollos, que sueñan con convertir al Tayrona en una zona de grandes hoteles y clubes exclusivos, lo que sería corromper y vender por un puñado de dólares una de las más auténticas e importantes regiones naturales de Colombia.

Propias para investigadores, estudiantes y turistas no depredadores, la experiencia de los «Ecohabs» demostrará que el Estado colombiano a través del Inderena sí puede ofrecer programas turísticos racionales a colombianos, allí dentro de su propio espacio público.

El debate sobre la mejor manera de usar «las zonas verdes» existe en los Estados Unidos también. ¿Es igual al debate colombiano? ¿Pudo Ud. averiguar con quién (on whose side) está el autor de este artículo? ¿Con quién está Ud.?

---

diversos centros de población se efectúa por avión o por barco. Hasta hace muy poco todas las ciudades de Hispanoamérica estaban a 300 millas (483 kilómetros) o menos de la costa. Y todavía se puede decir que no hay ningún Chicago o Denver en el continente sur. Sólo se aprecia una cierta dispersión de la población en México, donde el terreno fértil y el clima templado atrajeron a la gente. En el resto del continente sur, el interior queda despoblado. Como ha dicho (← decir) un estudiante de geografía hispanoamericana, la situación sería° igual en los Estados Unidos si los pobladores no hubieran atravesado° los Apalaches.

Limitados a un área relativamente pequeña, algunos hispanoamericanos tienen por fuerza que vivir en los Andes. El 20 por ciento de la población vive en una altitud tan considerable como para padecer° ciertos efectos especiales. El cambio de altura influye en el tipo de agricultura, en la fisiología animal y humana y también en el funcionamiento de los motores de vapor° y de gasolina. La gente acostumbrada a vivir en esas alturas sufre problemas respiratorios si se traslada° a zonas de baja altitud. Por otra parte, quien se traslada a vivir en zonas de gran altura puede sufrir de esterilidad durante temporadas más o menos largas. Cuando los españoles

would be

no... hadn't crossed

sufrir

steam

__?__

La Cordillera de los Andes, uno de los rasgos geográficos más distintivos de Latinoamérica, es una enorme barrera a la comunicación y el transporte. Atraviesa casi todos los países del continente y afecta profundamente la vida de sus habitantes.

vencieron a los incas y establecieron su capital en Jauja, encontraron que los animales que trajeron de Europa no producían crías° y que ellos mismos ? engendraban menos hijos, y que además éstos morían con gran frecuencia.

Las grandes diferencias que existen entre la tierra alta y la baja contribuyen a diferenciar las culturas de la gente que puebla las dos regiones. Del mismo modo la presencia de los Andes y de otras barreras para la comunicación tiende a crear un fuerte regionalismo que puede tener graves consecuencias económicas y políticas. En miles de comunidades de un mismo país, los ciudadanos se identifican más con las tradiciones locales que con las nacionales. A veces ven al ciudadano de una comunidad vecina con cierta hostilidad, y en muchas ocasiones ni siquiera hablan el mismo idioma. Todavía hay más de noventa lenguas en México y, aunque el número no es tan alto en otros países, grandes sectores de la población hispanoamericana no hablan español. El aislamiento de las diversas comunidades también contribuye al analfabetismo, a la existencia de un elevado índice de mortalidad infantil y de toda clase de problemas relacionados con la falta de servicios pedagógicos y médicos adecuados.

LA TECNOLOGIA Y LA EXPLOSION DEMOGRAFICA

Poco a poco, el desarrollo del transporte aéreo y la necesidad de ampliar la extensión de las tierras cultivables van estableciendo medios de comunicación entre zonas que antes no los tenían. El índice de analfabetismo disminuye todos los años, al igual que el de la mortalidad infantil. Es precisamente el mejoramiento del servicio médico lo que ha dado (←) origen a la explosión demográfica de Hispanoamérica. Tradicionalmente, las familias eran muy grandes porque la alta incidencia de la mortalidad infantil lo requería. Ahora que la mortalidad infantil ha disminuido (←), el número de hijos en las clases medias y altas es cada vez menor pero en las clases bajas no ha experimentado (←) una reducción considerable.

El control de la natalidad no se acepta en las clases bajas por muchas razones. En primer lugar, se necesita cierta educación para emplear los diversos métodos contraceptivos. En segundo lugar, la iglesia católica lo prohíbe. En tercer lugar, ciertos grupos sospechan de todo lo que viene de los Estados Unidos y, precisamente, es el Cuerpo de Paz una de las organizaciones que ha promovido (←) el control de la natalidad. Y por último, durante años se dio una gran importancia al número de hijos que la mujer tenía. La madre de una familia grande era una buena madre y, por lo tanto, una mujer estimable. Ahora los gobiernos y ciertos grupos se dan cuenta de° la necesidad de controlar el aumento de la población y recomiendan a la mujer que tenga menos hijos. No es sorprendente que ella rechace el control de la natalidad, ya que ella mide su propio valor dentro de la sociedad según el número de hijos que tiene. Si la sociedad no le ofrece otro papel o actividad que le permita dar valor a su vida, es muy difícil que ella renuncie al papel de madre prolífica que le han dado (←) en el pasado.

La poca aceptación del control de la natalidad, en combinación con la reducción espectacular de la tasa° de mortalidad, hace que el crecimiento demográfico de Hispanoamérica sea el más alto del mundo después de África. Durante el período de 1980–1985, el crecimiento medio° de los países hispanoamericanos fue del 2,3 por ciento frente al 2,7 por ciento del continente africano. Durante el mismo período, el crecimiento demográfico medio de los Estados Unidos fue del ,9 por ciento, en España del ,7 por ciento y en toda Europa del ,3 por ciento. Aunque la figura para Hispanoamérica representa una pequeña reducción sobre la del período 1970–1980, en realidad en diez de los diecinueve[2] países hispanoamericanos el crecimiento demográfico hoy es *mayor* o igual a la figura de hace diez años. Igualmente grave, ahora el 40 por ciento de la población hispanoamericana tiene menos de quince años, frente al 20 por ciento que se da en Europa. Además, en Hispanoamérica el número aumenta todos los años mientras que en Europa disminuye.

Las consecuencias de un crecimiento demográfico desenfrenado° son numerosas. Mientras el sector pasivo° de la sociedad aumenta rápidamente, el sector activo° permanece más o menos estable. La mano de obra° es constante pero tiene que sostener a un número cada vez mayor de niños que piden comida, educación, atención médica, etcétera.

se... comprenden

?

average

sin control
nonworking
? / mano...
workforce

[2] Este número incluye México, los países caribeños y los países de Centro y Sudamérica. Brasil no está incluido.

La mayoría de la población latinoamericana es urbana y está concentrada en las grandes ciudades. Una gran proporción vive en tristes tugurios (*slums*) en la periferia, como éste en las afueras de Caracas.

El rápido crecimiento de la población es todavía más problemático si se considera que esa población está concentrada en ciertos lugares de la costa. Las cincuenta ciudades más grandes de Hispanoamérica tienen un cuarto de la población total. En Argentina el 32 por ciento de la población vive en Buenos Aires y en Uruguay, más del 50 por ciento de la población vive en la ciudad de Montevideo. En muchos países, pues, hay una capital sobrepoblada y un gran número de comunidades pequeñas que permanecen alejadas° de la vida, la cultura y la economía de su país. Para los hispanoamericanos que quieren participar en la vida económica nacional, la única solución es la emigración a la capital. En consecuencia, las ciudades están creciendo (∿) continuamente mientras que las posibilidades de sostener a esos nuevos ciudadanos disminuyen constantemente. distanciadas

A pesar de las grandes barreras geográficas—los Andes, las selvas amazónicas, las regiones áridas—Hispanoamérica tiene que mejorar la explotación de sus recursos naturales y también tiene que mejorar espectacularmente su producción agrícola. Concretamente, hoy en día sólo se cultiva el 5 por ciento de la tierra frente al 20 por ciento en los Estados Unidos. Para que no haya una gran escasez de alimentos, será (→) necesario que se cultiven nuevas tierras, que se mejore el rendimiento° de las tierras ya cultivadas y que se experimente con nuevas cosechas y con nuevos métodos de cultivo. Al mismo tiempo, será (→) beneficioso que se haga una propaganda intensa en favor del control de la natalidad. Y si todas las reformas se llevan a cabo, se invierte el capital necesario y todo esto se pone en práctica desde ahora mismo, ¿será (→) posible evitar una escasez crítica o es ya demasiado tarde? No se puede contestar la pregunta, pero es imposible concebir que el único modo de resolver el dilema de los países en vías de desarrollo sea dejar que mueran grandes cantidades de personas. *yield*

DESPUES DE LEER

Comprensión

A. Explique la importancia que tienen las siguientes ideas dentro del contexto de la lectura. ¿Con qué asocia Ud. cada una?

1. paradójico
2. la diversidad
3. la barrera
4. el aislamiento
5. el regionalismo
6. el control de la natalidad

Escoja Ud. otras *dos* palabras de la lista del vocabulario (o de la lectura) que le parezcan muy importantes y explique su importancia.

B. Usando una de las siguientes palabras o frases, comente las afirmaciones a continuación según la información de la lectura.

Dudo...   (No) Creo...   (No) Es cierto...

1. Hay mucha diversidad geográfica en Hispanoamérica.
2. La cordillera de los Andes se extiende desde el país más norteño (*northern*) hasta el punto más al sur de Hispanoamérica.
3. El transporte de mercancías se hace rápida y fácilmente dentro de los países hispanoamericanos.
4. El índice de mortalidad es más bajo hoy que hace diez años.
5. Muchas rutas comerciales atraviesan los Andes.
6. La mayoría de la población vive en los pequeños pueblos de las zonas rurales.
7. El crecimiento demográfico en Latinoamérica representa uno de los más altos del mundo.
8. El clima en toda Hispanoamérica es bastante uniforme.
9. La mayoría de la población en Hispanoamérica es muy joven.
10. Los escasos recursos naturales de Hispanoamérica causan la gran pobreza de mucha gente.

C. Para cada afirmación falsa o dudosa del ejercicio anterior, cambie la información para hacerla verdadera. Luego para cada afirmación, coméntela usando **Es bueno/problemático que... porque...** según su comprensión de la lectura.

D. Vuelva a leer el ejercicio de **Aproximaciones al texto** que aparece en las páginas 72–73. ¿Hay algunas oraciones que Ud. indicó como opiniones que ahora pueda aceptar como hechos? ¿En qué casos prefiere Ud. tener más información antes de tomar una decisión?

E. Estudie las siguientes ideas con cuidado y luego explique *la causa* y *el efecto* de cada una en la Hispanoamérica actual.

1. La comunicación entre la periferia y el interior es difícil.

2. Hay diferencias culturales muy acusadas (notables) entre la gente que puebla las tierras altas y la que habita las tierras bajas.

3. En las clases bajas no se acepta el control de la natalidad.

4. Sólo se cultiva el 5 por ciento de la tierra.

5. En muchos países hay una capital sobrepoblada y muchas comunidades pequeñas que están aisladas de la vida, la cultura y la economía del país.

F. Busque los siguientes lugares en el mapa.

_____1. el Aconcagua
_____2. los Andes
_____3. Ecuador
_____4. el Amazonas
_____5. Buenos Aires
_____6. Montevideo
_____7. Tierra del Fuego

Discusión

1. ¿En que se diferencian la geografía y la demografía de los Estados Unidos de las de Hispanoamérica? En su opinión, ¿qué situaciones geográficas han favorecido (←) el desarrollo de los Estados Unidos?

2. ¿Cómo es el clima de los Estados Unidos? ¿el clima de su estado? ¿Cree Ud. que el clima influye en la cultura? ¿Son diferentes los individuos que viven en un clima tropical de los que viven en un clima templado o frío? ¿Cuál es la diferencia?

3. ¿Qué avances tecnológicos hoy en día permiten que el clima tenga menos influencia en la manera de vivir de la gente? ¿Qué futuros avances técnicos permitirán (→) que el hombre sufra aun menos esa influencia?

4. ¿Dónde vive la mayoría de la población norteamericana? Hoy en día la población de ciertas regiones de los Estados Unidos está creciendo (ᴍ); la de otras está disminuyendo (ᴍ). Identifique estas regiones y explique a qué se deben estos cambios.

5. El hecho de que gran parte de la población hispanoamericana sea muy joven plantea varios problemas para las naciones de la región. ¿Qué tipos de problemas serán (*might they be*)? ¿Qué tipos de problemas se plantean si gran parte de la población de una región es muy vieja?

Aplicación

1. En los Estados Unidos la gente puede vivir en una de estas tres zonas: en la ciudad, en el campo o en las afueras (*suburbs*). ¿Cuál de estas zonas prefiere Ud.? ¿Por qué? ¿Qué ventajas y desventajas tiene cada una? Según Ud., ¿cuál de estas zonas será (→) la preferida por la gente dentro de quince años? ¿Por qué?

2. ◨¡Necesito compañero!   Cada uno de los siguientes asuntos se ha señalado (←) como problemático para Hispanoamérica. Con un compañero de clase, señalen lo siguiente:

- cuáles son problemáticos para los EEUU también
- cuáles pueden ser resueltos en el futuro con la ayuda de avances tecnológicos
- qué solución existe para los demás

a. la distribución de la población
b. el crecimiento demográfico
c. el analfabetismo
d. el regionalismo
e. la sobrepoblación en las ciudades
f. la despoblación de las zonas rurales

g. la comunicación entre las varias regiones geográficas
h. una población cada vez más joven
i. la escasez de alimentos
j. la explotación de los recursos naturales

En su opinión, ¿cuál de los asuntos que Ud. y su compañero señalaron como problemáticos es el más urgente? Expliquen. ¿Hay otros asuntos que Uds. agregarían (*would add*) a la lista?

3. En su opinión, ¿hay problemas en los Estados Unidos que sean el resultado (parcial o total) de la tecnología? Explique.

4. Complete la siguiente oración, justificando su respuesta: **Lo que ocurre en Hispanoamérica afecta/no afecta a los Estados Unidos porque** ....

CAPITULO SEIS

DOCTORA EN UN HOSPITAL DE LA GUAIRA, VENEZUELA

EL HOMBRE Y LA MUJER EN EL MUNDO ACTUAL

La mujer en el mundo hispano

ANTES DE LEER

Aspectos lingüísticos

More on Word Guessing

In addition to the suffixes that you have already learned to recognize, there is one more group of suffixes and several prefixes (parts added to the beginning of a word) that will help you increase your ability to recognize the meaning of unfamiliar words.

SUFFIXES: **-dor, -ero, -ería**

The **-dor (-dora)** suffix often corresponds to English *-er*. When added to verbs, it forms a noun that describes the person who performs the action of the verb. Frequently, the new word can function as an adjective as well.

> trabajar *to work* → trabaja**dor(a)** *worker; hardworking*
> beber *to drink* → bebe**dor(a)** *drinker*

When added to nouns, the **-ero (-era)** ending forms a new noun that usually indicates either the place where the stem-noun is kept, or the person who makes, sells, or works with the stem-noun.

> azúcar *sugar* → azuca**rera** *sugarbowl*
> lápiz *pencil* → lapic**ero** *pencil holder*
> libro *book* → libr**ero** *book dealer, bookseller*

The **-ería** suffix is added to nouns to indicate the place where something is sold.

> pan *bread* → panad**ería** *bread store*
> libro *book* → libr**ería** *bookstore*

PREFIXES: **des-, in-, im-, en-, em-, re-**

Each of these prefixes is almost identical in form and meaning to its English equivalent. Can you guess the meaning of the following words?

des-	*to take away from*	descabezar, desplumar
des-, in-, im-	*negative or opposite in meaning*	descontento, infiel, impuro
en-, em-	*to put into*	encajonar, embotellar
re-	*to repeat, do again*	rehacer, reunir

The following exercises practice the prefixes and suffixes from this chapter, Chapter 1, and Chapter 3.

A. Las siguientes palabras son palabras derivadas; es decir, cada una consiste en una raíz (*stem*) más un sufijo o prefijo. Identifique la raíz y el sufijo o prefijo en cada caso. ¡OJO! La raíz puede tener más de un sufijo o prefijo. Luego identifique el significado de cada palabra derivada.

1. imprudente
2. pastelería
3. rapidísimo
4. niñera
5. envasar
6. cigarrillo
7. habladora
8. monedero
9. innecesario
10. desigualdad
11. releer
12. desempleado

B. Lea el siguiente cuentecito. Luego indique los sufijos (aumentativos, despectivos y diminutivos) y explique su significado.

Erase una vez una pajarina que había construido (←) su nidillo° en un viejo arbolacho del bosque. Un día, estaba en el nido con los pajaritos cuando les sorprendió un enorme gato flacucho y feote. Metiendo la cabecita debajo del alica,° los pajaritos temblaron de miedo. La pájara también tembló: ¿qué harían° si les atacara (←) ese gatazo feroz? Pero la pájara era una viejecita astuta y sólo vaciló un momentito. De repente abrió el piquito° y con una tremenda vocezota ladró: «¡Guau! ¡Guau!» Muy asombrado, el gatote se escapó corriendo (∧). Mirando (∧) a los pajaritos, la pájara observó con tranquilidad, «Ya ven, hijitos, lo bueno de saber hablar una lengua extranjera».

nido: *nest*

ala: *wing*
would they do

pico: *beak*

Aproximaciones al texto

Recognizing Reading Structure: Main and Supporting Ideas

You know from your practice with skimming and scanning that in most reading selections the first paragraph contains a great deal of information about the content of the selection. Also, often there is a sentence near the beginning of the paragraph that states the main idea of that paragraph. An awareness of these features of text structure makes skimming a selection possible: you know exactly where to look for a quick hint about the general content.

Many reading selections present the main idea in the first paragraph and develop that main idea with specific information in the rest of the selection. The specific information may be in the form of reasons, examples, or consequences.

An outline of the reading selection from Chapter 5, "**Geografía, demografía y tecnología**," is given below, followed by a list of possible subtopics. Complete the outline with the appropriate subtopics according to the directions given in parentheses.

GEOGRAFIA, DEMOGRAFIA, TECNOLOGIA:
LA HISPANOAMERICA ACTUAL

I. Introducción: La rica diversidad de Hispanoamérica es, al mismo tiempo, su mejor
recurso y su mayor problema.

II. La geografía de Hispanoamérica
   A. Geográficamente, Hispanoamérica es una de las zonas más variadas del
   mundo. (Dé dos ejemplos.)
   B. El progreso económico y social es impedido por la presencia de los Andes.
   (Dé tres razones.)
   C. Las cordilleras contribuyen a problemas regionales al aislar muchas co-
   munidades. (Dé dos ejemplos.)

III. La tecnología y la explosión demográfica
   A. Los avances tecnológicos resultan tanto en beneficios como en más
   problemas para Hispanoamérica.
      1. Se mejoran mucho los medios de comunicación. (Dé dos
      consecuencias.)
      2. Se mejoran mucho los servicios médicos. (Dé dos consecuencias.)
   B. El crecimiento demográfico
      1. No se acepta universalmente el control de la natalidad. (Dé dos
      razones.)
      2. Tiene consecuencias negativas el crecimiento demográfico. (Dé dos
      ejemplos.)

IV. Conclusión: Hispanoamérica tiene que mejorar la explotación de sus recursos
naturales y también el rendimiento agrícola de sus tierras; al
mismo tiempo tiene que reducir el crecimiento demográfico.

SUBTOPICS:
una población cada vez más joven y dependiente
muchas lenguas diferentes
grandes cambios de altitud
prohibición religiosa
hacen mucho más largo cualquier viaje en tren
disminución de la mortalidad infantil
falta de servicios pedagógicos y médicos adecuados
impiden la comunicación y el comercio entre la periferia y el interior
sobrepoblación en las ciudades
disminución del analfabetismo
enorme crecimiento demográfico
grandes cambios de clima
facilitación del comercio
contribuyen a una distribución desigual de la población
valor cultural y económico de una familia grande

Prelectura

A. Este capítulo se subtitula «La mujer en el mundo hispano». En su opinión, ¿qué temas es probable que se comenten?

1. el amor
2. la belleza
3. el noviazgo y el matrimonio
4. la moda femenina
5. mujeres famosas del mundo hispano
6. la liberación de la mujer
7. el trabajo y las carreras
8. recetas de cocina

¿En qué basa Ud. esta opinión? ¿En qué tipo de material escrito se encuentran frecuentemente los otros temas?

B. Cuando Ud. piensa en «la liberación de la mujer», ¿en qué piensa? ¿«liberación» con respecto a qué?

C. Se hizo mención de la mujer en el Capítulo 4 («La familia») y también en el Capítulo 5 («Geografía, demografía y tecnología»). ¿Qué información ya tiene Ud. respecto a la situación social y económica de la mujer en el mundo hispano? Mire brevemente las fotos que acompañan la selección de este capítulo. ¿En qué sentido confirman o no la información que Ud. ya tiene? ¿Qué información nueva agregan?

LECTURA

Vocabulario activo

a menudo *frequently*
la abnegación *self-denial*
  abnegado *self-denying*
  contar (ue) con *to count on*
el descanso *period of rest*
desconcertante *disconcerting*
el embarazo *pregnancy*
la empresa *company, firm*

la envidia *envy*
la fábrica *factory*
la herencia *inheritance*
  invertir (ie, i) *to invest*
  llevar a cabo *to complete*
la mano de obra *work force*
el marido *husband*
el mito *myth*
el obrero *worker*

oponerse a *to oppose*
el parto *birth*
  perjudicar *to damage, harm*
el puesto *job, post*
  reducido *lessened, reduced*
  sumiso *submissive*
la viuda *widow*

A. ¿Qué palabra no pertenece al grupo? Explique por qué.

1. el embarazo, el parto, el mito, el marido
2. la fábrica, la mano de obra, la abnegación, la empresa
3. sumiso, desconcertante, abnegado, humilde

B. Busque sinónimos en la lista del vocabulario.

1. con frecuencia
2. las vacaciones
3. el trabajador
4. completar
5. el empleo
6. depender de

C. Busque antónimos en la lista del vocabulario.

1. apoyar
2. agresivo
3. egoísta
4. aumentado
5. ayudar

D. Defina brevemente en español.

1. la herencia
2. invertir

3. la envidia
4. la viuda

Beginning in this chapter, symbols for verb tenses will be dropped. Remember that any verb form that ends in **-ndo** is the equivalent of English *-ing*: **hablando** = *speaking*, **comiendo** = *eating*, and so on. You can now recognize the forms of the past participle (for example, **comido, roto, trabajado**) and their use with **haber** to form the present perfect (**he comido** = *I have eaten*). The past participle with **había** (**habías, habíamos, habían**) expresses the same idea as the English past perfect (*I had eaten, you had seen,* and so forth). New grammatical structures and all other unreviewed verb forms will continue to be glossed in the margin.

◩ LA MUJER EN EL MUNDO HISPANO ◩

Como en todas partes, el papel de la mujer en la sociedad hispana ha cambiado mucho en los últimos veinte años. Actualmente hay una tendencia hacia una mayor igualdad entre los sexos y por lo general la mujer interviene mucho más en la vida económica y política de su comunidad. Ni que decir tiene° que la situación de la mujer cambia de un país a otro de acuerdo con° su historia y su nivel socioeconómico.

Ni... *Needless to say*
?

Entre la clase media alta en España es muy común la combinación de madre y mujer profesional.

Históricamente, la sociedad hispana consideraba a los dos sexos de manera distinta y a menudo contradictoria. Se exaltaba la figura del don Juan como prototipo masculino y, al mismo tiempo, se proponía a la Virgen María como modelo de la conducta femenina. Según el marianismo,[1] la mujer había de ser° pasiva, pura, virginal, sumisa, abnegada: en fin, todo lo contrario al macho fuerte, independiente, dominante. Aun para la mujer moderna la abnegación es el valor femenino más admirado. Así cuando le preguntaron a la editora de una revista chilena de buen tono° si había alguna mujer chilena a la que ella admiraba, la editora mencionó a una mujer pobre que venía a su casa a lavar la ropa. Esta mujer «modelo» tenía diez hijos, un esposo alcohólico, y se pasaba la vida trabajando para sostener a la familia, sin quejarse.°

Aunque la mujer de la clase alta admira la abnegación, de hecho° ella está bastante más liberada que su hermana de la clase baja. La existencia de una gran mano de obra doméstica en los países hispanos libera a la mujer de la clase alta de muchos quehaceres° hogareños.° Especialmente en las casas que tienen criadas «de puertas adentro»° siempre hay alguien en casa para vigilar a los niños y la madre puede salir a trabajar con mucha más facilidad que la mujer norteamericana. La mujer de las clases privilegiadas,° al° contar con tiempo libre y no tener necesidades económicas, pudo empezar a dedicarse a diversas actividades: obras de caridad° y actividades artísticas e intelectuales. Incluso ha llegado a intervenir en el mundo científico y político. Muchas mujeres norteamericanas han comentado con sorpresa que, en los niveles más altos de la cultura hispana, hay menos obstáculos para la mujer que en la sociedad norteamericana.

Con todo, hay que reconocer que esta liberación femenina sólo afecta a una pequeña minoría y que no se lleva a cabo sin la explotación de la mujer hispana de la clase baja. En Hispanoamérica se calcula que dos de cada cinco mujeres que trabajan son empleadas domésticas; es decir, que suelen recibir un sueldo reducido y no cuentan con muchas oportunidades para mejorar su situación social y económica.

LA EDUCACION DE LA MUJER HISPANA

En el campo de la educación, la situación de la mujer hispana ha mejorado mucho en los últimos años. Tradicionalmente los padres hispanos no daban mucha importancia a la educación de sus hijas y, en consecuencia, el índice de analfabetismo era mucho más alto entre las mujeres. Aunque hoy en día se cree que el 30 por ciento de las mujeres latinoamericanas no sabe leer ni escribir, éstas son en su mayor parte mujeres de edad madura. Hoy el número de niños y niñas en la escuela primaria corresponde a su proporción dentro de la sociedad en general. En la escuela secundaria, hay más mujeres que hombres, probablemente porque los padres obligan a los hijos

°había... debía ser

°de... elegante

°to complain
°de... in fact

°tareas / °de la casa
°de... que viven en la casa
°?
°with the ability to
°charity

---

[1] Nombre que se usa para referirse a este concepto de la conducta femenina; se deriva de la palabra *María*. También se usa el término «*hembrismo*», derivado de la palabra *hembra* (*female of the species*).

Muchos padres hispanos se dedican activamente a la crianza de sus hijos,
como se ve que lo hacen estos hispanos recién emigrados a Washington, D. C.

varones° a buscar empleo y a contribuir a las necesidades económicas de la *male*
familia. Sin embargo, en la universidad, la mujer es todavía una minoría.

   ¿Qué hacen las mujeres con su educación? Sólo el 20 por ciento de ellas
participa en el mundo laboral, frente al 51 por ciento en Japón, el 43 por
ciento en Francia y el 50 por ciento en EEUU. El porcentaje° de mujeres que *?*
trabajan es más alto en España que en Hispanoamérica, pero sigue siendo
bajo en comparación con el resto de Europa. Ya vimos que de ese 20 por
ciento de mujeres laboralmente activas, muchas son trabajadoras domésticas, otras trabajan en el campo o en fábricas o ejercen° ocupaciones diver- *tienen*
sas sin poseer una profesión cualificada. En otras palabras, el número de
mujeres que tienen un trabajo equiparable° a su nivel de educación es *?*
reducido. En el caso de los países del Tercer Mundo, el fenómeno es
desconcertante. Es un contrasentido° que un país sin mucho capital invierta *absurdity*
buena parte de él para educar a un sector de la población que después o no
quiere o no puede hacer uso de sus conocimientos.

LA MUJER Y EL MUNDO LABORAL

Para determinar por qué sólo el 20 por ciento de las mujeres hispanas
trabaja fuera de casa, hay que considerar varios factores. En primer lugar,
la mujer modelo de la cultura hispana es ante todo° el ama de casa y la *ante... first and*
madre de varios hijos. Con la excepción de algunos grupos de las clases alta *foremost*
y media, generalmente pertenecientes° a núcleos urbanos, en España y en *belonging*
el resto del mundo hispano se cree que la mujer casada y con familia sólo
debe trabajar si hay una necesidad económica. Y aun en el caso de necesidad económica, muchos hombres no quieren que su esposa trabaje. En un
estudio hecho en Colombia en 1974, más de la mitad de los maridos se

opusieron a que su mujer trabajara; en ese grupo se incluía a muchos hombres de clase baja, quienes preferían tener a su mujer en casa aunque la situación económica de la familia sería mucho mejor si ella trabajara.° sería... *would be much better if she worked*

Si la mujer quiere trabajar y si su marido no se opone, todavía existe el problema de la desigualdad salarial y la tendencia de muchas empresas a no emplear a mujeres. El director de una fábrica de calzado° expresa clara- *zapatos* mente la política de su compañía: «El asunto del trabajo de las mujeres es muy serio. Nosotros tratamos, en lo posible, de no contratar mujeres; tenemos aproximadamente ochenta en el taller° y creemos que ya van *shop, workroom* demasiadas. Fíjese° que a largo plazo° las mujeres son ruinosas para la *Keep in mind / a... in the long run* industria».

Desgraciadamente, lo que dice el director no es del todo discutible. La legislación de los países hispanos siempre ha tratado de proteger a la mujer, en particular a la que trabaja. Ya en 1900 la ley en España establecía un descanso obligatorio y pagado a la obrera que daba a luz,° y si ella volvía daba... *gave birth* al trabajo, el patrón° tenía que permitirle una hora libre para amamantar a *jefe* su nene, sin descontar esa hora de la jornada.° En Hispanoamérica los *workday* gobiernos de varios países impusieron leyes semejantes. En la Argentina actual, la ley prohíbe que una mujer sea despedida° a causa del embarazo *fired* y establece que puede volver al trabajo en cualquier momento durante el primer año después del parto. Tiene un descanso de doce semanas, con por lo menos seis semanas después del parto y una hora libre para ama- mantar a su hijo durante 240 días después de su nacimiento.

En comparación con las leyes de los Estados Unidos, las de los países hispanos manifiestan un mayor interés y comprensión de los problemas que afronta° la madre que trabaja fuera de casa. Desgraciadamente, los ? gobiernos hispanos imponen todas estas condiciones sin ayudar mucho

En muchas partes del mundo hispano, la división del trabajo entre los sexos sigue patrones tradicionales. Esta mujer salvadoreña lava la ropa en las aguas del Lago de Güija.

Nuestra formación social puede afectar profundamente tanto nuestra autopercepción como la manera en que nos relacionamos con los demás. Sin embargo, esta influencia a veces puede tomar formas muy sutiles.

¡Me falta algo!

Sin un hombre al lado, la vida de muchas mujeres carece de sentido. Sin embargo, la compulsión y la ansiedad alejan a los posibles candidatos.

Como la mayoría de las mujeres que se separan, Patricia vivió primero una etapa de dolor y de sufrimiento y, luego, comenzó a gozar de su nuevo estado, sintiéndose tranquila y satisfecha. Sin embargo, esta sensación de serenidad y de paz no duró mucho porque, a medida que pasaba el tiempo, Patricia empezó a inquietarse y a frustrarse por la falta de pareja.

A su alrededor, Patricia comenzó a descubrir numerosas mujeres que se encontraban en su misma situación y que no lograban entender lo que les pasaba. En general, eran mujeres atractivas, inteligentes y simpáticas, pero se sentían angustiadas y deprimidas porque no eran capaces de establecer una relación amorosa estable.

Según la psicóloga María Eugenia Aguirre, lo que sucede en el fondo es que estamos hechas para vivir en pareja.

—Querámoslo o no—señala, —hayamos o no madurado lo suficiente, la verdad es que en nuestra formación está tan arraigada la pareja que no es fácil aprender a vivir de otra manera. Cuando no tenemos pareja, empezamos a sentir que nos falta algo, casi como si fuera una parte de uno. Es tal la carencia, que nuestra vida comienza a girar en torno a conseguir esa pareja sin que nada más tenga importancia. A veces este objetivo se convierte en una verdadera obsesión y aunque tengan una vida satisfactoria, con un trabajo estimulante, una buena relación con los niños y una vida social entretenida, muchas mujeres se vuelven incapaces de gozar esta situación objetiva, porque la falta de pareja hace que todo se vea negro.

Además de la influencia de nuestra formación, existe una fuerte presión social que hace difícil el estar sola. La gente pregunta y se sorprende cuando alguna mujer no tiene al menos un acompañante. Los amigos—amorosamente—se encargan de presentar candidatos y de inventar panoramas entretenidos que atraigan a Cupido.

—Todo esto—dice la psicóloga—no sólo no ayuda sino que hace que las mujeres solas se sientan incómodas y empiecen a pensar que algo está fallando en ellas y que, por eso, no logran atraer a nadie. Al llegar a esta etapa, es probable que hagan cualquier cosa para probarse a sí mismas y al mundo que son capaces de conseguir un hombre.

Sin embargo, es justamente esa compulsión y esa ansiedad la que, en la mayoría de los casos, produce un rechazo instantáneo en los posibles candidatos o se traduce en una relación con una pareja inadecuada. Como no hubo una verdadera elección afectiva sino que se trata de una unión que simplemente «resultó», lo más probable es que no durará mucho y que se vuelva nuevamente al punto inicial.

María Eugenia Aguirre señala que es necesario reconocer que en nuestra sociedad hay una parte de la forma de ser de la mujer que requiere de una pareja, lo que implica afecto, estabilidad y compañía. Sin embargo, dice, muchas de esas cosas pueden encontrarse sin necesidad de un marido y sin que la meta deba ser ésa. Si la actitud compulsiva se convierte en una actitud serena, en la cual se acepta la necesidad de una pareja pero no se considera indispensable, se puede lograr una vida tranquila y feliz aun estando sola. Y lo más probable es que viviendo de ese modo, se consiga una pareja sin mayores dificultades y sin tanto esfuerzo.

¿Está Ud. de acuerdo con la opinión de la psicóloga María Eugenia Aguirre de que «estamos hechas para vivir en pareja»? ¿Cree Ud. que esta idea se aplica solamente a las mujeres?

financieramente a las empresas que las obedecen. En consecuencia, las empresas optan por la solución más lucrativa y procuran° no emplear a mujeres. Es irónico que las mismas leyes que intentan ayudar a la mujer acaben por° perjudicarla.

Algunas industrias emplean mano de obra femenina pero pagando por pieza.° Para un obrero este sistema tiene ciertas ventajas, ya que con horas extraordinarias° él puede mejorar su sueldo. Con su doble carga° de ama de casa y obrera, la mujer generalmente no puede trabajar horas extraordinarias. ¡Ya está trabajando más de catorce horas al día! Además, hasta hace poco,° en varios países la ley prohibía a la mujer trabajar de noche.

La mujer que tiene alguna educación y consigue un trabajo a veces no recibe un sueldo justo, pues como en muchas partes del mundo, el sueldo de la mujer hispana no está equiparado al° del hombre aunque desempeñen° la misma profesión. La dificultad de encontrar un trabajo que proporcione un sueldo adecuado es particularmente aguda° para la mujer rural. En consecuencia, muchas de ellas emigran a las ciudades, donde se encuentran desorientadas y vulnerables a toda clase de explotación. Algunas, en casos extremos, pueden acabar en la prostitución, llevando vidas realmente horrorosas.

LA MUJER, LA LEY Y EL SEXO

Como ocurre en todos los países, los códigos° penales de los países hispanos suelen reflejar y perpetuar algunos valores de su cultura. En España el código civil que regía hasta 1979 disponía que las hijas menores de veinticinco años no podían establecer un hogar propio° sin el permiso del padre a menos que fuera° para casarse o entrar en un convento. Ya que los códigos civiles de todos los países hispanos se basan en el código napoleónico, se estipula° que la mujer ha de° vivir donde su marido decida y no puede viajar al extranjero, abrir una cuenta bancaria,° ni trabajar ni recibir una herencia sin la autorización de su marido. Es decir, la mujer se encuentra en un limbo legal, entre niña y adulta.

Se puede ver uno de los ejemplos más claros de la desigualdad legal entre los dos sexos en las leyes sobre el adulterio. Según reza° la ley en varios países, la mujer comete adulterio si tiene relaciones sexuales con un hombre que no es su marido; en cambio, el marido sólo comete adulterio si tiene relaciones con su amante° *dentro* de la casa conyugal o si sus relaciones adúlteras llegan a ser escandalosas. La cuestión tiene mucha importancia, ya que en varios países hispanos el matrimonio no puede disolverse sin una prueba de adulterio. Es importante reconocer que en muchos países la presión de los grupos feministas ha cambiado, o está cambiando, estas leyes. Pero es evidente que, a pesar de estos cambios, las convicciones sociales retrógradas° seguirán° manteniéndose. Y es más, el mito de la mujer sumisa, virginal, entre niña y adulta, sigue en pie° a pesar de la existencia de una realidad social muy distinta.

En realidad la mujer hispana de varios países es sexualmente activa fuera del matrimonio—en particular la mujer de la clase baja. En algunos países, la unión libre° es mucho más frecuente que el matrimonio y no es

procuran° *tratan de*

acaben... *end up*

por... *by the piece*
extras / *burden*

hace... *a little while ago*

no... *is not comparable to that*
?
?

?

hogar... *residence of their own*
a... *unless it was*

? / ha... *debe*
?

reads, states

?

? / *will continue*
en... *existiendo*

unión... *unión consensual*

Eva Duarte de Perón (1919–1952), Evita, la actriz que fue la segunda mujer de Juan Perón, fue uno de los más dinámicos líderes de Argentina. Venerada por las masas, ella organizó a las obreras argentinas, logró el voto para la mujer y dirigió varios programas gubernamentales de asistencia pública.

raro que una mujer viva con varios hombres a lo largo de su vida sin casarse° con ninguno de ellos. ¡En nueve países de Latinoamérica hay más niños ilegítimos que legítimos! A pesar de la indiscutible actividad sexual de gran número de mujeres hispanas, persiste la visión machista/marianista de la sexualidad: el hombre es un ser de un fuerte instinto sexual mientras que la mujer normal no tiene ningún interés en el sexo, ni antes ni después de casarse. En muchos países hispanos se oye el eufemismo «Le hice el servicio» o «He cumplido»° en boca de mujeres cuando aluden al coito. En cambio, el hombre dice «Me la voy a tirar» o «Me la apropio.°» Para comprobar la creencia masculina de que toda mujer buena es también frígida, un periodista peruano hizo relación de los siguientes comentarios que él oyó en boca de otros hombres: «Fulana es una mujer mala; una vez le hizo el amor al esposo en la bañera.°» «Las gringas son todas prostitutas. Conozco a una que es agresiva° en el sexo.»

?

Le…, He… *I've done my duty*
Me…, Me… *I'm going to take her (in a sexual sense).*

bathtub
es… *takes the initiative*

EL PORVENIR DE LA MUJER HISPANA

¿Qué posibilidades hay de cambiar la situación de la mujer hispana? Otra vez depende del país y de su situación económica. En muchos países hispanos hay mujeres en puestos importantes: en 1979 se nombró a una mujer presidente de Bolivia y hubo otra en Argentina, Isabel Perón. Aunque es cierto que ésta llegó al poder porque fue la viuda del presidente Juan Domingo Perón, el hecho de que° el país la acogiera° revela una aceptación de la mujer como figura pública que es todavía muy débil en los Estados Unidos. Como en todo el mundo, el cambio de actitud hacia la mujer ha sido muy rápido y todavía está en proceso. Aunque la mujer tiene el voto

el… *the fact that / accepted*

en todos los países hispanos, en muchos es un derecho logrado recientemente. En 1929 Ecuador fue el primer país hispano en darle el voto
a la mujer. España, Uruguay, Cuba y El Salvador siguieron en los años
treinta. Todos los demás esperaron hasta los años cuarenta y cincuenta,
entre ellos Argentina, que se lo concedió en 1947, Bolivia en 1952, el Perú
en 1955, Colombia en 1957 y por fin Paraguay en 1961.

    A pesar de que algunas mujeres han tenido éxitos muy llamativos,° la   *outstanding*
posición de la mujer media sólo cambiará° a medida que° cambie la es-   *will change / a... at the*
tructura social y económica de los países hispanos. En los países menos   *same pace as*
desarrollados, donde un 10 por ciento de la población monopoliza el 80 por
ciento o más de los ingresos° nacionales, es bastante difícil que la mujer   *income*
consiga mejorar su situación. No se puede esperar un mejor tratamiento de
la mujer en una sociedad que explota al 90 por ciento de su población. En
los países con una economía más desarrollada y una mayor democrati-
zación de clases, como España, Argentina, Chile y Cuba, la mujer de todas
las clases tiene más posibilidades de establecer una identidad propia, sea
profesional o personal. A pesar de que la tradición machista es más fuerte
que en las culturas anglosajonas, la mujer de estos países está frecuentemente tan liberada como la de los Estados Unidos y, en algunos
casos, la mujer hispana ha logrado derechos que provocan la envidia de su
hermana norteamericana.

DESPUES DE LEER

Comprensión

A. ¿Qué le sugieren las siguientes palabras? ¿Qué importancia tiene cada una
dentro del contexto de esta lectura?

    1. el machismo   4. la empleada doméstica
    2. el marianismo   5. el adulterio
    3. el analfabetismo

B. Complete cada oración de la primera columna con la información apropiada
de la segunda. Conjugue el verbo entre paréntesis en la forma correcta del
indicativo o del subjuntivo según el contexto.

    1. En la sociedad hispana   a. la mujer (*tener*) pocos niños
       tradicional se insiste en que   b. sus hijas (*buscar*) empleo fuera
       _____ .   de casa
    2. La gran mano de obra doméstica   c. la mujer (*ser*) pasiva y abnegada
       permite que _____ .   d. la mujer (*quedarse*) en casa y
    3. A los padres tradicionales no les   (*cuidar*) a los hijos
       importa que _____ .   e. la mujer de clase alta (*tener*) más
    4. Muchos maridos hispanos se   oportunidades profesionales
       oponen a que _____ .   f. las mujeres (*trabajar*) fuera de casa

5. El hombre hispano tradicional prefiere que _____ .
6. La mujer hispana tradicional busca _____ .

g. un marido que (*tener*) un buen trabajo
h. la mujer (*ser*) competitiva e independiente
i. un marido que (*ayudarla*) en casa

C. Seleccione la respuesta correcta, conjugando en la forma correcta del subjuntivo los verbos que aparecen en infinitivo.

1. Las leyes laborales _____ .
   a. (*permiten/prohíben*) que las compañías (*despedir*) a las mujeres a causa del embarazo
   b. (*permiten/prohíben*) que las mujeres (*amamantar*) a sus hijos durante el día laboral
   c. (*permiten/prohíben*) que las mujeres (*tener*) derecho a un descanso pagado después del parto
   d. (*permiten/prohíben*) que las compañías (*pagar*) más a los hombres que a las mujeres por el mismo trabajo

2. Las leyes de ciertos países _____ .
   a. (*permiten/prohíben*) que una pareja (*divorciarse*) por razones de adulterio
   b. (*permiten/prohíben*) que la mujer (*votar*)
   c. (*permiten/prohíben*) que la mujer (*asistir*) a la universidad
   d. (*permiten/prohíben*) que la mujer (*ser*) elegida para cargos políticos

3. Según las creencias tradicionales, _____ .
   a. (*la gente se opone a/se espera*) que el hombre (*tener*) mucha experiencia sexual antes de casarse
   b. (*la gente se opone a/se espera*) que la mujer (*tener*) mucha experiencia sexual antes de casarse
   c. (*se cree/se duda*) que la mujer «buena» (*ser*) frígida

D. Explique brevemente la causa y el efecto de cada una de las siguientes afirmaciones.

1. Las mujeres de la clase alta tienen mucho más tiempo libre que las de las clases bajas.
2. A muchas compañías, les cuesta más emplear a mujeres que a hombres.
3. Para la mujer rural, muchas veces es necesario emigrar a la ciudad para encontrar trabajo.
4. Sólo el 20 por ciento de las mujeres participa en el mundo laboral.

E. Complete el siguiente bosquejo (*outline*) según la información que se presentó en la lectura.

I. Introducción
   A. Idea básica: _____ .
   B. Los valores tradicionalmente «femeninos» (Dé dos ejemplos.)
   C. Los valores tradicionalmente «masculinos» (Dé dos ejemplos.)

II. La educación de la mujer hispana
  A. Tradicionalmente los padres no daban mucha importancia a la educación de sus hijas. (Dé dos consecuencias.)
  B. La educación no parece cambiar radicalmente la situación laboral de la mujer. (Dé dos razones.)
III. La mujer y el mundo laboral
  A. Varios factores explican por qué no trabaja la mujer hispana. (Dé dos ejemplos.)
  B. Las leyes ayudan y al mismo tiempo perjudican a la mujer que trabaja. (Dé dos ejemplos.)
IV. La mujer, la ley y el sexo
  A. Hasta recientemente en España, la ley mantenía a la mujer en una posición inferior a la del hombre. (Dé tres ejemplos.)
  B. Con respecto a su vida sexual, la realidad de la mujer es muy diferente del mito. (Dé dos ejemplos.)
V. El porvenir de la mujer hispana
  (Dé un breve resumen de la idea básica.)

Discusión

1. Compare la situación de la mujer hispana con la de la norteamericana con respecto a los siguientes temas. Explique las semejanzas o diferencias entre las dos culturas. ¿Qué opina Ud. sobre cada tema? ¿En qué se diferencia la actitud de Ud. de la de sus padres? Comente también las semejanzas.
  a. el ideal de la feminidad
  b. la situación de la mujer en cuanto a la educación
  c. la participación en el mundo laboral
  d. la actitud hacia el acto sexual, la virginidad, las madres solteras (*unmarried*)
  e. los problemas que afronta la madre que trabaja
  f. la discriminación salarial
  g. el código penal o civil: leyes sobre el divorcio, los derechos, la vida familiar

2. Imagine que Ud. es analfabeto/a y que está en las siguientes situaciones. ¿Qué problemas va a tener? ¿Cómo puede resolverlos?
  a. Vive en el campo y quiere conseguir un trabajo en una finca.
  b. Necesita hacer una llamada telefónica y no sabe el número.
  c. Tiene una cita (*date*) con alguien y tiene que decidir qué película van a ver.
  d. Necesita un permiso de conducir para conseguir un trabajo.

  Ahora invente Ud. una situación que demuestre los problemas que puede tener una persona analfabeta en el mundo moderno.

3. En la página 99 se dan varios ejemplos de cómo el hombre hispano habla del sexo y de la mujer. Explíquele la discriminación por razón del sexo de estos comentarios a alguien que no la comprende. ¿Puede Ud. dar ejemplos de otros comentarios—en inglés o en español—que también manifiesten este tipo de discriminación?

4. En la página 98 se describe la manera en que la ley, al tratar de proteger a la mujer, acaba por perjudicarla. ¿Conoce Ud. otros ejemplos de una protección o ayuda «dañina»? ¿Tienen el mismo problema los hombres?

Aplicación

1. ◘¡Necesito compañero!◘   Con un compañero de clase del mismo sexo que Ud., y trabajando con un límite de tiempo de un minuto y medio, terminen las siguientes oraciones según sus propias opiniones.
   a. En nuestra sociedad, los hombres (no) quieren que las mujeres _____ .
   b. En nuestra sociedad, las mujeres (no) quieren que los hombres _____ .
   c. Para ser realmente liberada, es necesario que una mujer _____ .
   d. Para ser realmente liberado, es necesario que un hombre _____ .
   e. Para ser realmente femenina, es importante que una mujer _____ .
   f. Para ser realmente masculino, es importante que un hombre _____ .

   Después de completar el ejercicio, comparen sus respuestas con las de sus otros compañeros de clase. ¿Hay diferencias de opinión entre los hombres y las mujeres con respecto a las respuestas?

2. ¿De dónde vienen nuestras ideas sobre los conceptos de masculinidad y feminidad? Ponga las siguientes fuentes (*sources*) en el orden de importancia que le parezca más apropiado. Agregue otras fuentes a la lista si le parece necesario.

   _____ las revistas   _____ los amigos
   _____ la televisión   _____ los padres
   _____ la literatura popular   _____ los anuncios comerciales
   _____ las canciones populares   _____ las películas
   _____ los libros de texto   _____ los cuentos infantiles
   _____ las personas famosas   _____ la religión
   _____ la lógica   _____ la biología

3. Explique brevemente la manera en que los cinco primeros factores de su lista influyen en las percepciones de los norteamericanos. ¿Qué cambios se han notado durante los últimos años en la manera en que estos factores influyen los modelos sexuales? Especifique.

4. ¿Qué pueden hacer los padres si no quieren que sus hijos sigan los modelos sexuales tradicionales? En su opinión, ¿existen en realidad ciertas cualidades que *biológicamente* resulten ser «femeninas» o «masculinas»? Explique por qué.

CIUDAD DE GUATEMALA, GUATEMALA

EL MUNDO DE LOS NEGOCIOS

Los Estados Unidos en Hispanoamérica

ANTES DE LEER

Aspectos lingüísticos

Understanding Connecting Words

Understanding relationships between clauses is extremely important when you are reading in any language. For example, the message of the first sentence below is quite different from that of the second, even though the two clauses in each sentence are identical. The change in meaning results from the way the second clause is related to the first, as determined by the italicized connecting word in each sentence.

> The wildlife was very abundant *because* the river was very low.
> The wildlife was very abundant *although* the river was very low.

In the first sentence, the second clause explains the first clause. In the second sentence, the second clause contrasts with the first clause.

There are many words that function like *because* and *although*, and they are used for indicating how clauses are related. They also perform the same function between sentences, or between paragraphs. These connecting words fall into several general categories.

1. Some introduce the *cause* of a situation or condition.

a causa de (que)	*because of*	debido a (que)	*because of, due to*
como	*since*	porque	*because*

2. Some introduce the *effect* of a situation or condition.

así (que)	*thus*	por consiguiente por lo tanto }	*therefore*
en consecuencia	*as a result*	por eso	*for that reason, therefore*

3. Some introduce a *contrast*.

a diferencia de en contraste con }	*in contrast to*	en cambio por otra parte }	*on the other hand*
al contrario	*on the contrary*	no obstante sin embargo }	*nevertheless, however*
a pesar de (que)	*in spite of*		
aunque	*even though, although*	pero sino }	*but*

4. Some introduce a *similarity*.

de la misma manera de manera semejante del mismo modo }	*similarly, in the same way*	igual que + *noun* tal como tanto... como	*like + noun* *just like, just as* *both . . . and, as well as*

5. Other useful expressions are as follows.

Additional information:	además de	*besides, furthermore*
	en adición (a)	*additionally, in addition (to)*
Restatement:	es decir ⎱	
	o sea ⎰	*that is to say; in other words*
General statement:	en general	*in general*
Specific statement:	por ejemplo	*for example*

The following exercises will help you recognize these words and the relationships they signal.

Ejercicio 1

Look over the connecting words above (especially those in groups 1–4), trying to learn to recognize the meaning of each. Then read the following sentences and decide whether the clause beginning with the italicized word(s) relates to the rest of the sentence as its cause (**C**), as its effect (**E**), as a similar statement (**S**), or as a contrasting statement (**CS**).

_____ 1. No pudieron comprenderse; *por lo tanto,* se divorciaron.
_____ 2. *Tal como* los mayas, los aztecas recibían tributos de otras tribus.
_____ 3. Los salarios son bajos; *sin embargo,* el costo de la vida es alto.
_____ 4. *Debido a* la explotación de los esclavos, los españoles se enriquecieron en el Nuevo Mundo.
_____ 5. *Aunque* trabajaron mucho, no pudieron ahorrar dinero.
_____ 6. Los republicanos ganaron las elecciones; *por consiguiente* bajaron los impuestos.

Ejercicio 2

Look over the connecting words in groups 3–5. After you read the following sentences, decide whether the clause beginning with the italicized word(s) relates to the rest of the sentence as additional information (**A**), as a restatement (**RS**), as a similar statement (**S**), or as a contrasting statement (**CS**).

_____ 1. *Aunque* el mundo es cada vez más pequeño, el hombre parece más y más aislado.
_____ 2. Ud. es un sinvergüenza (*rascal*); *además,* es mentiroso.
_____ 3. *Al igual que* las vacas, los caballos son herbívoros.
_____ 4. Su filosofía es totalmente reaccionaria; *o sea,* quiere volver a la situación de hace cien años.
_____ 5. Su informe es bueno; *no obstante,* tiene que ampliarlo un poco más.
_____ 6. María tiene buenas ideas; *en cambio,* las de su hermana son tontas.

Ejercicio 3

Read these sentences quickly and decide whether the information following the italicized words is appropriate (**sí** or **no**) to the rest of the sentence.

_____ 1. La manzana, *igual que* la naranja, es roja.
_____ 2. Ella se murió; *como consecuencia*, se enfermó.
_____ 3. El cielo es azul; *en cambio*, las nubes son blancas.
_____ 4. *Aunque* Ud. es inteligente, recibe notas muy buenas.
_____ 5. Estoy muy contenta; *sin embargo*, voy a llorar.
_____ 6. Los demócratas, *tanto como* los republicanos, usan animales como símbolos.

Ejercicio 4

Read each of the following sentences and choose the appropriate alternative to complete the thought, paying particular attention to the italicized words.

1. Ella no puede hacer el ejercicio *a causa de que* _____ .
   a. le duele mucho la cabeza
   b. pasó toda la noche preparándose

2. Este año ha aumentado el número de crímenes *a pesar de que* _____ .
   a. tenemos más policías
   b. tenemos menos policías

3. Los mayas eran unos indios muy pacíficos; *en cambio*, los aztecas _____ .
   a. eran muy agresivos
   b. eran muy amables

4. Su esposo es muy chauvinista; *o sea*, _____ .
   a. trata de ayudarla tanto como puede
   b. nunca hace nada en la casa

5. Los misioneros les enseñaban la fe católica a los indios; *además*, _____ .
   a. los trataban como animales
   b. les enseñaban a leer y a escribir

6. El precio de la gasolina está más alto que nunca; *sin embargo*, _____ .
   a. no ha disminuido nada el tráfico
   b. se ven menos carros en las carreteras

Aproximaciones al texto

Understanding the Function of a Text: Tone

An important preparatory skill for reading comprehension is to grasp the function or purpose of the reading. Informing, convincing, entertaining, and criticizing are all functions that a text may have. Understanding the author's purpose for communicating helps to prepare you to comprehend new information.

Ciertos textos normalmente se asocian con funciones específicas. ¿Cómo responde Ud. a las siguientes preguntas para cada uno de los textos a continuación? ¡OJO! Un texto puede asociarse con más de un solo propósito.

1. ¿Quién escribió el texto? (profesión)
2. ¿Cuál es el propósito del texto? (por ejemplo: informar, convencer, entretener, criticar)
3. ¿A quién se dirige el mensaje? (por ejemplo: especialistas, niños, consumidores, el público general)

TEXTOS

a. un anuncio
b. un editorial
c. un pasaje de un texto de ciencias
d. una reseña (*review*) de una película
e. una carta al editor
f. un pasaje de una novela
g. un artículo de la revista *Time*
h. un pasaje de un cuento de ciencia ficción
i. un artículo de *The New England Journal of Medicine*
j. un artículo de *Psychology Today*
k. un panegírico (*eulogy*)

¿En qué sentido le afecta a Ud. el saber quién escribió el artículo y con qué propósito lo escribió?

Writers have not only purposes for writing, but also attitudes about their topic. The attitude of the writer—or tone—can be gathered from the particular language used, as well as from the way the information is presented to the reader.

◧ **¡Necesito compañero!** ◧   Con un compañero de clase, decidan cuál es el tono de las siguientes oraciones. Escriban la letra que mejor caracterice cada oración y traten de identificar qué elementos lingüísticos les ayudaron a decidirse en cada caso.

a. práctico (*matter-of-fact*)
b. humorístico
c. crítico
d. admirador
e. compasivo (*sympathetic*)
f. irónico

_____ 1. La historia de las relaciones interamericanas es una serie de maniobras egoístas (*selfish maneuvers*) de parte de los EEUU.

_____ 2. La Doctrina Monroe ha influido profundamente en la política exterior (*foreign policy*) de los EEUU.

_____ 3. Ese programa simbolizó un nuevo comienzo, ya que inició toda una nueva era en sus relaciones.

_____ 4. Los liberales quedan tan deslumbrados (*dazzled*) por su propia retórica que ni siquiera notan lo vacío (*emptiness*) de sus ideas.

_____ 5. Hay quienes alegan que EEUU no quiere amigos en Centroamérica sino satélites.

_____ 6. ¿Es difícil imaginar la política hacia Centroamérica de un presidente que con frecuencia se refería a sus habitantes como «*Dagos*»?

_____ 7. Sus acciones enojaron a las grandes corporaciones y al mismo tiempo agradaron a los que representaban los ideales democráticos en la región.

_____ 8. Los principios humanitarios del presidente eran nobles pero era inevitable que se frustraran ante las realidades de la política.

_____ 9. La Alianza para el Progreso fue un fracaso casi total.

_____ 10. La Alianza para el Progreso logró muy pocas de sus grandes y generosas metas.

Prelectura

A. Lea rápidamente los dos primeros párrafos de esta lectura. ¿Cuál parece ser el propósito principal de la lectura?

1. Describir las semejanzas y diferencias culturales entre los EEUU e Hispanoamérica.
2. Identificar un problema y explicar sus causas.
3. Dar breves biografías de famosos americanos, tanto del sur como del norte.
4. Describir los sistemas de gobierno de las varias naciones hispanoamericanas.
5. Hablar del impacto cultural de los EEUU en Hispanoamérica.

B. Mire brevemente los títulos y subtítulos de la lectura y también las fotos que la acompañan. ¿Confirman o contradicen su primera impresión de la lectura? ¿Qué información añaden?

C. ¿Qué sabe Ud. ya de la historia de los Estados Unidos con relación a Hispanoamérica? ¿Qué expresiones de la segunda columna asocia Ud. con los nombres de la primera? ¡OJO! A veces una expresión puede corresponder a más de un nombre. Explique la asociación en cada caso.

_____ 1. Theodore Roosevelt
_____ 2. Franklin Roosevelt
_____ 3. John F. Kennedy
_____ 4. Jimmy Carter
_____ 5. Ronald Reagan

a. los derechos humanos
b. los luchadores por la libertad (*freedom fighters*)
c. la bahía de Cochinos (*Bay of Pigs*)
d. *"Speak softly and carry a big stick."*
e. la Alianza para el Progreso
f. el canal de Panamá
g. la Política de Buena Voluntad (*Good Neighbor Policy*)

D. En su opinión, ¿cuáles de las siguientes expresiones se asocian con las relaciones entre EEUU y la América Latina? ¿Puede Ud. explicar el por qué de estas impresiones?

positivo	amigable	el fracaso
negativo	la diplomacia	agresivo
una larga tradición	el éxito	confuso
el ejército	la ayuda mutua	no interesante
la cultura	fuerte	los derechos
frío	no importante	humanos
violento	la economía	incomprensible

LECTURA

Vocabulario activo

al alcance *within reach*
el aliado *ally*
el bien *(philosophical) good*
　los bienes *(material) goods*
　culpar *to blame*
　la culpa *blame, guilt*
　culpable *guilty*
el derrumbamiento *toppling, tearing down*
　(des)agradecido *(un)grateful*
el dictador *dictator*
　la dictadura *dictatorship*
la disponibilidad *availability*

la exportación *export(s)*
　fortalecer *to strengthen*
la fuente *source*
　intervenir (ie, i) *to intervene*
la inversión *investment*
　izquierdista *leftist*
el lema *slogan*
la libre empresa *free enterprise*
las materias primas *raw materials*
la medida *measure, means*
la meta *goal*
　odiar *to hate*

la política *policy*
　la política exterior *foreign policy*
el préstamo *loan*
　el presupuesto *budget*
　proporcionar *to give, yield*
　proteger *to protect*
　respaldar *to back, support*
　el respaldo *backing*
la subvención *grant (of money)*

A. Busque sinónimos en la lista del vocabulario.

1. el amigo
2. dar
3. la manera
4. el origen
5. el objetivo
6. acusar
7. el apoyo
8. cerca

B. Busque antónimos en la lista del vocabulario.

1. conservador
2. inocente
3. la ayuda
4. atacar
5. amar
6. debilitar
7. la importación
8. el mal

C. ¿Qué definición de la segunda columna corresponde a una palabra de la primera?

_____1. los bienes
_____2. el lema
_____3. desagradecido
_____4. la disponibilidad
_____5. el préstamo

   a. caracterizado por una falta de gratitud
   b. cualidad de estar cerca, a mano
   c. algo que se tiene que devolver
   d. las posesiones
   e. un dicho, un refrán

D. ¿Qué palabras de la segunda columna asocia Ud. con las de la primera? Explique la relación o asociación entre ellas.

_____ 1. el derrumbamiento
_____ 2. el dictador
_____ 3. la inversión
_____ 4. el aliado
_____ 5. agradecido
_____ 6. la subvención
_____ 7. respaldar
_____ 8. las materias primas
_____ 9. la libre empresa
_____10. la política exterior

   a. competencia, ganancias, capitalismo
   b. apoyar, aprobar, ayudar
   c. destruir, hacer caer, derrocar
   d. Kissinger, diplomáticos, tratados (*treaties*)
   e. comestibles, petróleo crudo, minerales en bruto
   f. E. F. Hutton, Merrill Lynch, Wall Street
   g. amigo, defensor, partidario
   h. Stalin, Mussolini, Somoza
   i. préstamo, ayuda económica, crédito
   j. contento, atento, dar las gracias

E. Defina brevemente en español.

1. el presupuesto   2. proteger   3. la política   4. intervenir

LOS ESTADOS UNIDOS ◧ EN HISPANOAMERICA: PARTE 1 ◨

Las relaciones entre los Estados Unidos y los países latinoamericanos tienen una larga historia, muchas veces violenta y paradójica. Por un lado, en toda América Latina existe una enorme admiración por el grado de avance económico y social que ha logrado EEUU. Casi todos los latinoamericanos están de acuerdo en que la lucha por la independencia norteamericana fue un modelo que ellos quisieron imitar al separarse de su pasado colonial, e incluso en los sectores más izquierdistas se admira a hombres como Abraham Lincoln. Por otro lado, los EEUU actualmente inspira un recelo y un resentimiento—hasta un odio—entre muchos latinoamericanos que ni programas ambiciosos, como la Alianza para el Progreso, ni una creciente cantidad de ayuda económica y militar han conseguido cambiar.

Esta crítica y ataque a los Estados Unidos—que últimamente se ve no sólo en Hispanoamérica sino en muchas otras partes del mundo—es una actitud que sorprende al norteamericano medio y lo deja perplejo, cuando no irritado. «¿Por qué nos odian, si todo lo hemos hecho por su bien? Son unos desagradecidos.» «¿Para qué mandarles nuestros dólares si después nos llaman imperialistas y nos gritan lemas antiyanquis?» Que se hagan tales preguntas no sólo muestra la frustración que caracteriza las relaciones entre EEUU e Hispanoamérica, especialmente en los últimos años; también revela una falta de comprensión acerca de la realidad de Hispanoamérica, la cual en sí es parte del problema.

LAS RELACIONES INTERAMERICANAS: UNA PERSPECTIVA HISTORICA

Para comprender la imagen bastante negativa que tienen muchos latinoamericanos de los EEUU, es preciso examinar las relaciones interamericanas dentro de una perspectiva histórica. En su mayor parte, al relacionarse con los países hispanoamericanos, los EEUU ha sido motivado por el doble deseo de desarrollar sus intereses económicos y asegurar su seguridad nacional estableciendo su control político en el hemisferio. Desafortunadamente, muchas acciones de los EEUU han tenido como resultado una serie de experiencias dañinas° y humillantes para los países hispanoamericanos.

harmful

LA DOCTRINA MONROE

Desde principios del siglo XIX, cuando las colonias hispanas empezaron a independizarse de España, los Estados Unidos ha considerado su relación con los países del sur como algo muy especial. En 1823, después de reconocer la independencia de las nuevas naciones latinoamericanas, y en parte para evitar cualquier esfuerzo por parte de España o de sus aliados para reconquistarlas,[1] el presidente norteamericano James Monroe pronunció los principios de lo que más tarde se llamaría° «la Doctrina Monroe». Este documento, que ha influido profundamente en la política exterior de los EEUU, anunciaba el fin de la colonización europea en el Nuevo Mundo y establecía una política de no intervención de los gobiernos de los países europeos en los países americanos.

se... would be called

Mientras que algunos norteamericanos consideraron la Doctrina Monroe como un generoso intento de proteger a sus hermanos del sur, algunos hispanos la vieron desde otra perspectiva. Para ellos, la Doctrina parecía impedir que otros países intervinieran en los asuntos interiores hispanoamericanos mientras dejaba campo abierto para acciones semejantes

---

[1] El mensaje de la Doctrina Monroe fue dirigido a Rusia también, que en aquel entonces (*back then*) tuvo algunos deseos de explorar el territorio que ahora forma parte de Alaska.

por parte de los Estados Unidos. Es decir, aunque el gobierno norteamericano se opuso a los intentos franceses y españoles (y con menos consistencia, a los de los ingleses) de entrometerse° política y económicamente en Latinoamérica, otras acciones muy semejantes por parte del gobierno y del comercio norteamericanos no se limitaron. Por ejemplo, no se llamó «intervención» a las acciones norteamericanas que provocaron una guerra entre los EEUU y México en 1846, la cual terminó con la pérdida, por parte del gobierno mexicano, de la mitad de su territorio total.[2] Tampoco se consideró intervención la anexión de Puerto Rico en 1898, ni el control de Cuba entre 1901 y 1934.

to get involved

LA EPOCA DE LA INTERVENCION: ROOSEVELT, TAFT Y WILSON

El norteamericano que más se asocia con la expansión de los EEUU a costa de Latinoamérica es Theodore Roosevelt. Bajo Roosevelt, el gobierno de los EEUU empezó a considerar que tenía derecho absoluto a controlar la región del Caribe y Centroamérica, por medio de inversiones económicas o presiones políticas o militares. En 1904 Roosevelt expuso su propia versión de la Doctrina Monroe, en la cual declaró que era el «deber» de los Estados Unidos intervenir en los países latinoamericanos (a los cuales se refería con frecuencia como «*wretched republics*») para asegurar las inversiones e intereses económicos de «las naciones civilizadas». Esta política se conoció como «el Corolario Roosevelt» a la Doctrina Monroe y marcó el comienzo de un período de frecuentes y violentas intervenciones que se ha llamado la Epoca del Palo° Grande.

?

Después de Roosevelt, los presidentes William Howard Taft y Woodrow Wilson continuaron la política de intervención. Taft se interesó mucho en la expansión de los intereses económicos de los EEUU. Su interpretación del «Corolario Roosevelt», que vio la conversión de la economía centroamericana en un verdadero monopolio de unas cuantas° empresas norteamericanas, llegó a denominarse «La Diplomacia del Dólar». A diferencia de Roosevelt, que se interesó en el poder, y de Taft, que se preocupó de la promoción comercial, Woodrow Wilson llegó a la presidencia con opiniones idealistas sobre cómo debían de ser los gobiernos de los países latinoamericanos. Aunque quería que todos fueran libres y democráticos, en realidad este ideal muy pocas veces guió su política exterior, ya que intervino violentamente en Nicaragua (1912), México (1914, 1918), la República Dominicana (1916) y Cuba (1917).

unas... a few

Algunos norteamericanos reconocen ahora que el período entre 1895 y 1933 fue uno de los más vergonzosos° de la historia diplomática de los EEUU. La política intervencionista de Roosevelt, Taft y Wilson (y, con menos energía, la de Harding, Coolidge y Hoover) engendró, como se puede comprender, una imagen muy negativa de los Estados Unidos en la mente de muchos latinoamericanos y una profunda desconfianza en cuanto

shameful

---

[2] Este territorio se extendía de lo que es hoy Texas hasta California.

Theodore Roosevelt es una figura odiada en la América Latina por su
política expansionista y su desprecio por los pueblos latinoamericanos.

a los motivos de los líderes de los EEUU. Para 1933 la «protección» norteamericana de Latinoamérica le había proporcionado a los EEUU el territorio
entre Texas y California, una base naval permanente en Cuba y el control
completo de su política interior, la posesión de Puerto Rico, derechos permanentes a un canal a través de Panamá y derechos a otro canal en Nicaragua, por dondequiera que se quisiera construirlo. Se había usado la fuerza
militar en siete de los países de la región y en cuatro de éstos se había
sancionado una larga ocupación militar.[3] En fin, durante las tres primeras
décadas de este siglo, los Estados Unidos había conseguido la dominación
de gran parte de la economía suramericana y el control casi total de la
centroamericana. Al mismo tiempo que estas acciones protegían los intereses económicos de los EEUU, establecieron un patrón de dependencia
política en el Caribe y Centroamérica cuyos impactos han tenido aun peores
consecuencias para las relaciones interamericanas. Los países de la región
empezaron a mirar cada vez más hacia Washington para la solución de sus
problemas interiores. Esta dependencia colocó a EEUU en el centro de la
estructura del poder en Centroamérica. Mantener allí la estabilidad de
gobiernos conservadores y hasta autoritarios sirvió a los intereses comerciales de los EEUU en aquel entonces, pero ha sido la fuente de enormes problemas en la época actual.

---

[3] Entre 1900 y 1933, EEUU mandó tropas en varias ocasiones a Panamá, Honduras, la República
Dominicana, Cuba, Nicaragua, México y Guatemala. El gobierno estadounidense aprobó la
ocupación militar de Panamá (1903–1914, 1918–1920), la República Dominicana (1916–1924), Cuba
(1906–1908, 1917–1922) y Nicaragua (1912–1925, 1926–1933).

LA POLITICA DE BUENA VOLUNTAD°   Buena... *Good Neighbor*

El nombre Roosevelt es uno de los más odiados en toda Latinoamérica, pero al mismo tiempo es uno de los más respetados. Si Theodore Roosevelt llegó a simbolizar todo lo negativo del nacionalismo expansionista de los Estados Unidos, su primo Franklin empezó a recuperar la confianza y la cooperación de Latinoamérica. En 1933 Roosevelt anunció su Política de Buena Voluntad y sus intenciones de mejorar las relaciones entre los continentes americanos. Se repudió la intervención directa en los asuntos interiores de otros países; en 1934 se derogó° la Enmienda Platt, que había sancionado la   se... *repealed* intervención en Cuba, y se retiró a los *Marines* de Haití, donde habían estado desde 1915. Aunque Roosevelt sugirió y apoyó fuertes inversiones económicas en Latinoamérica, declaró que la Diplomacia del Dólar ya no imperaba. Sus acciones confirmaron sus promesas: no hubo ninguna represalia cuando el gobierno de Lázaro Cárdenas nacionalizó las compañías petroleras de México en 1938.

Roosevelt buscaba establecer un nuevo espíritu de cooperación y solidaridad entre las naciones del hemisferio. Aunque la expansión económica de EEUU en Latinoamérica aumentó, y muchos se quejaron de que la aplicación del sistema capitalista de la libre empresa en Latinoamérica agudizaría° los problemas sociales, los esfuerzos de Roosevelt sí lograron   *would make worse* disminuir la sospecha y desconfianza que se había creado durante los años anteriores. El estallar° de la Segunda Guerra Mundial estimuló la coope-   ? ración entre EEUU y Latinoamérica. Después de la guerra, la expansión del comunismo y el desarrollo de un fuerte nacionalismo latinoamericano han provocado nuevas tensiones.

LAS RELACIONES INTERAMERICANAS: METAS Y MOTIVOS

EL FACTOR ECONOMICO

Una economía colonial se caracteriza por la producción de materias primas, como los bienes agrarios y los minerales no refinados; una economía industrializada, en cambio, es la que produce bienes manufacturados. El problema es que las materias primas siempre cuestan mucho menos que los productos refinados. Por lo tanto, la economía colonial suele funcionar con un déficit: lo que se vende no proporciona lo suficiente para amortizar° lo   ? que se compra o se necesita comprar. Además, como los precios de las materias primas fluctúan con frecuencia, las economías coloniales suelen ser menos estables que las industrializadas. La inestabilidad se acentúa cuando la economía se basa en sólo uno o dos productos.

Históricamente, todos los países de América Latina han mantenido economías de tipo colonial. Aunque en años recientes se han hecho esfuerzos para diversificar las economías y para desarrollar la industria manufacturera, durante el período entre 1982 y 1984, en once de los diecinueve países[4] más del 50 por ciento de la exportación nacional todavía se basaba

---

[4] Se excluye aquí al Brasil.

El Cuerpo de Paz se originó durante la administración (1960–1963) de John F. Kennedy, con el propósito de ayudar a los países menos desarrollados. Los voluntarios del Cuerpo de Paz pasan un período de servicio de dos años en un país, donde ayudan a establecer programas educativos, sociales y comerciales.

en sólo dos productos no refinados. No hay que señalar el apuro° en que se encontrarán muchos países latinoamericanos cuando estos recursos se agoten° o cuando se reemplacen por materiales sintéticos.

    Los grandes recursos naturales de Latinoamérica—es una de las fuentes más grandes del mundo de cobre° y de estaño,° y tiene importantes reservas de petróleo—complementan y fortalecen las industrias norteamericanas. Como todas estas industrias dependen en mayor o menor grado de la disponibilidad de materias primas, se comprendió muy pronto que controlar algunas fuentes de materias primas sería° de suma° importancia no sólo para la economía estadounidense sino también para la seguridad del estado en tiempos de guerra. Por esta razón el gobierno norteamericano estimuló mucho la inversión económica en Latinoamérica, especialmente después de la Segunda Guerra Mundial.

    El estímulo económico también fue motivado por el deseo de combatir el comunismo. Cuando el Vicepresidente Nixon visitó Latinoamérica en 1958, algunos grupos latinoamericanos lo recibieron con piedras en vez de aplausos. Este incidente y la profunda impresión causada por la revolución cubana de 1959 hicieron creer a muchos norteamericanos que el comunismo se extendería° por toda Latinoamérica si no se tomaban medidas extraordinarias e inmediatas. En agosto de 1961 el Presidente Kennedy anunció la Alianza para el Progreso. Aunque el temor a la amenaza comunista fue la razón principal de la Alianza, en muchos aspectos era sumamente idealista. Se esperaba que, con la ayuda económica y el apoyo político de los EEUU, los países hispanoamericanos pusieran en marcha diversos proyectos para el progreso económico y la reforma social. Las mejoras en el nivel de vida fortalecerían° a la vez el papel de un gobierno democrático. Desafortunada-

    _?_

se... *run out*

copper / tin

would be / gran

se... *would spread*

would strengthen

mente, la Alianza logró muy pocas de sus metas y despertó, durante los diez años que existió, tantas controversias como esperanzas. En algunos casos, había resistencia hacia ciertas reformas por parte del gobierno y del elite económico del país; en otros, aunque se iniciaron cambios, la presión de los EEUU provocó el resentimiento de grupos que consideraron la Alianza como otro tipo de intervención norteamericana. En varios casos las subvenciones y préstamos que se debían destinar al desarrollo de programas económicos nacionales fueron recogidos por las industrias privadas, que a menudo no servían a intereses nacionales sino a intereses extranjeros.

El continuo estímulo a la inversión económica en Hispanoamérica, sumado a la falta de industrias nacionales que compitieran con las norteamericanas, y la existencia de leyes que favorecían el comercio con Norteamérica sobre el comercio con otros países acabaron por producir un monopolio norteamericano en la América Latina. En Cuba, por ejemplo, antes de la época de Castro, empresas norteamericanas controlaban el 90 por ciento de la energía eléctrica y del servicio telefónico, el 37 por ciento de la producción de azúcar, el 30 por ciento de la banca comercial,° el 50 por ciento de los ferrocarriles, el 66 por ciento de las refinerías de petróleo y el 100 por ciento de la explotación del níquel. En Centroamérica la United Brands (que incluye la United Fruit Company, conocida localmente como «el pulpo»[5]) todavía monopoliza el 80 por ciento de las exportaciones de bananas, más de la mitad del mercado mundial. En Chile, antes de 1970, dos empresas norteamericanas—Anaconda y Kennecott—dominaban totalmente la producción de cobre, la cual equivalía a un 12 por ciento de la producción mundial y a más del 70 por ciento del producto nacional bruto° de Chile.[6]

banca... commercial banking

producto... Gross National Product

Al mismo tiempo, hay que reconocer que esta dominación no se logró sin alguna cooperación por parte de los gobiernos latinoamericanos, que en repetidas ocasiones han pedido la inversión de capital extranjero. La mayoría de los países de la América Latina no cuentan con los fondos necesarios para buscar y explotar sus propios recursos. Dependen de la inversión extranjera y de préstamos que pueden conseguir de los bancos internacionales, en muchos de los cuales tiene una voz importante los EEUU. A través de los años, la inversión extranjera, especialmente la norteamericana,[7] fue acumulando cada vez más poder económico. En todas

---

[5] La imagen del pulpo (en inglés, *octopus*) con sus muchos e implacables tentáculos, hace que esta palabra se use en muchas partes de Latinoamérica para referirse a una persona o una compañía que explota a los demás.

[6] Es posible a veces perder el significado de tales cifras. Se puede comprender mejor los sentimientos alarmados de un chileno si se imagina una situación equivalente en los EEUU, es decir, si General Motors, General Foods, General Electric, Ford, IBM, todos los bancos, las minas, la aviación y la construcción (entre otras compañías) estuvieran bajo el control de dos empresas extranjeras.

[7] Antes de la Doctrina Monroe, eran los ingleses y los franceses quienes se encontraban en gran número en Latinoamérica; ellos fueron poco a poco reemplazados por los estadounidenses. En los últimos años, Japón y la Alemania Occidental han aumentado su nivel de participación en la economía latinoamericana.

partes del mundo, hay gobiernos que han permitido y apoyado la inversión extranjera, aunque esto a la larga° haya sido un obstáculo para el desarrollo social y económico del propio país. En Latinoamérica no han escaseado° tales gobiernos.

Si son los países mismos quienes han acogido a los EEUU, ¿por qué culpan a los norteamericanos? Si los EEUU no los ha dominado, sino que ellos se han dejado dominar, ¿no tienen estos países la culpa de su propia dependencia? Sí y no. La expansión norteamericana en Latinoamérica nunca pudo haber llegado° al nivel de dominio sin la ayuda, o por lo menos la falta de oposición, de los gobiernos latinoamericanos. A pesar de esta colaboración oficial, hay que tener en cuenta que muchos de los gobiernos latinoamericanos no reflejan, ni mucho menos protegen, los deseos e intereses de la gran mayoría de su población. En muchos casos el gobierno está aliado con la pequeña minoría oligárquica que posee la mayoría de la tierra y del dinero y juntos se enriquecen con las inversiones extranjeras; en otros, el gobierno está bajo el control de los militares y éstos creen que dejar el campo libre a las empresas norteamericanas les facilitará la adquisición de armas, con las que pueden fortalecer su propio control político.

Pero si el gobierno no protege los intereses de su país, ¿cómo se puede esperar que una compañía extranjera lo haga? Los grandes hombres de negocios, sean de la nacionalidad que sean,° no se caracterizan precisamente por su filantropía. Es importante recordar que en los EEUU los intereses de las grandes empresas no tienen la influencia que tienen en Latinoamérica; la Ford, la General Motors, la U.S. Steel y la Exxon son enormemente ricas y poderosas pero no controlan el país: no pueden destruir la constitución ni organizar una revolución ni dejar que un país extranjero se apodere de la tierra o de los recursos de la nación. En cambio, en Latinoamérica las grandes empresas sí pueden realizar todo esto y lo han hecho varias veces en diversos países. En los EEUU existen leyes que limitan el tamaño y el poder que una empresa puede alcanzar; hay muy pocas leyes de este tipo en la América Latina. En los EEUU el sistema capitalista de la libre empresa funciona bien porque hay diversos niveles de competencia (hay muchas empresas grandes pero también hay miles de compañías independientes más pequeñas) y las leyes protegen también a las pequeñas. En Latinoamérica, donde la competencia es mínima y no existe ningún sistema que frene y equilibre° el poder y la expansión de las grandes empresas, la libre empresa no funciona para el desarrollo general, sino para el beneficio particular.° Después de la Segunda Guerra Mundial, la relación tradicional de patrón y cliente entre los EEUU e Hispanoamérica ha ido desapareciendo poco a poco entre olas de revoluciones, reformas agrarias, competencia de otros países y administraciones más nacionalistas. Existe un nuevo espíritu independiente que ya no quiere aceptar sin protestas el control norteamericano, sea o no beneficioso° para la región.

Lo que ahora se empieza a creer es que un sistema socialista puede ser más apropiado para modernizar e independizar económicamente a estos países que un sistema capitalista, en el que el progreso está en manos privadas y, en el caso concreto de Latinoamérica, en manos extranjeras. Esta consideración hizo que varios gobiernos de Latinoamérica na-

a... *in the long run*

no... *haven't been lacking*

pudo... *could have achieved*

sean... *whatever their nationality*

frene... *checks and balances*

individual

sea... *whether or not it be beneficial*

cionalizaran muchas de las compañías extranjeras para poder encauzar mejor sus recursos. A pesar de las fuertes protestas de los comerciantes norteamericanos, el gobierno de los EEUU ha aceptado semejantes acciones con tal de que las compañías nacionalizadas reciban una recompensa adecuada.

En otras áreas EEUU ha tratado de colaborar con gobiernos latinoamericanos para crear programas de beneficio mutuo. Por ejemplo, el programa de maquiladoras[8] que se ha establecido entre México y Estados Unidos ahora proporciona el 11 por ciento de todo el empleo industrial de ese país. Antes de la Segunda Guerra Mundial las compañías norteamericanas en Centro y Sudamérica fueron culpables de un gran número de abusos. Ahora, en varios casos las corporaciones multinacionales son un modelo positivo respecto a los sueldos y los beneficios que reciben los empleados.

Con todo, es necesario señalar que en vez de mejorar la vida del hispanoamericano medio, la presencia del negociante norteamericano ha intensificado las diferencias entre los ricos y los pobres. Para éstos, la Coca-Cola es un símbolo doble. Por un lado, representa todos los bienes, las maravillas y los lujos de América; por otro, hace resaltar° los enormes   *stand out* contrastes de riqueza y poder que separan el norte del sur y que imposibilitan el alcance de ese modo de vida.

Comprensión

A. Conjugue los verbos en las siguientes oraciones en el pretérito del indicativo o el imperfecto del subjuntivo según el contexto. Luego diga si son ciertas (**C**) o falsas (**F**) según la lectura y corrija las falsas.

_____ 1. La Doctrina Monroe prohibió que ninguna nación europea (*intervenir*) en los gobiernos americanos.

_____ 2. Antes de 1930 los EEUU (*seguir*) una verdadera política de no intervención en los países latinoamericanos.

_____ 3. Theodore Roosevelt (*hacer*) mucho para que se (*limitar*) la expansión de los EEUU en la América Latina.

_____ 4. El «Corolario Roosevelt» a la Doctrina Monroe (*defender*) la integridad territorial de los países centroamericanos.

_____ 5. Franklin Roosevelt quería que (*haber*) más cooperación y solidaridad entre los países del hemisferio.

_____ 6. El dominio norteamericano de la economía latinoamericana se (*lograr*) sin que los gobiernos latinoamericanos lo (*querer*).

---

[8] Según este programa, una compañía norteamericana tiene dos plantas, una en EEUU y otra en México. La planta norteamericana manda los materiales a México para ser refinados. Una vez refinados, los productos vuelven a los Estados Unidos para no competir con la industria mexicana. Los sueldos que hay que pagar a los obreros mexicanos, aunque son mucho más bajos que los que se tendrían que (*one would have to*) pagar en los EEUU, son altos en comparación con el sueldo medio mexicano. Por ejemplo, en 1986 el obrero mexicano ganaba $1,00 por hora en una planta maquiladora, lo cual equivalía a tres veces el sueldo mínimo diario en el resto de México.

B.   ◧¡Necesito compañero! ◧   Con un compañero de clase, escojan dos de las expresiones apuntadas y completen cada oración de dos maneras diferentes, incorporando información de la lectura.

1. Muchos latinoamericanos sienten un gran resentimiento hacia los Estados Unidos...
   a causa de que   por otra parte   a pesar de que
2. Al principio de este siglo las repúblicas latinoamericanas se encontraron en una situación vulnerable y precaria...
   además   debido a que   por consiguiente
3. Durante el período entre 1895 y 1933, la intervención norteamericana en Latinoamérica protegió los intereses económicos de los EEUU...
   sin embargo   además   por ejemplo
4. Una economía colonial se caracteriza por la producción de materias primas...
   o sea   por lo tanto   en cambio
5. La Alianza para el Progreso fue motivada por el deseo de estimular la economía...
   por otra parte   tanto como   debido a que
6. El estímulo de la inversión económica en Hispanoamérica acabó por producir un verdadero monopolio norteamericano en la América Latina...
   sin embargo   por ejemplo   debido a que
7. Muchos gobiernos latinoamericanos comparten la culpa del dominio norteamericano de sus economías...
   es decir   a causa de que   aunque
8. Los EEUU ha tratado de colaborar con gobiernos para crear programas de beneficio mutuo...
   por ejemplo   no obstante   ya que

LOS ESTADOS UNIDOS
◧EN HISPANOAMERICA: PARTE 2◧

EL FACTOR POLITICO

Desde su comienzo como nación, los EEUU ha considerado la democracia como la mejor forma de gobierno. Defiende con orgullo la tradición de libertad e igualdad, de estabilidad política y progreso económico. Aunque esta imagen esté algo empañada° últimamente, hay pocos norteamericanos   *tarnished* que quieran cambiar ese sistema por otro. Según los EEUU el peligro más grave para la democracia es el comunismo. Como la nación democrática más poderosa del mundo, se considera obligada a defender la democracia donde exista, limitando la expansión del comunismo. Esto se considera especialmente importante en el hemisferio occidental por las dos razones anteriormente mencionadas: primero, porque las naciones latinoamericanas proporcionan materias primas para la industria; y segundo, porque la proximidad del continente sudamericano a los EEUU daría° a un poder comunista diversas ventajas estratégicas en caso de guerra.   *would give*

El problema se produce cuando este intento de controlar la expansión del comunismo hace que los Estados Unidos tenga que escoger entre el orden y la estabilidad por un lado y el cambio y la posibilidad de un régimen hostil por otro. La historia diplomática de las relaciones interamericanas indica claramente que, enfrentado a estas dos alternativas, EEUU siempre opta por el *status quo*, aun cuando esto signifique apoyar a un gobierno autoritario. Esta tendencia ha convencido a muchos latinoamericanos de que los EEUU se mueve menos por el deseo de luchar *por* la democracia que por el de luchar *contra* el comunismo. Se observa que los gobiernos que recibieron más ayuda de la Alianza para el Progreso durante la década de los sesenta no eran los más democráticos (México y Uruguay), sino los más anticomunistas (las dictaduras de Duvalier en Haití, Somoza en Nicaragua y Stroessner en Paraguay). Se notan, además, repetidos casos de intervención directa (por ejemplo, en Guatemala en 1954 y en la República Dominicana en 1965) e indirecta (por ejemplo, en Chile en 1973 y en Nicaragua durante 1985 y 1986) que se han justificado principalmente por el temor al comunismo.

El gobierno de los EEUU intervino en Guatemala en 1954 contra el gobierno reformista de Jacobo Arbenz. Arbenz y su predecesor, Juan Arévalo, fueron dos de los primeros líderes latinoamericanos que se interesaron en llevar a cabo una profunda reforma social. Mejoraron el sistema educativo en Guatemala y establecieron la libertad de prensa. Cuando Arbenz emprendió su plan de reforma agraria, que incluía la expropiación de grandes territorios de la United Fruit, los EEUU empezó a preocuparse. Lo que antes había parecido democrático ahora tenía la apariencia de socialismo o comunismo. Estas creencias no eran del todo infundadas: Arbenz había legalizado el partido comunista, que dominaba los sindicatos° y apoyaba a Arbenz. Con todo, la importancia del comunismo en la política guatemalteca era mínima. El gobierno norteamericano temió que creciera y para impedirlo respaldó los esfuerzos del General Castillo Armas contra el gobierno de Arbenz.   *unions*

En 1965 la República Dominicana estaba dividida entre los partidarios° de Juan Bosch y las fuerzas militares conservadoras. Bosch había ayudado a establecer un gobierno democrático después del asesinato de Rafael Trujillo[9] en 1961. Presidente de la República Dominicana durante sólo nueve meses, Bosch quiso imponer varias reformas sociales y luego fue expulsado por un golpe militar. Poco después, empezó una guerra civil entre los «constitucionalistas», que querían que Bosch volviera al poder, y las fuerzas militares. Al principio Washington no quiso intervenir, pero después de recibir noticias de cierta presencia comunista entre los «constitucionalistas» decidió apoyar a las fuerzas militares para evitar «una segunda Cuba».   ?

---

[9] Rafael Trujillo (1891–1961) fue dictador absoluto desde 1930 hasta su asesinato en 1961.

En 1970 ganó las elecciones presidenciales en Chile el marxista Salvador Allende. Quiso reordenar la economía chilena para satisfacer las necesidades fundamentales del pueblo. Siguió un período de escasez de alimentos, huelgas y
disturbios sociales, y en 1973 el gobierno de Allende fue derrocado.

En Guatemala y la República Dominicana los Estados Unidos intervino
militarmente, mandando tropas para asegurarse de los resultados dese-
ados. Después de la invasión de la República Dominicana, la intervención
norteamericana ha sido menos directa.[10] En Chile y Nicaragua, por ejemplo, ha seguido una política de «desestabilización» para contener la propagación del comunismo. Ha habido muchos debates sobre el papel del gobierno norteamericano en el derrumbamiento del líder marxista de Chile,
Salvador Allende. Existen pruebas de la actividad subversiva de la Agencia
Central de Inteligencia (la CIA) durante ese período, pero parece que el
régimen de Allende cayó no tanto por lo que hizo el gobierno norteamericano sino por lo que *no* hizo. Durante los años anteriores a Allende,
los EEUU había proporcionado tanta ayuda económica a Chile que el presupuesto nacional chileno dependía en gran parte de ella. Al emprender
Allende su programa marxista, EEUU se negó a continuar esta ayuda: el
nivel de subvenciones descendió de 35 millones de dólares en 1969 a 1,5
millones en 1971. Estas sanciones dañaron la posición de Allende irrepa-
rablemente y contribuyeron al descontento general que culminó con el
sangriento golpe militar de 1973.

Igual que la República Dominicana, Nicaragua había visto una casi
constante presencia militar de los Estados Unidos durante las primeras
décadas de este siglo. En los dos países el gobierno estadounidense había

---

[10] La invasión norteamericana de la isla caribeña de Grenada en 1983 fue el primer uso de fuerza militar
directa en la región desde la invasión de la República Dominicana.

En la cultura hispana es muy frecuente que novelistas, poetas e intelectuales participen en la vida política. El siguiente editorial, del novelista y crítico mexicano Carlos Fuentes (1929–), apareció en el periódico español El país *en 1986. Al leerlo trate de identificar el tono y el propósito del artículo.*

Oportunidades: perdidas y encontradas

Por CARLOS FUENTES

Es probable que América Latina, en toda su historia, no haya sido gobernada por un grupo más excepcional de hombres. Todos ellos, en mayor o menor grado, son gente honesta, capaz, democráticamente orientada e internacionalmente educada. No agoto la lista: Raúl Alfonsín, de Argentina; Julio María Sanguinetti, de Uruguay; José Sarney, de Brasil; Alan García, de Perú; Miguel de la Madrid, de México; Vinicio Cerezo, de Guatemala; Jaime Lusinchi, de Venezuela, y Belisario Betancur, de Colombia (así como su sucesor probable, Virgilio Barco) forman una constelación de jefes de Estado que, entre otras cosas, ofrecen a Estados Unidos una oportunidad sin paralelo para la cooperación y la resolución de problemas.

No obstante, estos hombres aparecen en escena durante un período de espantosos dilemas económicos y sociales. Nada nos asegura que sabrán resolverlos. Demasiadas fuerzas hierven debajo del barniz de la estabilidad; una clase media desilusionada, una masa de marginados urbanos, una clase obrera profundamente desposeída, un proletariado agrícola arruinado. Los logros democráticos de los últimos cinco años, fervorosamente aplaudidos por quienes nada hicieron para obtenerlos, corren el gravísimo riesgo de las golondrinas en invierno. Los militares, desdeñosos de administrar la crisis, esperan entre bambalinas.

Es posible imaginar lo que estadistas como Franklin Roosevelt o John Kennedy (una vez aprendida la lección de la bahía de Cochinos) hubieran logrado hacer con un grupo comparable de estadistas latinoamericanos. Sin duda no

les hubieran ofrecido la guerra de la *contra* en América Central, distrayendo la atención de los asuntos realmente importantes (la supervivencia económica, entre otros), sustrayendo energía del escenario interno al internacional, dividiendo a la opinión y amenazando, en suma, la frágil estabilidad del continente. Lo último que de la Madrid, Alfonsín o Sarney necesitan es un conflicto en territorios latinoamericanos, inexorablemente destinado a generalizar una guerra por accidente, por desliz o por voluntad.

La fracasada política de Reagan en América Central no es tanto un peligro para Nicaragua, preparada para defenderse por un largo rato, sino para los amigos de Estados Unidos en el continente y al cabo, para el propio Estados Unidos, que en este asunto actúa como si fuese su peor enemigo.

Me parece que se está sacrificando mucho—el respeto y la credibilidad de todo un continente—a muy poco—un guión preconcebido, paranoide y obsesivo—. Brasil ha debido pedir—dos veces—que no se le pinte de rojo en los mapas escolares del presidente Reagan. El presidente Betancur, de Colombia, ha debido denunciar públicamente en más de una ocasión la tendencia del Departamento de Estado a decir que el presidente dice una cosa en público y otra en privado. La última corrección de Betancur ha consistido en afirmar que en público y en privado se opone a la propuesta de Reagan de ayudar a la *contra*. El ex presidente de Venezuela Carlos Andrés Pérez ha advertido que toda América Latina se levantaría contra Estados Unidos en caso de una invasión de Nicaragua. El presidente Alan García, de Perú, ha declarado ante el congreso argentino que su país rompería relaciones con el país agresor en el caso de una invasión de Nicaragua. Y el nuevo presidente de Costa Rica, Oscar Arias, ha sugerido, no sin humor, que los 100 millones de dólares para la *contra* sean entregados, por el contrario, a los países centroamericanos para el desarrollo económico. Muchos granjeros, investigadores científicos, niños de escuela y gentes sin hogar en Estados Unidos deben pensar como él.

América Latina no puede ser acusada de criticar y abstenerse. Nuestros Gobiernos, repetidamente, han ofrecido soluciones políticas y diplomáticas racionales a la crisis centroamericana. Estas soluciones protegen los intereses de seguridad de Estados Unidos mejor que las representaciones del *teatro del horror reaganiano*. Todos sabemos que consisten en dar término al apoyo externo a las guerrillas; en congelar y luego disminuir el nivel de armamentos; en suspender las maniobras militares internacionales; en reducir y, al cabo, eliminar las bases y los asesores militares extranjeros.

Dada la evidencia de que el Gobierno de Reagan, atrapado en la telaraña de sus ficciones, no atenderá con seriedad la propuesta latinoamericana, creo que Latinoamérica debe tomar la iniciativa, durante el hiato entre las dos votaciones en el Congreso norteamericano, para negociar con los cinco Gobiernos centroamericanos y ofrecerse como garante de los acuerdos de paz. Estamos ante un problema latinoamericano que merece una solución latinoamericana. «Dejados a nosotros mismos», me dijo hace poco en Boston un ex presidente

de Costa Rica, «los centroamericanos resolveríamos este problema en pocas semanas».

Si cualquiera de los Gobiernos centroamericanos faltase a los acuerdos libremente concluidos con la comunidad latinoamericana, las sanciones no se harían esperar, y la propia América Latina las encabezaría. Por ejemplo: si Honduras continuase dando santuario a la *contra*; si Nicaragua ofreciese una base militar a la URSS, o si El Salvador dirigiese su potencial militar contra su enemigo tradicional, Honduras.

Hombres como los senadores Edward Kennedy y Christopher Dodd, representantes como Michael Barnes y Patricia Schroeder, han salvado el honor de Estados Unidos (como lo hizo Abraham Lincoln durante la guerra contra México): su voz tendrá la razón cuando la razón se imponga. La *contra* no puede ganar. Pero América Latina y Estados Unidos pueden perder. Es tiempo de abandonar los juegos, físicos o retóricos, y en cambio tomar iniciativas diplomáticas serias. Las apuestas son altas, pero no por las razones que Reagan nos ofrece. La mayoría de los nuevos Gobiernos latinoamericanos poseen la legitimidad necesaria para administrar las difíciles recetas que requiere la recuperación económica. Pero si consienten el aventurismo de Estados Unidos en Centroamérica, acabarán perdiendo la legitimidad. El desastre económico, la erosión social y el tumulto político, del río Bravo al cabo de Hornos: esto es lo que se juega.

¿Qué le ocurriría entonces a la seguridad de Estados Unidos?

---

aprobado una larga ocupación militar para proteger sus intereses económicos allí. En los dos países los EEUU se aprovechó del momento para iniciar algunas reformas sociales y también para entrenar a la fuerza militar local que mantendría° el orden una vez que las tropas norteamericanas fueron retiradas. En los dos países, esta fuerza militar sostuvo en el poder a dictadores brutales y corruptos: Trujillo en la República Dominicana y Somoza en Nicaragua. El régimen de Somoza, que duró desde 1935 hasta 1979, fue apoyado por los EEUU principalmente por su filosofía política. Rodeada de movimientos revolucionarios izquierdistas, Nicaragua bajo

would maintain

Hoy en día Centroamérica está en crisis. Una gran parte
apoya al gobierno sandinista en Nicaragua, como se ve
en esta manifestación. Otros lo atacan, acusando a los
sandinistas de ser un gobierno comunista y totalitario.

Somoza mantenía una postura firmemente proamericana y anti-
comunista.[11] Durante la dictadura de Somoza, un grupo revolucionario
llamado el Frente Sandinista de Liberación Nacional (FSLN)[12] luchó esporádicamente para derrocarla.° En 1979 los esfuerzos del FSLN por fin   ?
lograron echar a Somoza, en gran parte porque el presidente norteamericano Carter consideraba la revolución sandinista como una expresión de la voluntad del pueblo nicaragüense y se negó a continuar el
respaldo norteamericano de Somoza. El gobierno de los sandinistas ha
emprendido varias reformas sociales en Nicaragua, pero al mismo tiempo
ha provocado grandes preocupaciones en los EEUU por su retórica marxista
agresivamente revolucionaria y antiamericana. A pesar de los fuertes debates en el Congreso norteamericano, donde algunos prefieren respetar los

---

[11] Refiriéndose a Anastasio Somoza, padre, Franklin Roosevelt dijo una vez que era «*an S.O.B. but at least
he's our S.O.B.*».

[12] Llamado así por Augusto Sandino (1893–1934), un líder militar que fue tan brutal como Somoza, pero
que se convirtió en héroe popular y patriota nacional por su oposición a la presencia norteamericana
en Nicaragua. Somoza, poco antes de asumir el poder en Nicaragua, le mandó asesinar.

deseos del grupo Contadora[13] para negociar una solución, el gobierno norteamericano ha apoyado los esfuerzos antisandinistas de los «contras» con respaldo militar.

La paradoja de representar ideales democráticos y al mismo tiempo valerse de° gobiernos militares represivos para contener la propagación de la revolución marxista en Hispanoamérica es un asunto que ha dividido (y sigue dividiendo) a las administraciones norteamericanas, al Congreso y al público norteamericano.

valerse... *to make use of*

Por un lado están los «reformistas» que abogan por los principios democráticos como manera de decidir la conducta con respecto a otros gobiernos. Para ellos, que EEUU se alíe con gobiernos autoritarios daña su credibilidad como protector de la libertad y la dignidad humana en el mundo y hace más difícil la ayuda en la transición a otra forma de gobierno cuando se produce la caída de un líder militar. Por otro lado están los «realistas», quienes se muestran igualmente convencidos de que las decisiones de los EEUU tienen que basarse principalmente en la defensa de sus intereses y de la seguridad nacional. Según los realistas, un gobierno autoritario es siempre preferible a un gobierno totalitario. El gobierno autoritario, por brutal que sea, rara vez es permanente ya que no elimina toda oposición. Según los reformistas es un error pensar que todo movimiento revolucionario de la izquierda tiene que ser provocado por los comunistas; según los realistas es igualmente erróneo creer que el cambio siempre resulta en el progreso. La lucha entre estas dos filosofías produce una situación en la que una administración de los EEUU puede hacer presión por elecciones libres y un gobierno constitucional en El Salvador y al mismo tiempo participar en acciones subversivas en Nicaragua[14] que muchos hispanoamericanos (y también muchos norteamericanos) consideran claramente ilegales. En el medio de la disputa se oyen voces latinoamericanas que buscan cualquier camino que les permita solucionar los agudos problemas sociales y económicos de sus naciones.

Dada la difícil historia de las relaciones interamericanas es probable que el porvenir sea problemático. La enorme desigualdad en cuanto al poder y riqueza despierta, quizás inevitablemente, cierta envidia y resentimiento por parte de los hispanoamericanos, y para los Estados Unidos dificulta una relación igualitaria de socio y vecino. La intervención norteamericana en los asuntos latinoamericanos no ha vuelto a ser tan descarada° como en el período anterior a 1933, pero es importante reconocer que aun en 1986 en Washington se puede hablar de invadir una nación centroamericana como una posible y lícita respuesta al alboroto° en la región. Está claro que todavía queda mucho por hacer para que los americanos tanto del norte como del sur puedan reemplazar la amenaza y el recelo por el mutuo respeto y amistad. No obstante, es de esperar que en el futuro esté al alcance de los

blatant

turmoil

---

[13] Colombia, México, Panamá y Venezuela
[14] Se refiere aquí a las minas que se colocaron en varios puertos (*harbors*) nicaragüenses en 1985.

Estados Unidos llegar a combinar la protección de sus intereses con la defensa de sus principios, los cuales incluyen la justicia social y la mejora de la calidad de vida de todos los habitantes del hemisferio.

DESPUES DE LEER

Comprensión

A. ¿Qué asocia Ud. con cada una de las siguientes palabras o frases? ¿Qué importancia tiene cada una en el contexto de la lectura de este capítulo?

1. las materias primas
2. la libre empresa
3. fortalecer
4. intervenir
5. realista
6. reformista
7. «una segunda Cuba»

B. Conjugue los verbos en las siguientes oraciones en el pretérito del indicativo o el imperfecto del subjuntivo según el contexto. Luego diga si son ciertas (**C**) o falsas (**F**) las oraciones y corrija las falsas.

_____ 1. Las administraciones norteamericanas normalmente creían que los movimientos revolucionarios latinoamericanos (*resultar*) de la expansión del comunismo.

_____ 2. Kennedy dudaba que el desarrollo económico (*estimular*) la reforma social.

_____ 3. En 1954 los EEUU (*apoyar*) las reformas de Arbenz hasta que éste (*nacionalizar*) la United Fruit.

_____ 4. Durante las décadas de los cincuenta y los sesenta, la intervención norteamericana (*ser*) menos directa que hoy en día.

_____ 5. Los EEUU (*respaldar*) a varios dictadores en América Latina con tal de que (*ser*) anticomunistas.

C. Busque por lo menos dos datos de la lectura que apoyen o que contradigan las siguientes oraciones.

1. Los EEUU se mueve menos por el deseo de luchar *por* la democracia que por el de luchar en *contra* del comunismo.
2. Theodore Roosevelt tenía más respeto por los latinoamericanos que su primo Franklin.
3. La historia de las relaciones interamericanas revela muchas buenas intenciones que salieron mal.
4. Los EEUU aprovechaba la Doctrina Monroe para explotar a la América Latina.
5. Los latinoamericanos odian todo lo norteamericano.
6. Las economías hispanoamericanas son muy buenas ya que dependen de su recurso más abundante: las materias primas.
7. Los negocios norteamericanos explotan a los latinoamericanos.

D. ¿Qué palabra de la segunda columna asocia Ud. con una de la primera? Explique la relación o asociación entre ellas. ¡OJO! No se usan todos los nombres de la segunda columna.

_____1. la Doctrina Monroe	a. Somoza
_____2. el Gran Palo	b. Taft
_____3. la Política de Buena Voluntad	c. no intervención
_____4. Nicaragua	d. Bosch
_____5. Chile	e. Arbenz
_____6. la República Dominicana	f. símbolo doble
_____7. la Diplomacia del Dólar	g. el pulpo
_____8. la Coca-Cola	h. Franklin Roosevelt
_____9. la United Fruit	i. Theodore Roosevelt
	j. Allende

E. Complete las siguientes oraciones, usando o el presente o el imperfecto del subjuntivo según el contexto.

1. A muchos latinoamericanos les preocupa que su economía _____ .
2. Con frecuencia los norteamericanos se enojan de que los otros países del mundo _____ .
3. El Presidente Kennedy esperaba que la Alianza para el Progreso _____ .
4. A veces, aun cuando la intención de los EEUU es ayudar, las demás naciones se quejan de que _____ .
5. Los latinoamericanos se ofendieron mucho de que Theodore Roosevelt _____ ; en cambio, se alegraron de que Franklin Roosevelt _____ .
6. A los reformistas no les gusta que su gobierno _____ ; por otra parte, a los realistas les parece estúpido que el gobierno _____ .

Discusión

1. ¿En qué situaciones cree Ud. que un país o gobierno tiene el derecho de intervenir en otro? ¿Cree Ud. que la ayuda económica es una forma de intervención? ¿Lo es el Cuerpo de Paz? ¿la oferta de medicinas o comida después de una catástrofe? ¿la ayuda militar? Justifique su punto de vista.
2. ¿Cree Ud. que los EEUU debe castigar a los gobiernos que nacionalizan sus compañías? ¿Por qué sí o por qué no?
3. ¿Cree Ud. que los países latinoamericanos tienen la culpa de su situación económica menos desarrollada? Explique su respuesta.
4. En esta lectura se ha insistido en las razones económicas y políticas como motivo de la ayuda que los EEUU ofrece a los países sudamericanos. En su opinión, ¿qué otros motivos explican sus relaciones interamericanas? ¿Qué motivo es el más importante?

Aplicación

1. ¿Qué es el Cuerpo de Paz? ¿Conoce Ud. a alguien que haya pasado algún tiempo en un país extranjero como voluntario del Cuerpo de Paz? ¿Qué

efectos positivos puede tener esta experiencia, tanto para el individuo como para el país? ¿Puede tener efectos negativos también? Explique.

2. ¿Cree Ud. que los países más desarrollados tienen la responsabilidad de ayudar a los países menos desarrollados? ¿Por qué sí o por qué no?

3. ¿Qué opina Ud. de la decisión reciente de los EEUU de devolverle a Panamá la zona del Canal? ¿Cómo justificaba los EEUU su derecho a seguir controlando el Canal? ¿Por qué se criticaba esta posición?

4. ¿Cuál es la política de la administración actual sobre Hispanoamérica? ¿Cree Ud. que es «realista» o «reformista» en su orientación? Explique. ¿Está Ud. de acuerdo con esta política? ¿Por qué sí o por qué no?

5. ¿Qué individuos ejemplifican actualmente las posiciones «reformista» y «realista» según se describieron en la lectura? Por ejemplo, ¿cómo clasificaría Ud. (*would you classify*) la posición de Jeanne Kirkpatrick? ¿Ted Kennedy? ¿William F. Buckley? ¿Jimmy Carter? ¿Doonesbury? ¿Cree Ud. que los liberales suelen ser reformistas y los conservadores realistas? ¿Puede Ud. identificar el punto de vista del autor de la lectura principal de este capítulo? Justifique su respuesta con citas específicas de la lectura.

6. ¿Está Ud. de acuerdo con que un gobierno autoritario sea mejor que un gobierno totalitario? En su opinión, ¿es verdad que los gobiernos revolucionarios izquierdistas generalmente se convierten en gobiernos totalitarios? ¿Con qué tipo de gobierno (autoritario, totalitario o democrático) asocia Ud. las características siguientes? Algunas de ellas se pueden asociar con más de un gobierno.

- el control absoluto de la economía
- el control parcial de la economía
- fomentar la alfabetización
- la participación popular en el proceso político
- los abusos de los derechos humanos
- el crecimiento económico
- la disminución de la violencia doméstica
- la estratificación de las clases sociales
- la libertad de prensa
- la separación del poder militar del poder político
- la corrupción entre los líderes
- un único partido político

7. Según la lectura, en varias ocasiones el dinero mandado por los Estados Unidos a algunos países a fin de desarrollar ciertos programas sociales o económicos ha sido tomado y utilizado por sus líderes para beneficio personal. ¿Recuerda Ud. algunos casos recientes de este tipo de corrupción?

8. ¿Cuál es el tono de las siguientes oraciones tomadas de la lectura? ¿crítico? ¿compasivo? ¿práctico? ¿admirador? ¿optimista? ¿pesimista? ¿Qué se critica (o se admira) en cada caso?

_____ a. Las relaciones entre los Estados Unidos y los países latinoamericanos tienen una larga historia, muchas veces violenta y paradójica.

_____ b. Es decir, aunque el gobierno norteamericano se opuso a los intentos franceses y españoles (y con menos consistencia, a los de los ingleses) de entrometerse política y económicamente en Latinoamérica, otras acciones muy semejantes por parte del gobierno y del comercio norteamericanos no se limitaron.

_____ c. Algunos norteamericanos reconocen ahora que el período entre 1895 y 1933 fue uno de los más vergonzosos de la historia diplomática de los EEUU.

_____ d. Los grandes hombres de negocios, sean de la nacionalidad que sean, no se caracterizan precisamente por su filantropía.

_____ e. Dada la difícil historia de las relaciones interamericanas es probable que el porvenir sea problemático.

Busque Ud. otras dos oraciones de la lectura que claramente demuestren un tono en particular.

9. ◙¡Debate! ◙

a. Los EEUU debe relacionarse solamente con gobiernos democráticos.

b. La intervención militar de un país en otro no se puede justificar bajo ninguna circunstancia.

CAPITULO OCHO

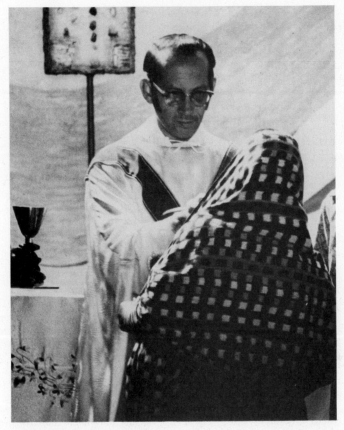

UN PASTOR RURAL DE GUATEMALA

CREENCIAS E IDEOLOGIAS
La política y la iglesia

131

ANTES DE LEER

Aspectos lingüísticos

Controlled Reading Practice

In previous chapters you practiced word guessing skills, simplifying sentence structure, and recognizing connector words. Remember to put these skills to practice as you read the following selection.

Reading Practice

Try to read the article in about six and a half or seven minutes (approximately 120 words per minute). Then do the comprehension exercises that follow.

Judíos españoles sefardíes en busca de su raíz

Por CARIDAD PLAZA

Hasta 1967 vivieron en régimen de tolerancia. La ley de Libertad Religiosa, de ese año, les dio la legalidad, y en 1986 se han convertido en protagonistas. Son los 12.000 miembros de la comunidad israelí española. Los judíos sefardíes descendientes, en su mayoría, de los expulsados en 1492.

Mauricio Toledano tiene treinta años y es presidente de la comunidad israelí en Madrid. Llegó a España en 1959, con su familia, cuando apenas había doscientos judíos *ashkenazim*—procedentes de Centroeuropa—, que celebraban sus ceremonias religiosas en una pequeña sinagoga situada en un piso de Madrid. Es a finales de los años cincuenta cuando empieza a ampliarse la comunidad con la llegada de los sefardíes del norte de Africa. La islamización del Magreb hace aconsejable la vuelta a Europa, y España es el país elegido por una buena parte de ellos.

«Esta tierra—dice Mauricio Toledano—*tiene un significado muy especial para los sefardíes. Uno de mis antepasados fue el que recibió el edicto de expulsión de la Península, y a mi hijo, que ha nacido en España, le he dado su nombre.»*

Madrid, Barcelona, Málaga, Ceuta y Melilla, y en menor proporción, Sevilla y Valencia, son las ciudades españolas con mayor número de judíos. En todas ellas hay sinagogas y una infraestructura suficiente—si se exceptúa Valencia—como para garantizar al más ortodoxo el cumplimiento de los mandatos de su religión. Hay cementerios, tiendas con comida *cosher*—alimentos supervisados por el rabino—, colegios, etcétera.

Pero el núcleo más importante está en Madrid. Con unos tres mil quinientos miembros, la mayoría españoles —hay de diez a quince con pasaporte israelí y unos trescientos latinoamericanos—la comunidad madrileña funciona como una especie de parroquia, en la que la mayoría de los servicios—actos culturales, sociales, asesores, educativos, de juventud—y la administración dependen de un comité, formado por doce personas, que se eligen democráticamente cada tres años. El rabino tiene exclusivamente un papel de jefe espiritual y no interviene en las cuestiones económicas.

No es una comunidad millonaria la de los judíos españoles, pero sí de alto nivel cultural y de gran solidaridad. *«Estamos muy unidos —*dice Mauricio Toledano —*y quizás la causa de la mutua colaboración sean las persecuciones. La educación es para nosotros importantísima, y entre nuestros jóvenes se da un elevadísimo número de universitarios.»*

El establecimiento de relaciones diplomáticas entre España e Israel, en opinión de la mayoría de los miembros de la comunidad, es beneficioso, porque fomentará la cooperación cultural entre los dos países y redundará en bien de todos los judíos. Pero, a nivel individual, la mayoría cree que no les va a afectar. *«Sentimos una vinculación con nuestros hermanos de fe que viven en Israel —*dice Mauricio Toledano —*y estamos convencidos de que* *para algunos de ellos la creación de ese Estado ha supuesto una salvación física. Pero, para nosotros, Israel es sólo la tierra de nuestros antepasados.»*

Para Elías Nir, otro miembro de la comunidad, las relaciones son importantes. Constata que el ladino, el antiguo dialecto de los judíos españoles, hablado por el 40 por ciento de los israelíes, corre peligro de desaparecer, fagocitado por el idioma oficial, el hebreo, y España puede hacer mucho por su supervivencia.

«Y además —añade, —hay que tener en cuenta el gran cariño que los judíos sienten por España. Yo tengo pasaporte israelí, pero llevo en España dieciocho años, y viajo por el mundo como español. Mis hijos han nacido aquí y nuestra lengua es el castellano. De todos los países que he recorrido, donde más he notado el cariño a España ha sido en Israel.»

Quizá por eso, Elías Nir se ha propuesto como meta relacionar a España con Israel a través del mundo de la cerámica. *«Soy la primera persona desde la Inquisición que vuelve a fabricar símbolos judíos en España, diseñados, además, por ceramistas cristianos.»* Y su sueño es hacer el primer museo de cerámica contemporánea española y poder donárselo un día al Estado español.

«Ha habido antisemitismo —asegura Mauricio Toledano, —pero sólo a nivel de Iglesia. La gente, los españoles, lo que sienten es curiosidad, pero ninguna hostilidad.»

Elías Nir coincide con el presidente de su comunidad: *«Mis amigos no son, en su mayoría, judíos, sino gente relacionada con la cerámica, y nunca he tenido problemas de discriminación en este país.»*

---

1. ¿Cuál es la idea principal del artículo?
   a. Es una historia de la persecución de los judíos en España.
   b. Es una descripción de la estructura y del funcionamiento de la comunidad judía española.
   c. Es una comparación entre los judíos españoles y los judíos centroamericanos.
   d. Es una explicación de por qué a los judíos no les gusta vivir en España.

2. Un amigo le hace a Ud. las siguientes preguntas sobre la comunidad judía en España. Basándose en lo que aprendió de la lectura, conteste sus preguntas con **sí**, **no** o **no sé** (si la información no aparece en el artículo).
   a. ¿Es más grande hoy la comunidad judía en España que hace veinte o treinta años?
   b. ¿Hay comunidades judías en todas las ciudades españolas?
   c. ¿Es posible comprar comida *cosher* en Madrid y Barcelona?
   d. ¿Es Valencia la ciudad con la población judía más grande?
   e. ¿Hay muchos judíos argentinos en España?
   f. ¿Tienen los judíos una organización política en España?
   g. ¿Es posible comprar en España símbolos religiosos de la fe judía?
   h. ¿Es posible comprar en España libros y discos que traten de temas judíos?
   i. ¿Es bastante reciente relacionar España con los judíos?
   j. ¿Hablan una lengua especial los judíos españoles?
   k. ¿Hay relaciones diplomáticas entre España e Israel?
   l. ¿Es probable que muchos judíos españoles emigren a Israel?
   m. ¿Existe animosidad entre los judíos españoles y los de Israel?

3. Identifique la raíz y el prefijo o sufijo de cada palabra. Luego explique el significado de la palabra.
   a. legalidad   c. importantísimo   e. supervisado
   b. expulsado   d. formado

4. Adivine el significado de las palabras o expresiones subrayadas.

a. Sentimos una <u>vinculación</u> con nuestros hermanos de fe que viven en Israel.
b. El ladino <u>corre peligro</u> de desaparecer, <u>fagocitado</u> por el idioma oficial, el hebreo. España puede hacer mucho por su supervivencia.
c. De todos los países que <u>he recorrido</u>, donde más he notado el cariño a España ha sido en Israel.

Aproximaciones al texto

Understanding Text Structure

In each of the previous chapters, the structure of the main text followed a common and predictable pattern. The first paragraph introduced the main idea of the selection. Succeeding paragraphs developed this idea with specific information, sometimes using titles and subtitles to make explicit the organization of the information. It is easy to make an outline of this type of organization in order to summarize the main points of a reading and the relationships among them.

Por ejemplo, haga un bosquejo de la lectura del Capítulo 7 usando las frases a la derecha.

I. _____		El factor económico
II. _____		Las relaciones interamericanas: metas y motivos
	A. _____	La Política de Buena Voluntad
	B. _____	Conclusión
	C. _____	La época de la intervención
III. _____		Introducción
	A. _____	La Doctrina Monroe
	B. _____	Las relaciones interamericanas: una perspectiva histórica
IV. _____		El factor político

Un bosquejo puede ser más detallado si se quiere: sólo hay que agregar más subdivisiones en cada categoría. ¿Cómo se pueden subdividir A, B y C de la segunda sección del bosquejo que Ud. acaba de completar? Escriba por lo menos dos subdivisiones para cada sección.

Not all texts follow this type of organization, and texts organized in different ways may lend themselves to different formats for summarization. For example, tables may be more appropriate for summarizing texts that present numerous comparisons and contrasts; diagrams may be more accurate for newspaper texts or texts based on classifications.

Lea el texto rápidamente y luego complete el diagrama siguiente.

¿QUE? _____

Y además: } → ¿POR QUE? _____

_____

¿QUIEN? _____

¿DONDE? _____

Iglesia Católica
Sínodo de sacerdotes casados

Sin querer parecer rebeldes ni ser motivo de conflictos, cincuenta sacerdotes casados se reunieron por primera vez, en Roma, en un Sínodo Universal de Sacerdotes Casados para pedir al Papa que les permita de nuevo celebrar misa y ejercer su ministerio en el seno de la Iglesia. Acompañados de sus esposas e hijos, solicitaron una revisión de la ley sobre el celibato eclesiástico.

Antes de entregar el documento a un prelado del Vaticano, una delegación de los participantes en el sínodo se dirigió a la basílica de San Pedro, «primer sacerdote casado de la historia de la Iglesia». En la actualidad, se calcula que existen entre 40 y 80 mil sacerdotes en esa situación, aunque, como comentó el delegado español, Jaime Muñoz, «desde hace dos o tres años es muy difícil para un sacerdote obtener la dispensa para poder casarse».

Los representantes de Austria, Brasil, España, EE.UU., Francia, Italia y Holanda defienden su posición basándose en la «urgencia de la situación actual» que hace «indispensable la utilización oficial por la Iglesia de sacerdotes casados que lo deseen». Además, el documento enviado al Papa solicita la plena promoción de la mujer en el seno de la Iglesia; si bien las esposas presentes en el sínodo no deseaban para ellas el sacerdocio, consideran que las mujeres deberían acceder a él.

Mientras esperan la venia papal, los afectados resolvieron crear un fondo de solidaridad con aquellas familias de sacerdotes casados que se encuentran en situación difícil, ya que no en todos los países son bien recibidos. Aunque lo que más lamentan algunos es que la jerarquía se niegue a dialogar con ellos.

Prelectura

A. Mire rápidamente el título de la lectura. ¿Qué ideas le sugiere a Ud. la unión de «la política» y «la religión»? ¿Es más común pensar en la combinación de estos dos conceptos o en su separación? Explique por qué.

B. ¿Qué asuntos van asociados con la cuestión de la relación entre la política y la religión en el mundo hispano, en los EEUU o en el mundo en general? Con sus compañeros de clase, preparen una lista de todos los temas que se les ocurran.

C. Cuando Ud. piensa en la religión dentro del contexto hispano, ¿qué imágenes le vienen a la mente? Mire las fotos que acompañan la lectura. ¿Hay algunas que estén de acuerdo con sus expectativas? ¿Qué temas sugieren las otras? ¿Sería (*Would it be*) posible que estas fotos representaran escenas norteamericanas? ¿Por qué sí o por qué no?

D. Lea rápidamente las notas al pie de la página (*footnotes*) que acompañan la lectura. ¿Qué sugieren sobre el contenido del capítulo? Explique.

E. Pensando en las fotos, en la información que Ud. sacó de las notas y en lo que ya sabe de la cultura hispana, vuelva a examinar la lista de posibles temas que preparó anteriormente. ¿Es necesario añadir más temas?

F. Mire el formato de esta lectura. ¿Qué impacto sobre el contenido puede tener el hecho de que sea un diálogo entre estudiantes? ¿entre hispanoamericanos y norteamericanos? ¿Cree Ud. que sea necesario añadir más temas a la lista?

G. Entre todos los compañeros de clase, decidan cuáles son los tres o cuatro temas de mayor importancia que la lectura probablemente va a tratar.

LECTURA

advertir (ie, i) *to warn*
alabar *to praise*
comprometido *committed*
contrariar *to disagree with*
darle a uno por + *inf. to finally decide to (do something)*
de acuerdo *OK, sure*
desalentar (ie) *to discourage*

desequilibrado *uneven*
el estado de sitio *martial law*
fracasar *to fail*
el fusil *rifle*
el golpe de estado *coup d'état, takeover of government*
el grito de combate *battle cry*

irrefrenable *uncontrollable*
la letra *words (of a song)*
la papeleta *ballot*
por sí solo *by one's self*
predicar con el ejemplo *to practice what one preaches*
tener pinta de *to have the appearance of*

A. Busque sinónimos en la lista del vocabulario.

1. incontrolable   2. el rifle

B. Busque antónimos en la lista del vocabulario.

1. criticar
2. animar
3. apoyar
4. indiferente
5. tener éxito

C. Complete las oraciones en una forma lógica, usando la forma correcta de las palabras de la lista del vocabulario.

1. Asintiendo con la cabeza, ella me dijo, « _____ ».
2. En el Senado, el poder está muy _____ ahora: hay muchos demócratas y pocos republicanos.
3. Un presidente, _____ , no puede reformar el sistema totalmente.
4. No _____ de ser un buen coche. ¿Por qué no compras el otro?
5. El policía nos _____ del peligro que corríamos si tomábamos ese camino, pero no quisimos escucharlo.
6. Cuando a Carlos _____ trabajar, ni siquiera descansa para comer.

D. Defina brevemente en español.

1. la papeleta
2. predicar con el ejemplo
3. el estado de sitio
4. el golpe de estado
5. el grito de combate
6. la letra

LA POLITICA Y LA IGLESIA: Parte 1

Un grupo de estudiantes norteamericanos y latinoamericanos sale de una reunión donde acaban de escuchar un programa de la nueva canción latinoamericana.[1] Ha-

---

[1]Canciones populares que tienen el doble propósito de ser la voz del pueblo, criticando los abusos de los poderes tradicionales como los militares, los ricos y la Iglesia, y también su conciencia, proponiendo cambios y nuevas visiones.

blan de sus reacciones mientras se dirigen a un café. Hugo y Carmen son estudiantes latinoamericanos; los estudiantes norteamericanos se llaman Sue, Bill y Sharon. Están todos en los EEUU.

HUGO: Bueno, amigos, o quizás mejor dicho, ¡compañeros°! Muy emocionante, ¿no creen? Escuchar esa música siempre me da escalofríos.° Es como recibir una inyección de—no sé qué—de energía, de voluntad. Ahora, ¡a cambiar el mundo!

comrades[2]

chills

CARMEN: Seguramente ése es uno de sus propósitos: animar al pueblo para la lucha.

SUE: Y cuando dicen «lucha», no hablan metafóricamente. Sus canciones son mucho más urgentes, más revolucionarias que las nuestras.

CARMEN: Bueno, sí, pero eso es natural si uno se da cuenta de la enorme diferencia contextual entre la canción en su país y en Latinoamérica. Aquí la canción puede tener muchos propósitos: puede dar serenata,° puede narrar un episodio cómico o romántico o histórico, puede alabar la vida o criticarla. Y cuando se dedica a criticar, la canción es sólo una de muchas armas que tiene el pueblo cuando quiere indicar algún mal. En Latinoamérica, la canción popular ocupa un lugar mucho más importante. Es la única voz que ni la pobreza, ni la falta de educación o materiales, ni la represión política pueden callar. Aquí es posible clasificar un grupo de canciones como «canción de protesta» como si fuera un género igual que «canción *rock*» o «canción del oeste». En cambio, las canciones que acabamos de escuchar esta noche no se clasifican tan netamente.° Son lamentos, son gritos, son documentos vivos de la realidad latinoamericana. Son protestas, pero también van mucho más allá de la queja; no buscan simplemente nuevos caminos sino nuevos destinos. Por eso muchos cantantes latinoamericanos prefieren llamar su música «canción de propuesta°» en vez de «canción de protesta».

?

claramente

proposal

HUGO: Además de eso, la diferencia en el tono que tú notaste, Sue, esa urgencia, tiene algo que ver con la situación concreta en que nacieron muchas de las canciones que oímos esta noche. Algunas de las canciones que acabamos de escuchar son muy antiguas pero la mayoría viene de la década de los sesenta y de los primeros años de los setenta. Había entonces movimientos populares por toda Latinoamérica. Las canciones documentaban esos movimientos al igual que los alimentaban° hablando de figuras populares como Luis Recabarren[3] y Che Guevara.[4] Aquí, en cambio, me imagino que hace muchos años que no se habla de revolución.

?

---

[2]Aunque la palabra *camarada* existe en español, por lo general su uso es más común en círculos políticos más restringidos. *Compañero* suena más amplio y más hispano.

[3]Luis Emilio Recabarren (1876–1924), el padre del socialismo chileno, fundó en 1909 la Federación Obrera Chilena, la primera organización de trabajadores chilenos.

[4]Ernesto «Che» Guevara (1928–1967), guerrillero argentino que participó en la revolución cubana como

SHARON: ¡No te lo creas! Durante esa misma época, en casi todas las universidades de este país, había grupos como los *Weathermen* y los *Students for a Democratic Society* que pensaban derrumbar lo «establecido» de un día para otro. Hubo muchas manifestaciones contra el gobierno, marchas y reuniones y confrontaciones con la policía; se ocuparon edificios, estallaron bombas...

SUE: Pero todo eso se concentraba más o menos en las universidades. La violencia preocupó a muchos de manera muy profunda, y posiblemente estimuló algunos cambios políticos y sociales, pero no creo que el gobierno, el sistema, jamás llegara a sentirse amenazado.

BILL: Además, muchas de las canciones de esa época eran abiertamente antibélicas y antimilitares. Esto no me parece música «guerrillera».

SHARON: Bueno, pero la música revolucionaria no es sólo la música guerrillera, ¿verdad? No se olviden de que los años sesenta fue la época de los «niños de las flores» que declaraban una «contrarrevolución» de amor y fraternidad.

HUGO: Pero yo tenía la impresión de que la canción de protesta norteamericana estaba más comprometida. Se ha hablado del amor y de la fraternidad desde Caín y Abel.

SHARON: Bien puede ser pero, como tú dijiste antes, hay que recordar «la situación específica en que nacieron». A diferencia de Uds., que querían fomentar la lucha, nosotros estábamos metidos en una guerra que poco a poco se empezaba a rechazar.

CARMEN: ¿No crees que las mismas canciones tenían que ver con ese cambio de actitud?

SHARON: En mi opinión, sí. En un país como el nuestro, ¡proponer un lema como «Haz el amor, no la guerra» era bastante radical para su tiempo!

BILL: Además, Hugo, el lenguaje de varias de las canciones es muy satírico y critica abiertamente al gobierno. ¿Recuerdan Uds. algunas de las canciones de Arlo Guthrie, como «*Alice's Restaurant*» y la otra—¿cómo se llamaba?—la que empieza: «uno, dos, tres, cuatro, ¿para qué luchamos?»[5]

SUE: ¿La que se hizo famosa en Woodstock[6]?

BILL: Esa—y muchas otras que se cantaron en ese mismo festival— critican de manera muy clara la política militarista y hablan del terror a la guerra que caracterizaba aquella época.

---

brazo derecho de Castro. Luego luchó en el movimiento revolucionario boliviano. Después de su captura y ejecución por las fuerzas del gobierno boliviano se convirtió en símbolo del movimiento revolucionario latinoamericano.

[5]Traducción al español de las primeras palabras («*One, two, three, four what are we fighting for?*») de la canción «*I Feel Like I'm Fixin' to Die Rag*» del cantante norteamericano Country Joe McDonald.

[6]Concierto de música *rock* y folklórica que tuvo lugar al aire libre el 15 al 17 de agosto de 1969 en una finca en el estado de Nueva York. Más de 300 mil jóvenes (algunos estiman que los números ascendieron a medio millón de personas) asistieron al concierto, en que se celebraba la cultura de la juventud y se criticaban los valores más tradicionales de la sociedad norteamericana.

HUGO: Pero en eso hay que señalar que por mucho que Uds. critiquen su gobierno, nadie realmente parece tener interés en cambiarlo por otro.

BILL: Sí y no… es que preferimos inaugurar la revolución con la papeleta y no con el fusil. Quizás por eso fracasaron muchos de los movimientos revolucionarios de los sesenta, no por falta de entusiasmo ni de sinceridad, ni siquiera de ideología, sino por emplear una metodología demasiado violenta para la mayoría del pueblo norteamericano. Aquí «reforma» suele recibir más apoyo que «revolución».

CARMEN: Claro, porque tienen confianza en que su sistema pueda llevar a cabo las reformas que se piden. En Latinoamérica,

> Hay muchos que hablan de cambios
> pero no quieren cambiar.
> Nos venden collares nuevos
> pero el perro sigue igual.[7]

SUE: ¡Por eso Uds., los latinos, hacen la revolución cada dos semanas!

CARMEN: Sé que ésa es la impresión que muchos de Uds. tienen de nosotros, pero no es del todo cierta. Primero, aunque su prensa habla mucho de las «constantes revoluciones» en Latinoamérica, lo que se entiende por «revolución» aquí y lo que nosotros entendemos por la misma palabra es bien distinto.

SHARON: ¿En qué sentido?

HUGO: Una «revolución» bien entendida produce un cambio profundo y radical en la estructura del gobierno y de la sociedad. La revolución mexicana y la revolución cubana eran verdaderas revoluciones en ese sentido. Por otra parte, los trastornos° en Chile… Centroamérica… no son sino golpes de estado en que un grupo… *upheavals*

CARMEN: …generalmente un puñado de generales gorilas…[8]

HUGO: …es sustituido por otro, sin servirse de un proceso electoral y sin cambiar la sociedad en lo más mínimo. Y de ésos, desgraciadamente, tenemos de sobra.° *de… demasiados*

SUE: Pues, me parece que a pesar de las diferencias que Uds. notan, las canciones que escuchamos esta noche tocan muchos de los temas que caracterizan las canciones de protesta norteamericanas: crítica de las injusticias sociales, el hambre y la pobreza, protestas contra los militares y la violencia…

HUGO: …y los imperialistas yanquis…

SUE: Bueno, no sé si *eso*, pero sí había mucha crítica del gobierno. En aquel entonces creo que bastaba° con que el gobierno organizara un programa—cualquier programa—para que fuese objeto de crítica. *it was enough*

SHARON: De acuerdo, pero no sólo se criticaba al gobierno. También se cuestionaban muchos otros aspectos de nuestra sociedad: el odio

---

[7]De la canción «Te digo hermano que es tiempo», del poeta cantante argentino Bernardo Palombo.
[8]Por toda Latinoamérica la palabra *gorila* se usa para referirse a los dictadores militares.

a los disconformes, la despersonalización y la deshumanización del progreso tecnológico, el materialismo y el deseo irrefrenable de poseer cosas y cosas y más cosas.

CARMEN: En las canciones latinas ese deseo de poseer se alaba y se justifica porque lo que se quiere poseer es casi siempre la tierra. ¿Se fijaron?° Había varias canciones esta noche que tocaban ese tema pero una de mis favoritas es la que dice:

> Yo pregunto a los presentes
> si no se han puesto a pensar°

HUGO: (*Empieza a cantar con ella.*)

> que esta tierra es de nosotros
> y no del que tenga más.
> Yo pregunto si en la tierra
> nunca habrá pensado usted°
> que si las manos son nuestras
> es nuestro lo que nos den.[9]

SUE: Una de las canciones que más me gustó a mí esta noche tenía más pinta de ser una canción de cuna° que de protesta—«duerme, negri-i-to, que tu mamá está en el campo....»[10] No pude entender toda la letra pero la melodía me encantó.

HUGO: Sí, la melodía es para dormir a los niños pero la letra habla de la vida de los pobres. Mientras el niño duerme, su mamá está trabajando duro en el campo y no le pagan: «trabajando, sí / no le pagan, sí / duramente, sí».

BILL: ¿Será también una crítica al racismo? ¿Son las madres negras las que están sufriendo en el campo y no les pagan?

HUGO: Es interesante que digas eso. En general, la palabra «negrito» no tiene nada que ver con el color de la piel. Es un término de cariño que se les aplica a los blancos igual que a los negros cuando se habla a un niño o a un hombre o una mujer querida. Sin embargo, esta canción sí es algo antirracista, porque en este caso el negrito... es negrito.

SUE: Yo leía que el racismo en Latinoamérica era menos un problema de color que un problema de cultura.

CARMEN: Así es; como muchos tenemos facciones indias, la discriminación se hace según el estilo de vida. Aunque no oímos ninguna esta noche, existen varias canciones que tratan de lo buena que es la cultura india, y de cómo hay que respetarla.

HUGO: Pero es interesante ver que en esa canción, «Duerme, negrito», el coco es blanco.

SHARON: ¿El coco es blanco?

HUGO: El coco es una invención de los mayores para amenazar a los niños; les dicen que si no son buenos, el coco les va a comer o algo

¿Se... Did you notice?

si... if they have ever taken the time to consider

nunca... it has never occurred to you

?

---

[9]De la canción «A desalambrar» del cantante uruguayo Daniel Viglietti.
[10]De la canción popular cubana «Duerme, negrito».

por el estilo. Generalmente se le retrata como un personaje feo, oscuro...

SHARON: ¿Parecido a nuestro «*bogeyman*»?

HUGO: Bueno, no sé; no conozco esa palabra en inglés.

Comprensión

A. Complete las oraciones según la lectura.

1. La canción popular ocupa un lugar (*más/menos*) importante en Latinoamérica que en Norteamérica.
2. Muchas de las canciones que hablan de la revolución en los Estados Unidos y en Latinoamérica vienen de (*la misma época/distintas épocas*).
3. En los años sesenta, mientras se protestaba contra la guerra en los Estados Unidos, (*se protestaba contra/se fomentaba*) la guerra en Latinoamérica.
4. Los latinos piensan que (*muchos/muy pocos*) norteamericanos quieren cambiar su sistema de gobierno.
5. Un tema (*muy/poco*) común en las canciones de protesta latinas es el deseo de poseer la tierra.
6. El racismo es un tema (*muy/poco*) común en las canciones latinas.

B. Complete la siguiente tabla según su comprensión de las ideas mencionadas en la lectura. Ponga por lo menos dos «temas sociales» para cada categoría.

EJEMPLO DE CANCION	TEMAS SOCIALES
«*Alice's Restaurant*» «*I Feel Like I'm Fixin' to Die Rag*»	a. b.

Hay muchos que hablan de cambios
    pero no quieren cambiar.
Nos venden collares nuevos
    pero el perro sigue igual.
	a.
	b.

Yo pregunto a los presentes
    si no se han puesto a pensar
    que esta tierra es de nosotros
    y no del que tenga más.
	a.
	b.

Duerme, negrito,
    que tu mamá está en el campo
    trabajando, sí
    no le pagan, sí
    duramente, sí.
	a.
	b.

C. Conteste las preguntas según la lectura.

1. ¿Por qué no usan el término «canción de protesta» los cantantes latinoamericanos? ¿Qué término prefieren? ¿Qué definición daría Ud. (*would you give*) para la «canción de protesta»?

2. ¿Qué es «la nueva canción latinoamericana»? ¿Por qué tiene más importancia la canción popular en Latinoamérica que en Norteamérica?

3. Según la lectura, ¿por qué no tuvieron mucho éxito los movimientos muy revolucionarios en los Estados Unidos? En vez de hablar de cambios revolucionarios, ¿qué prefiere apoyar la mayoría de los norteamericanos? Según los latinoamericanos, ¿qué aspecto del proceso político norteamericano puede explicar esta preferencia?

4. ¿Qué estereotipo tienen muchos norteamericanos del proceso político en Latinoamérica? Según los latinos, ¿ha habido muchas revoluciones en la América del Sur? ¿Qué entienden ellos por la palabra «revolución»?

5. Además de criticar al gobierno, ¿qué otros temas se encuentran en las canciones de la época de los sesenta y los setenta? ¿Qué diferencia se nota en cuanto a la importancia de la propiedad privada?

6. ¿Es el racismo uno de los temas de las canciones populares de Latinoamérica? ¿Por qué sí o por qué no? ¿Cuál es el significado de la palabra «negrito»? ¿Conoce Ud. algunas canciones norteamericanas que protesten contra el racismo?

⊓ LA POLITICA Y LA IGLESIA: Parte 2 ⊓

BILL: Sabes, otro tema que observé y que no se encuentra en nuestras canciones es la crítica, o por lo menos un fuerte cinismo, hacia la Iglesia o la religión. Por ejemplo, en la canción que dice:

> Que Dios vela° por los pobres,
> tal vez sí, tal vez no;
> pero es seguro que almuerza
> en la mesa del patrón.[11]

keeps watch over

Ya sabía que el catolicismo en Latinoamérica y también en España se mantenía más por costumbre que por práctica pero no esperaba una actitud tan negativa.

SUE: Yo también quería preguntarles sobre eso…. ¿Cuál es la actitud hacia la Iglesia ahora?

CARMEN: ¡Vaya una pregunta! Si sobre eso se han escrito libros y tratados y tesis doctorales, ¿cómo la voy a contestar yo?

SHARON: ¿De verdad es tan complicado el asunto? En una tierra donde vive casi la mitad de los católicos del mundo, ¿puede ser tan difícil caracterizar la actitud de la gente hacia la religión?

HUGO: Ah, pero ésa es otra cuestión; la religión y la Iglesia son dos cosas totalmente distintas.

---

[11]De la canción «Las preguntitas sobre Dios» del cantante argentino Atahualpa Yupanqui.

En los países hispanos, tanto como en otros países católicos, la importancia de la religión y de la Iglesia se muestra simbólicamente en el tamaño y opulencia de las numerosas catedrales. No es infrecuente ver, aun en los pueblos más pobres, una iglesia pródigamente (*lavishly*) ornamentada.

SUE: Pues, ¿cuál es la que se critica en las canciones?

CARMEN: La Iglesia.

HUGO: La religión.

BILL: ¿Ven? Cuando a Uds. les da por explicar algo, no hay quien les gane.°

CARMEN: ¿No les advertí que era complicado? A ver si se lo explicamos un poco mejor. Hugo dijo que la religión y la Iglesia son cosas distintas; eso Uds. lo comprendían ya, ¿verdad?

SHARON: Claro.

CARMEN: Pues, aunque la religión es muy importante en Latinoamérica, especialmente entre las mujeres y las clases bajas, siempre hemos tenido una tradición bastante anticlerical.

BILL: ¿A causa de la Inquisición?

CARMEN: Bueno... posiblemente, pero es evidente que había... que hay... muchos otros abusos también. Históricamente, tanto en España como en Latinoamérica, la Iglesia casi siempre se ha aliado con los poderes tradicionales y conservadores, resistiéndose a los cambios y reformas—reforma agraria, por ejemplo—que podrían disminuir su poder o su riqueza. Se oponía siempre a las ideas liberales y modernas, por ser éstas demasiado críticas con sus dogmas

° no... *you're unbeatable (lit., nobody can beat you)*

y con su influencia sobre la vida de todos. Por eso, cuando había revoluciones en Latinoamérica, o conflictos entre el pueblo y el Estado, la Iglesia siempre tomaba la parte del Estado: «le dice que Dios no quiere / ninguna revolución / ni pliego,° ni sindicato / que ofenda su corazón». Esas palabras las escuchamos en una canción de Violeta Parra esta noche, ¿recuerdan?

demandas

HUGO: Pero, por otro lado, no parecía «ofender su corazón» ver todo el continente bajo dictaduras. En este caso la Iglesia se empeñaba en° predicar la paciencia y la obediencia a la autoridad y en convencer a los creyentes de no esperar la felicidad ni la posesión de bienes materiales en este mundo, pues Dios les pagaría en el otro:

se... insistía en

> Porque los pobres no tienen
> a dónde volver la vista
> la vuelven hacia los cielos
> con la esperanza infinita
> de encontrar lo que a su hermano
> en este mundo le quitan.[12]

CARMEN: Si la Iglesia también hubiera sufrido° dificultades e injusticias, tal vez no habría sido° blanco de tantas críticas, pero en general parecía predicar con el sermón pero muy poco con el ejemplo.

hubiera... had suffered
no... it wouldn't have
been

SUE: ¿Sigue así la situación hoy en día? Pensaba que últimamente se hablaba de más activismo y compromiso por parte del clero, por lo menos en algunos países.

HUGO: Es cierto; en realidad el gran cambio en el clero empezó a hacerse sentir durante la misma época de los sesenta. Después de lo acordado° por el Concilio Vaticano II, ya no se hablaba tanto de una salvación totalmente espiritual, sino de la responsabilidad del hombre de trabajar para la justicia en este mundo. Se desarrolló, pues, lo que vino a llamarse «la teología de la liberación»: el hombre tiene el derecho de liberarse de la pobreza, de la ignorancia, del hambre y de la injusticia. En las dos reuniones del CELAM, se ha hecho hincapié en° la responsabilidad del hombre—y del cura—de cambiar el mundo para que todos puedan vivir con dignidad.

lo... what was agreed
on

se... has been
emphasized

SHARON: ¿Qué es el CELAM?

CARMEN: El Consejo Episcopal Latinoamericano, que reúne obispos° representantes de todos los países de Sudamérica, México y Centroamérica. En el primer CELAM—creo que fue en 1968—y en el segundo, que se llevó a cabo en 1979, se señaló que era misión de la Iglesia trabajar por la justicia social. La Iglesia, que siempre antes había defendido el *status quo* políticosocial, ahora lo denunciaba como causa y fuente de los abusos e injusticias del mundo: la estructura económica desequilibrada, la distribución desproporcionada de la tierra y la riqueza, la falta de participación

bishops

---

[12] De la canción «Porque los pobres no tienen» de Violeta Parra (1917–1967), la gran poeta y cantante chilena, considerada la madre de la nueva canción latinoamericana.

En enero de 1979 el Papa Juan Pablo II visitó México para iniciar el tercer
Consejo Episcopal Latinoamericano. Aquí dice misa ante más de 200 mil fieles
en la cancha de fútbol de un seminario en Puebla, México.

económica y política por parte de los pobres y, especialmente, la
política de seguridad nacional.

SHARON: Comprendo todo menos la crítica de la seguridad nacional... ¿qué
tiene que ver eso con los problemas sociales?

HUGO: El otro día mencionábamos que la esperanza de los movimientos
populares de los años sesenta terminó en lo que era en efecto la
conversión de tus vecinos en un continente de dictaduras. Bajo las
dictaduras se impone un verdadero estado de sitio donde el individuo no es nada y la nación y el estado lo son todo. Según la
ideología de los militares, sólo cuando el estado y la nación se
mantienen seguros pueden dedicarse al desarrollo de los individuos.

SUE: Pero, ¿seguros de qué? ¿De qué tienen miedo?

HUGO: De cualquier grupo que no esté conforme con sus ideas, a quienes
siempre llaman «subversivos» cuando no «comunistas». ¡Es irónico que ahora incluyan entre los subversivos más peligrosos a sus
antiguos aliados, a los religiosos!

BILL: Me imagino que los cambios del Vaticano II y las resoluciones del
CELAM no les han gustado mucho a los gobiernos militares, ¿eh?

CARMEN: Claro que no, pero lo que les gusta mucho menos es que ahora—
¡por fin!—al clero le ha dado por predicar con el ejemplo. En
algunos lugares es como si llegaran al continente por primera vez,
tan fuerte es su campaña evangélica ahora, especialmente en las
comunidades pobres, donde la influencia pastoral de la Iglesia
nunca fue muy fuerte.

Los hispanos, en su gran mayoría, son católicos. Comparten esta religión con millones de personas en otras partes del globo. Pero, por lo visto, un pequeño número de argentinos pertenece a otra comunidad religiosa internacional.

La secta Moon en la Argentina

Por DANIEL HADAD

El 14 de abril de 1981 la Dirección de Cultos No Católicos del Ministerio de Relaciones Exteriores argentino reconoció oficialmente a la secta Moon. En realidad, tal como indica la carpeta 1184, su verdadero nombre es Asociación del Espíritu Santo para la Unificación de la Cristiandad Mundial, pero comúnmente son denominados *moonies*.

La vida *moonie*

Los *moonies*, a través de sus distintas organizaciones, acostumbran a realizar cursos y seminarios en distintos lugares del mundo. En 1984, en Japón, se dictó el 7° seminario de Medios de Comunicación al que asistieron más de 700 periodistas de distintos países, inclusive de Argentina. En febrero de 1985 el Consejo de Seguridad Internacional—otra de las fundaciones de Moon—auspició una reunión de militares retirados—generales o su equivalente—a la que asistieron, según los diarios de la época, siete militares argentinos.

La vida de los *moonies* siempre estuvo rodeada de cierto misterio. SOMOS averiguó que el principal centro de adiestramiento para los jóvenes misioneros de la iglesia fue, hasta 1983, una pequeña granja—33 hectáreas—ubicada en Brandsen, donde se dictaban los cursos de instrucción. Para esa época, Yosatihiro Nakata, un japonés de 40 años, representante de la empresa *Wins Incorporated*—una de las tantas subsidiarias de Moon—compró a la familia Gottelli un campo de 250 hectáreas en la localidad de Lobos. El mismo está ubicado sobre la ruta 205—a 20 kilómetros del centro de la ciudad—y se pagó la suma de 700 mil dólares a pesar de valer—según martilleros de la zona—casi 2 millones y

medio. En el campo está el castillo más lujoso y más antiguo de la provincia, construido a imagen y semejanza de uno existente en los alrededores de París: tiene catorce dormitorios, siete comedores, alojamiento para unas cien personas y data de 1902. El campo también cuenta con casa de huéspedes, haras, canchas de tenis, pileta de natación y capilla propia. Si bien sólo viven allí unas ocho personas—el señor Fuji, que es el casero, junto a su mujer, tres hijos y tres empleados—, se lo utiliza siempre que hay un gran acontecimiento, un seminario o una importante reunión de negocios. Ahí se dictan los ejercicios espirituales que reciben los jóvenes que ingresan a la secta.

La disciplina que rige en esas jornadas es absoluta: se prohíbe fumar y tomar bebidas alcohólicas. Obviamente los iniciados practican una rigurosa abstención sexual prescripta por el reverendo Moon—que deben mantener hasta llegar al matrimonio.

Los seguidores de Moon mantienen un ritual poco convencional en la elección de sus parejas para el matrimonio. Luego de dos, tres o cuatro años de celibato—según el caso—envían una ficha con sus datos a la sede central de la iglesia, en Terrytown, donde el reverendo Moon decide con quién van a casarse.

Más allá de la eficiencia o no de los métodos de captación utilizados por la secta, lo cierto es que la población *moonie* en Argentina no es muy numerosa, al menos por ahora. Según cálculos propios, los acólitos del reverendo coreano no superan los 200.

Las polémicas

En algún momento se habló de corrupción de menores en la provincia de Tucumán, pero en los tribunales no pudo comprobarse la existencia de delito alguno. En aquella oportunidad fueron detenidos dos integrantes de la secta, pero su abogado doctor Juan Carlos Ortiz Almonacid—que ahora defiende a José López Rega—logró la inmediata libertad de los mismos.

La secta Moon—en cualquier lugar del mundo—sólo acepta miembros mayores de edad, ya que aseguran «*no querer más problemas con algunos padres*». Es que no fueron pocos quienes protestaron porque sus hijos abandonaban los hogares, ya que el iniciado que ingresa a la secta debe dedicarse de lleno a ella.

No son pocos los que ven con preocupación el avance que podrían llegar a tener en Argentina los hombres de Moon. Se habla—en medios bien informados—que hay gobernadores justicialistas que habrían tenido contactos con los hombres de Moon, solicitando ayuda económica para sus provincias a cambio de brindar mayor espacio a las actividades de la secta.

En los últimos tiempos los *moonies* volvieron a ser noticia cuando se supo que Arturo Frondizi asistió a un congreso de AULA (Asociación Pro Unidad Latinoamericana), otra colateral de Moon, que se realizó en Roma en diciembre del año pasado. Al mismo también fue invitado Nicolás Argentato, quien por esos días fundaba el MUP (Movimiento de Unidad Peronista). No fueron pocos los afiliados desarrollistas que miraron con desconfianza el paso dado por su líder, sobre todo después de la experiencia sufrida en las elecciones parlamentarias de 1985. Los que conocen el tema de cerca aseguran que el apoyo a Nicolás Argentato iría más allá de simples invitaciones a congresos.

Hace pocos días el fiscal Julio César Strassera pidió el sobreseimiento a los doce implicados en el presunto complot que dio lugar a la declaración del estado de sitio en 1985. En su dictamen el fiscal aseguró estar convencido de que la secta Moon estuvo detrás de aquel hecho denunciado por el Gobierno, pero no cuenta con suficientes pruebas para demostrarlo.

Lo real es que—en todo el mundo—la secta no es aceptada con facilidad, y eso se refleja en el número de adherentes, que, comparativamente con su poder económico, no es elevado. En el país, si bien no superan los 200, ellos aseguran que llegan con sus publicaciones—que son muchas—a los sectores de poder (diputados, senadores, funcionarios públicos y académicos). Los especialistas en el tema aseguran—sin temor a equivocarse—que, hoy por hoy, la secta no representa un factor de poder importante en la Argentina.

¿Es diferente la vida de los Moonies *de como Ud. la imaginaba? ¿Por qué cree Ud. que tantas personas se sienten atraídas por esta secta? ¿Por qué les preocupa esto a otros?*

SUE: Espera, Carmen, me tienes confundida. Pensaba que era entre las mismas clases humildes donde la religión era tan importante.

CARMEN: No has comprendido mal; así es. Pero la religión que practican las clases bajas se diferencia mucho de la religión que se predica en las catedrales. Es lo que se llama «el catolicismo popular» y es una mezcla de religión católica y de toda una serie de creencias populares, algunas venidas de las antiguas religiones indias y otras de las supersticiones folklóricas. La religión sí es fuerte entre los pobres, pero la Iglesia como institución es muy débil. Pero ahora, como decía, ha habido muchos cambios en la actitud de la Iglesia hacia la gente, y especialmente hacia la gente pobre. En las comunidades humildes se han establecido lo que llaman «comunidades de base». Estas comunidades tratan de dar a los humildes una idea más personal de Dios y una idea más concreta de sus dere-

Camilo Torres (1929–1966) trató de producir cambios sociales y económicos en Colombia, primero trabajando dentro del sistema y luego atacándolo como revolucionario y guerrillero.

chos como ciudadanos. En vez de enseñar la obediencia y la pasividad, como siempre hicieron, ahora animan a la acción. ¡Imagínense si no se sienten traicionados los militares y los conservadores!

HUGO: Todavía muy controvertido—entre los mismos católicos—es el apoyo que el CELAM parecía dar a los que querían usar incluso la violencia para lograr los cambios que veían necesarios. No ha sido raro que los curas se junten con los obreros y con los mismos guerrilleros para luchar por ese fin. ¿Han oído hablar de Camilo Torres[13]?

SUE: Yo, sí. El cura guerrillero, ¿no?

HUGO: Sí, decidió que la única manera de cambiar la sociedad colombiana y de lograr las reformas deseadas era por medio de la violencia. Dejó el sacerdocio, fue a luchar con los guerrilleros en las montañas de Colombia y murió en una escaramuza° con las tropas del gobierno. Ahora se ha convertido en el símbolo del cura comprometido y su lema—«ser cristiano es ser revolucionario»—parece ser el grito de combate de toda una nueva generación de católicos.

SUE: Pero ese grito les ha hecho ahora vulnerables también, ¿no?

CARMEN: Exacto; ellos, que antes estaban protegidos por el gobierno, ahora

?

---

[13] Camilo Torres Restrepo (1929–1966), sociólogo y sacerdote católico colombiano.

se encuentran en una situación a veces muy peligrosa. ¿Recuerdan el caso del Obispo Romero[14]?

BILL: El de El Salvador, ¿verdad? Fue asesinado en 1980 por insistir demasiado en los derechos humanos.

CARMEN: Sí. Es increíble, pero su caso no es el único.

SUE: Esa violencia contra el clero podría desalentar a los que quieren una mayor integración de la Iglesia en la vida social.

CARMEN: Pues, es curioso. Dicen que la Iglesia ha marchado mejor en aquellos países donde sus fieles tienen que enfrentarse con la hostilidad de las autoridades que en aquellos otros en donde los católicos se sienten más cómodos y seguros.

SUE: ¿Sí? Pues eso es muy parecido al caso de Polonia, también. Allí donde tienen una libertad religiosa muy limitada, la religión es más fuerte que en otros países donde no hay persecución.

BILL: Y la nueva Iglesia revolucionaria, ¿ha podido realmente conseguir algunos cambios en la sociedad latina actual?

HUGO: Por sí sola, no. En 20 años la Iglesia no va a anular unos 500 años de otra tradición. Además, no todo el clero, ni todos los fieles, están de acuerdo con el nuevo activismo. Otros, inclusive el mismo Papa Juan Pablo II, quieren impedir que la Iglesia se identifique demasiado estrechamente con un solo partido o grupo político. Prefieren hacer una distinción—que no todos quieren ver—entre la acción política y la acción pastoral.

CARMEN: Muchos critican hoy la doctrina de la Teología de la Liberación por esa misma razón. Dicen que esta doctrina en realidad permite a los gobiernos marxistas reclamar a los cristianos su apoyo declarando que el que *no* es revolucionario no puede ser buen cristiano. Aunque no lo digan, el partido del Mesías termina siendo el partido revolucionario. No sé. Dios es importante en la vida, y los principios religiosos sí deben guiar nuestra conducta, pero me preocupa un poco que a uno le digan que si no apoya al candidato Fulano o Zutano que entonces ¡zas! uno va directamente al infierno.

SHARON: En realidad, la influencia directa de la Iglesia en la vida del hombre medio es bastante pequeña, ¿no? Yo siempre había pensado que los hispanos eran muy religiosos, y lo son, quizás, en comparación con nosotros; pero acabo de leer un artículo que decía que entre todos los millones de católicos, sólo un porcentaje muy pequeño—entre el 10 o el 20 por ciento—realmente practica su religión. Los demás se limitan a asistir a las bodas y a los entierros.

CARMEN: No sé de estadísticas pero me parece bastante acertado° el número ___?___ que mencionas. Además, como creo que dije antes, los que más

---

[14] Oscar Romero y Galdames (1917–1980), Arzobispo de El Salvador. Gran defensor de los derechos humanos y de los pobres, Romero criticó abiertamente el uso de la violencia, tanto de la derecha como de la izquierda. Fue fusilado por un asesino nunca identificado mientras decía misa en la capital.

Entre los indios hispanoamericanos las celebraciones religiosas muestran una combinación de ritos tradicionales indios y cristianos, como se ve en esta procesión de indios quechuas cerca de Riobamba, Ecuador.

practican su religión son los que menos poder tienen: las mujeres y la gente muy pobre.

HUGO: Sin embargo, creo que los números pueden engañar un poco. A pesar de las estadísticas, la influencia *en potencia* de la Iglesia es realmente enorme. Asistan o no asistan° a misa, la gran mayoría de la gente en Latinoamérica siente una profunda lealtad emocional por la Iglesia y por la religión; pueden hacer caso omiso de° algunas de sus reglas o mandamientos, pero no la van a abandonar, ni mucho menos.

CARMEN: También, la Iglesia es hoy la única institución realmente transcontinental que existe en Latinoamérica. Así, lo que pasa en un país rápidamente repercute° en los otros. Es la única institución con la fuerza y el poder nacional e internacional para contrariar a los gobiernos represivos, censurándolos ante el mundo por su brutalidad.

HUGO: Aunque no les gusta nada admitirlo, todos los gobiernos de Latinoamérica reconocen que en gran medida no son «legítimos» a menos que reciban la aprobación de la Iglesia. Ya veremos, pues, cómo se tiene que contestar a tu pregunta dentro de otros cincuenta años.

Asistan... Whether or not they attend

hacer... no prestar atención a

?

Comprensión

A. Complete las oraciones según la lectura.

1. Las canciones de protesta latinas critican la Iglesia (*y/y no*) la religión.
2. La Iglesia casi siempre se ha aliado con los poderes (*tradicionales/progresivos*) tanto en Latinoamérica como en España.

3. Hoy en Latinoamérica el clero es (*distinto/semejante*) al clero de hace veinte años.
4. La política de seguridad nacional (*ayuda/daña*) la defensa de los derechos humanos.
5. Hoy los militares latinos consideran a muchos clérigos como sus (*aliados/enemigos*).
6. Según el clero progresista hay que (*aceptar/cambiar*) el mundo.
7. La influencia directa de la Iglesia en la vida de los latinos es bastante (*grande/pequeña*).
8. La práctica de la religión es más común entre (*los hombres/las mujeres*).
9. En los próximos años es (*posible/imposible*) que la Iglesia tenga más influencia sobre la vida política y social en Latinoamérica.

B. ¿Qué frase de la segunda columna asocia Ud. con una de la primera? Explique la relación o la asociación entre ellas. ¡OJO! No se usan todas las expresiones.

_____ 1. el CELAM
_____ 2. Camilo Torres
_____ 3. la Teología de la Liberación
_____ 4. el catolicismo popular
_____ 5. Oscar Romero

a. religión mixta
b. cura asesinado/mártir
c. crítico del uso de la violencia para conseguir fines religiosos
d. excura mártir
e. compromiso politicorreligioso
f. obispos latinoamericanos

C. Complete las siguientes oraciones con la forma correcta de una frase de la lista. ¡OJO! Es posible terminar algunas oraciones en más de una forma.

crear la democracia demasiada esperanza
preocuparse poco la gente por la política
vivir todos con dignidad
ser criticado por los jóvenes
(no) aliarse con un solo partido político
recibir la aprobación de la Iglesia
poder defender su tierra y su influencia
ser limitada la influencia directa de la Iglesia
cambiar la sociedad profundamente

1. Durante los sesenta el gobierno no podía organizar programas sin que _____ .
2. La Iglesia siempre se aliaba con la tradición para _____ .
3. Hay menos canciones de protesta hoy en día ya que _____ .
4. No es una revolución a menos que _____ .
5. Los curas deben ser revolucionarios a veces para que _____ .
6. La Iglesia debe ser activa con tal que _____ .
7. Hoy hay muchas dictaduras en Latinoamérica puesto que _____ .
8. En América Latina los gobiernos no son legítimos a menos que _____ .
9. Por sí sola, la Iglesia no puede cambiar la sociedad sin que _____ .

D. Dé un breve resumen de la lectura completando las siguientes tablas.

Parte I: Las canciones de protesta

	LATINOAMERICA	NORTEAMERICA
Epoca en que nacieron *Actitud hacia la guerra* *Actitud hacia las posesiones materiales* *Actitud hacia el gobierno* *Actitud hacia las razas*		

Parte II: El papel de la Iglesia en la sociedad latinoamericana

	ANTES DE 1970	DESPUES DE 1970
Grupos más influidos por la Iglesia *Influencia de la Iglesia en la vida actual* *Actitud hacia la justicia social* *Actitud hacia los gobiernos militares* *Actitud hacia las reformas violentas*		

DESPUES DE LEER

Discusión

1. ¿Por qué cree Ud. que la Iglesia latinoamericana siempre se asociaba con las ideas y los poderes tradicionales? ¿Qué significa la palabra «tradicional» en este contexto? ¿Cuál es la consecuencia de que la Iglesia enseñara e insistiera en la paciencia y la obediencia de los creyentes? ¿Cree Ud. que esta práctica de la Iglesia apoyó la tradición o que ayudó a destruirla? Explique. ¿Cuál era la actitud de la Iglesia en cuanto a los bienes materiales? ¿Qué repercusiones ha tenido esta actitud entre la población latina?
2. ¿A qué se refiere la Teología de la Liberación? ¿Cuáles son algunas de las razones que se han expresado para defenderla? ¿y para criticarla? ¿Se puede justificar el uso de la violencia como medio para lograr cambios sociales y políticos? ¿Por qué sí o por qué no? ¿Cree Ud. que un grupo religioso pueda luchar por ciertas causas sociales sin aliarse con ningún partido político?

Aplicación

1. ¿Qué sabe Ud. sobre la época de los años sesenta en este país? ¿Puede Ud. compararla con la época actual en cuanto al activismo político de la gente

joven? ¿la música popular? ¿las aspiraciones materiales de la juventud? ¿el modo de vestirse y peinarse de la gente joven? ¿el papel de las drogas? ¿las principales preocupaciones del gobierno? ¿las relaciones entre personas de distintas generaciones?

2. ¿En qué sentido son un documento social de sus respectivas sociedades las canciones de protesta norteamericanas y las latinoamericanas? ¿Reflejan los valores de toda la sociedad? ¿Qué diferencias se notan en cuanto a los temas entre las canciones norteamericanas y las hispanas? ¿Qué semejanzas o contrastes revelan estas diferencias acerca de las dos culturas?

3. Se ha sugerido que la canción popular latinoamericana tiene más en común con las canciones espirituales de los esclavos negros del siglo pasado que con las canciones de protesta de los años sesenta y setenta. ¿Qué semejanzas nota Ud. en cuanto a su propósito o su importancia para los que las cantaban o las escuchaban? ¿Sabe Ud. de algunas diferencias entre las canciones espirituales de la comunidad negra actual y las de hace cien años?

4. Las canciones de protesta, ¿sólo reflejan la sociedad o también pueden ejercer alguna influencia sobre ella? ¿Tiene este tipo de canción un público más limitado que otras clases de música? ¿Qué importancia puede tener esto? ¿Son todavía populares en nuestra sociedad las canciones de protesta? ¿Cómo se puede explicar esto? ¿Qué tipo de canción se asocia con Bruce Springsteen? ¿Qué revela sobre la cultura norteamericana actual el éxito de este cantante?

5. ¿Hay ejemplos recientes de figuras religiosas que intervengan activamente en la política norteamericana? Dé algunos ejemplos. ¿Está Ud. a favor de su participación política? Por qué sí o por qué no? ¿Hay grupos religiosos que hagan manifestaciones o ejerzan presiones a favor de ciertas causas sociales? Explique. ¿Qué opina Ud. de la idea de su participación política? ¿Por qué?

6. ¿Qué sabe Ud. del movimiento de «Santuario» en este país? ¿Hay alguna diferencia entre esta actividad y las actividades de sacerdotes como Camilo Torres? Explique.

CAPITULO NUEVE

CESAR CHAVEZ

LOS HISPANOS EN LOS ESTADOS UNIDOS

Méxicoamericanos, puertorriqueños y cubanoamericanos

ANTES DE LEER

Aspectos lingüísticos

Understanding Pronouns

You already know that Spanish direct object nouns, when they refer to persons, are preceded by the marker **a**. They usually follow the verb: **Necesito** *a* **Cecilia**. Indirect object nouns, too, generally follow the verb and are preceded by a: **Envió un paquete** *a* **sus parientes.**

Direct and indirect object nouns can be replaced by pronouns, which usually precede the conjugated verb: *La* **necesito;** *Les* **envió un paquete.** Remember that direct and indirect object pronouns are identical, except in the third person (direct object pronouns **lo/la/los/las** versus the indirect object pronouns **le/les**). You should look carefully at the context to determine the meaning of those object pronouns whose forms are identical.

In addition, you need to learn to distinguish all object pronouns from another group of pronouns that also precede the verb: subject pronouns. The forms of the subject pronouns are very different from those of object pronouns. Nevertheless, when you are reading rapidly, you may tend to read **me** as **yo, te** as **tú, nos** as **nosotros,** and so on. You may not realize that you have made a mistake until you find that the reading is not making any sense.

As you read, you should pay close attention to verb endings to help check your interpretation of the meaning of pronouns. Compare the meaning of the pronouns in these sentences.

> **Nosotros** mandamos flores.
> **Nos** mandó flores.

In the first sentence, the pronoun **nosotros** has to be the subject, since the **-mos** verb ending indicates that the subject is first person plural. In the second example, the pronoun **nos** must be an object, since the verb ending indicates that the subject (only implied in the sentence) is third person. However, checking the verb ending alone is not sufficient to keep you from misinterpreting structures, as the following examples show.

> Nos mandamos flores.
> Nosotros mandamos flores.

In both cases the verb indicates that the subject is *we*; understanding the difference in meaning between the two sentences depends on correctly recognizing **nos** as an object pronoun.

Read the following sentences quickly. Then choose the appropriate equivalent for the italicized words from the English expressions to the right.

1. ¿Por qué *te escribió* la carta ayer?   he wrote you/you wrote
2. *Nos visitan* nuestros padres con frecuencia.   they visit us/we visit

3. *Tú comprendes* esto mejor que nadie.   he understands you/you understand
4. No *me escuchan* mis hijos.   they listen to me/I listen
5. *Nosotros le contamos* nuestro problema.   we told him/he told us
6. ¿Por qué *te dicen* estas cosas?   they tell you/you tell
7. *Te ayudé yo* porque no lo podías terminar.   I helped you/you helped me

Determining the Meaning of Third Person Object Pronouns

If you remember that they are object pronouns, the meanings of **me, te,** and **nos** are easy to determine because they have only one referent each: **nos** can only mean *us,* **te** can only mean *you,* and **me** can only mean *me.* On the other hand, the third person object forms can mean many different things (for example, **les** = *to them* [*m.* or *f.*], *to you* [*formal*], as can the third person object pronoun **se**). How can you identify the referent in such cases? There is no rule to cover every situation, but keep the following hints in mind.

1. First, check the context. Remember that nothing can be a pronoun that was not mentioned as a noun in some previous context. Look for nouns or subject pronouns that match the gender and number of the object pronouns.

    Identify the referents for each pronoun in the following sentence. Remember that the referent need not be explicitly stated in the sentence.

> Sé que llegaron ayer porque le trajeron a su hermano varios regalos de la India, pero yo no las vi.

2. Check for the object marker **a.** It will mark human direct objects. Remember, too, that indirect object pronouns are also frequently accompanied by **a** plus a referent phrase that makes their meaning clear.

    Identify the referents for the indirect object pronouns in these sentences.
    a. No les dieron la razón de su decisión a los estudiantes.
    b. Anoche le escribí a una famosa poeta.
    c. Pablo nos trajo varios libros de arte a Marta y a mí.

3. Remember that indirect objects almost always refer to people. When direct and indirect objects occur together, the direct object almost always refers to a thing, rather than to a person.

    If you see the word **se** before **lo/la/los/las,** it is probably an indirect object, referring to a person.

    Express the probable meaning of the italicized words in the following sentences.
    a. *Se lo* explicó a ella.
    b. *Se lo* vendió a Ud. ayer, ¿verdad?
    c. *Se las* di el año pasado a ellos.

Apply the preceding hints for determining the meaning of object pronouns by expressing the following sentences in English.

1. A nadie le gusta este libro y les molesta tener que leerlo.

2. Cuando me las pidan otra vez, no se las voy a dar.
3. El presidente nos comprende bastante bien.
4. Compraron muchos regalos y se los dieron a los niños.
5. Te dijo la verdad, pero todos creen que te la ocultó (*hid*).
6. No me lo mostró porque le dije que no quería verlo.
7. Ya que el vaso estaba roto, no se lo vendimos a los turistas.
8. No le digo mis secretos a mi madre, porque se los dice a sus amigos.

Aproximaciones al texto

More About Text Structure: Developing and Organizing an Idea

Many texts are built around a main idea that is developed through examples and supporting ideas. For example, an essay on the contributions of immigrant groups to U.S. culture might include information about food, holidays, and language.

The writer may organize the supporting ideas in a number of ways, including comparison/contrast, cause/effect, and division/classification. Being able to recognize the particular structure of a text's argument helps the reader to establish expectations about the types of information in the text. It also provides a basis for evaluating the text: Did the author "follow through" appropriately? Did the author accomplish what he or she set out to do?

Comparison/contrast. An effective technique for describing an object, action, or idea is comparison/contrast—that is, pointing out the similarities and differences between this object and something else with which the reader may be familiar. An essay based on comparison and contrast of two objects (two groups of people, for example) can be developed in two ways. One way is to first present the information about group 1 with respect to particular points (food, religion, dress, and so on), followed by all the information about group 2. The second way is to compare and contrast the groups with respect to each point before continuing on to the next point. Here is a schematic representation of these two methods:

METHOD ONE	METHOD TWO
group 1	food
food	group 1
religion	group 2
dress	religion
group 2	group 1
food	group 2
religion	dress
dress	group 1
	group 2

Many of the chapters in *Pasajes: Cultura* use the method of comparison/contrast because they describe—either directly or indirectly—elements of Hispanic culture with respect to related elements within the culture of the United States. Two direct examples of the use of comparison/contrast are in Chapter 3 ("**La muerte**") and in Chapter 4, in the section "**La socialización de los hijos.**"

1. Examine el Capítulo 3 y haga un breve bosquejo de sus puntos principales. ¿Cuál de los sistemas de organización anteriormente presentados describe mejor la presentación de las ideas?
2. ¿Cómo se organiza la información en la sección sobre «La socialización de los hijos» en el Capítulo 4?

Cause/effect. This method of development is particularly appropriate for exploring the reasons why something is the way it is. Why is the Spanish spoken in the New World different from that spoken in Spain? Why are intellectuals more active politically in the Hispanic world than is customary in the United States? It may examine both immediate and underlying causes of a particular situation. For example, the assassination of Archduke Ferdinand was the immediate cause of World War I, but there were also many underlying social and economic causes. Cause/effect development may also explore the direct and/or long-term consequences of an action.

1. Hasta este punto, dos capítulos de *Pasajes: Cultura* han utilizado el método de causa/efecto para organizarse. ¿Puede Ud. identificar los dos capítulos cuya idea principal ha tratado de contestar la pregunta «¿por qué?»
2. En los casos identificados, ¿se ha hablado más de causas inmediatas o de causas remotas? Dé un ejemplo de cada una.

Division/classification. Division/classification is another method of description. Division involves separating a concept into its component parts. Classification is the reverse process; it sorts individual items into larger categories. For example, to describe a car using the technique of division, one would examine each of its parts. On the other hand, when using the technique of classification, one might categorize them as Fords, Chryslers, Toyotas, and Volkswagens.

A writer may find that a combination of approaches is the most effective way to develop his or her ideas. For example, to develop the idea that "the car is becoming more and more important in this day and age," the writer may first want to identify the ways in which the car is important (division) and then explain how each of these is more important today than yesterday (comparison/contrast).

Most of the readings in *Pasajes: Cultura* are structured according to one of the three patterns mentioned above, or a combination of them, but many other patterns of development are also possible.[1]

1. ¿Qué tipo(s) de organización sugieren los siguientes títulos?
   a. ¿Qué tipo de auto debe Ud. comprar, un auto de fabricación nacional o un auto importado?
   b. La crisis económica de los años treinta: ¿por qué no la predijo (*predicted*) nadie?
   c. Los grupos indios del Amazonas
   d. Los indios del Amazonas: ayer y hoy

---

[1] Other patterns include, for example, description and narration. The *Cuaderno* for *Pasajes* provides additional practice with various models of essay development.

    e. Las consecuencias de la Guerra de los Cien Años

    f. El uso del color rojo en las pinturas de Van Gogh y Gauguin

    g. La peste (*bubonic plague*)

    h. Las partes de la computadora

2. El Capítulo 6 de *Pasajes: Cultura* (**La familia**) combina dos técnicas de organización. ¿Puede Ud. identificarlas?

Note that simply using an *example* of comparison/contrast or several *instances* of cause/effect within an essay is not the same as using one of these techniques to structure the entire argument of the essay. Chapter 2 ("**El pueblo hispano**"), for example, includes some cause/effect information, but the essay itself is not structured around the question "Why?" or "What are the consequences?" Which of the patterns discussed in this chapter do you think best describes the structure of Chapter 2?

Prelectura

A. Mire el título de la lectura. ¿Qué técnica de organización de las ideas sugiere?

B. Lea rápidamente la introducción a la lectura. ¿Sugiere la misma técnica de organización u otra? Explique.

C. ¿Qué sabe Ud. ya de los grupos hispanos en los EEUU? Tome el siguiente *test* para averiguarlo. (¡Se encontrarán las respuestas correctas en la lectura!) ¿Cierto (**C**) o falso (**F**)?

_____1. Los puertorriqueños son el grupo hispano más numeroso de los EEUU.

_____2. La mayoría de los chicanos son trabajadores migratorios.

_____3. La ciudad de Miami tiene más cubanos que cualquier otra ciudad del mundo después de la Habana.

_____4. Los antepasados de muchos chicanos vivían en territorio de los EEUU antes de la fundación de Jamestown.

_____5. Puerto Rico es una colonia de los EEUU.

_____6. En los EEUU la mayoría de los puertorriqueños viven en centros urbanos.

_____7. La Raza Unida es un grupo folklórico del suroeste.

_____8. Los puertorriqueños, chicanos y cubanos son inmigrantes.

_____9. La palabra *chicano* es sinónimo de *mexicano*.

D. Ya que casi todos los habitantes actuales de los EEUU o son inmigrantes o tienen antepasados que lo fueron, es probable que Ud. ya sepa mucho de lo que es la experiencia de ser inmigrante. ¿Qué imágenes asocia Ud. con esa experiencia? ¿Dónde suelen vivir los inmigrantes? ¿Por qué? ¿Con qué problemas—sociales, económicos, culturales—tienen que enfrentarse? ¿Qué recursos tienen para solucionar estos problemas?

E. ¿Es Ud. de familia inmigrante? ¿Cuántas generaciones hace que llegaron sus antepasados a este país? ¿Se conservan todavía en su familia algunas tradiciones de sus antepasados? ¿Por qué sí o por qué no?

LECTURA

acoger *to receive, welcome*
acogedor(a) *warm, welcoming*
la acogida *reception, welcome*
el adiestramiento *job training*
la ciudadanía *citizenship*

la concientización *consciousness-raising*
el ferrocarril *railroad*
la formación *educational preparation*
hacer caso (de) *to pay attention (to)*

la identidad *identity*
la inmigración *immigration*
la oleada *wave, surge*
la renta *income*
el tamaño *size*
la tasa *rate*

A. Ponga la letra de la palabra definida con su definición.

_____1. prestar atención
_____2. dinero del que uno vive
_____3. entrenamiento para un trabajo
_____4. las dimensiones de algo
_____5. recibir amablemente

a. el adiestramiento
b. acoger
c. hacer caso
d. el tamaño
e. la renta

B. Complete las oraciones en una forma lógica, usando la forma correcta de las palabras de la lista del vocabulario.

1. ¿Sabe Ud. cuál es _____ de inflación actual de este país?
2. La mujer se alegró mucho de ver a su vieja amiga y le dio un abrazo muy _____ .
3. Estela no tiene ninguna _____ profesional; por eso no puede encontrar empleo.
4. El primer grupo grande llegó en 1900; la segunda _____ vino en 1920.
5. Cuando Raúl se fue a vivir a Colombia, renunció a su _____ estadounidense.

C. Defina brevemente en español.

1. la inmigración
2. la concientización
3. la acogida

MEXICOAMERICANOS, PUERTORRIQUEÑOS ⌐ Y CUBANOAMERICANOS: Parte 1 ⌐

Es muy sabido que, con excepción de la minoría indígena, América es una nación de inmigrantes. Antes de 1860, sin embargo, los inmigrantes formaban una población bastante homogénea: de los 5 millones que llegaron entre 1820 y 1860, casi el 90 por ciento venía de Inglaterra, Irlanda o Alemania. Después de 1860, en cambio, llegaron en oleadas cada vez más grandes inmigrantes procedentes de culturas con tradiciones variadas. En la llamada Gran Inmigración de 1880 a 1930, desembarcaron en este país casi 30 millones de personas: italianos, polacos, rusos y otros muchos procedentes de las distintas naciones del centro y del este de Europa.

Hoy en día «la nueva oleada» de inmigrantes son los hispanos: los mexicanos, los puertorriqueños y los cubanos. Como se verá, este grupo tiene características que lo distinguen de otros inmigrantes: primero porque muchos no son en realidad «inmigrantes» y, segundo, porque algunos grupos hispanos han estado en los Estados Unidos desde hace mucho tiempo.

LOS MEXICOAMERICANOS

La presencia hispana es más palpable en el suroeste de los EEUU. Allí la arquitectura recuerda los años de la colonización española, y luego mexicana, y la comida tiene un distintivo sabor picante. Los carteles° en muchas tiendas anuncian que «se habla español», lo cual no sorprende nada, ya que en California, Arizona, Colorado, Nuevo México y Texas, una de cada seis personas es hispana. Son los méxicoamericanos, o chicanos,[2] descendientes de los primeros pobladores de esta región. *signs*

Cuando los colonos ingleses fundaron Jamestown en 1607, los españoles y los mexicanos ya llevaban más de sesenta años en el suroeste. Todo el territorio del suroeste pertenecía a México y cuando los primeros estadounidenses empezaron a llegar a la región (alrededor de 1800), había unos 75 mil mexicanos que ya vivían allí.

El enorme tamaño del territorio permitía que los recién llegados se establecieran y siguieran viviendo de acuerdo con sus costumbres y tradiciones, manteniéndose al margen de los mexicanos. Al principio el gobierno mexicano estaba contento de tener pobladores de cualquier tipo, pero al notar la rápida americanización de su territorio, empezó a alarmarse. En 1830 México prohibió la inmigración procedente de los EEUU, pero ya era demasiado tarde. Para muchos americanos un plan divino[3] parecía haber dispuesto que todo el territorio entre el río Misisipí y el océano Pacífico formara parte de los Estados Unidos. Motivado en parte por el deseo de realizar este plan y en parte por otros conflictos políticos y económicos, el territorio de Texas se rebeló en 1836 y logró independizarse de México. Pronto Texas votó por formar parte de los EEUU y, para evitar que México recuperara este territorio, tuvo lugar la guerra entre los EEUU y México en 1846. El Tratado de Guadalupe Hidalgo puso fin a la guerra en 1848, dando a los EEUU la tierra de Texas, Nuevo México, Arizona, y parte

---

[2] La historia de la palabra *chicano* no es exacta pero generalmente se considera una abreviación de *mexicano*. No todos los méxicoamericanos aceptan el uso de este término. Por lo general, los jóvenes prefieren llamarse *chicanos,* los mayores, *méxicoamericanos* o *mexicanoamericanos*. En algunas regiones de Nuevo México, es frecuente el uso de los términos *hispano* y *Spanish American.*
[3] Este plan se conocía como el «Destino Manifiesto».

Entre los jóvenes chicanos del suroeste, tener un «*low rider*» bien equipado es de gran importancia social. El «*low rider*» es un coche especialmente «*customized*» con toda clase de accesorios; tiene levantadores (*lifts*) hidráulicos para subir y bajar el chasis. El paseo de los «*low riders*» a una altura de sólo unas pulgadas (*inches*) de la calle es un espectáculo inolvidable.

de California, Nevada y Colorado. México había perdido la mitad de su territorio total, y los EEUU había ganado un tercio° del suyo. A los 75 mil *un... one-third* ciudadanos mexicanos que se encontraban en lo que era ahora territorio norteamericano se les ofreció la alternativa de volver a México o de convertirse en ciudadanos norteamericanos. La gran mayoría decidió quedarse y aceptar la ciudadanía. Fueron éstos los primeros méxicoamericanos, que llegaron a serlo no por medio de una inmigración deliberada, sino por medio de la conquista. No se puede comprender la historia y la experiencia de los chicanos sin reconocer este hecho central.

El Tratado de Guadalupe les garantizaba la libertad religiosa y cultural a los méxicoamericanos y reconocía sus derechos respecto a la propiedad. Sin embargo, con la excepción de la práctica de su religión, no se ha hecho caso de estas garantías. Como muchos de los tratados y acuerdos que se hicieron con los indios, el Tratado de Guadalupe no fue respetado por los que se empeñaban en° adquirir y controlar nuevos territorios. Además, los *?* mexicanos, que poseían tierras según el tradicional sistema español de latifundios,° las iban perdiendo ante la dificultad de probar su posesión. La *land grants* llegada del ferrocarril en la década de 1870 atrajo a más y más pobladores anglos, y hacia 1900 los méxicoamericanos habían sido reducidos al estatus de minoría subordinada.

LA SUBORDINACION DEL MEXICOAMERICANO

En el suroeste el clima es tan árido que sólo son provechosas la agricultura y la cría de ganado° hechas en gran escala. Perdidas sus tierras y por no tener educación ni formación especializada, los méxicoamericanos se convirtieron en la mano de obra de sus nuevos dueños: terratenientes° ricos, grandes corporaciones, financieros y ferroviarios.°

    Fue, además, una mano de obra muy barata: la proximidad de la frontera con México aseguraba una fuente casi sin límite de trabajadores. Todos los días llegaban nuevos inmigrantes, muchos ilegales, que buscaban trabajo y estaban dispuestos a trabajar por cualquier salario. La naturaleza cíclica de la agricultura ocasionaba períodos de trabajo seguidos de otros de desempleo. El trabajo en los campos aislaba al méxicoamericano del resto de la sociedad, y el hecho de que los obreros se trasladaran° de un lugar a otro en busca de cosechas hacía imposible la educación de sus hijos. Así la segunda generación, sin educación ni formación, sólo podía seguir a sus padres a trabajar en el campo y el ciclo se repetía una y otra vez.

    La Segunda Guerra Mundial y la rápida mecanización de la agricultura que vino después ayudaron a romper el ciclo. Muchos méxicoamericanos volvieron de la guerra con una nueva conciencia: por primera vez empezaron a identificarse como «americanos», los que lo pueden hacer todo. Tenían, además, una nueva formación. Al ver que disminuía el trabajo en los campos, muchos de ellos se fueron a las ciudades. Hoy, más del 80 por ciento de la población méxicoamericana es urbana. La mayoría se ha establecido en Los Angeles, cuya población de ascendencia mexicana es la segunda más importante del mundo, superada sólo por la capital de México. En las áreas metropolitanas la situación económica de los méxicoamericanos se estabilizó y pudieron beneficiarse de muchos bienes sociales: medicina, educación, vivienda. Con todo, aunque su nivel de vida había mejorado, pronto descubrieron que socialmente seguían subordinados e incluso despreciados.

    La hostilidad hacia el méxicoamericano empezó en 1848 con la firma del Tratado de Guadalupe. En el período entre 1865 y 1920, hubo más linchamientos de méxicoamericanos en el suroeste que de norteamericanos negros en el sureste. ¿De dónde provenía este odio racial? Primero, por ser gente conquistada se les veía como a seres inferiores. Segundo, los primeros pobladores angloamericanos que se establecieron en el suroeste venían principalmente del sureste, donde hacía tiempo que se asociaba la piel morena con la inferioridad: la mayoría de los mexicanos muestran tanto en el color de la piel como en las facciones la mezcla de sangre india y europea. Y tercero, se dejaron a los méxicoamericanos los trabajos más duros y más serviles, lo cual sólo reforzaba el estereotipo de inferioridad.

    Este estereotipo se fue arraigando a través de la literatura. En ella el anglo siempre era fuerte, valiente y trabajador. En cambio, se retrataba al mexicano como a un ser vil, sucio y perezoso. El anglo progresaba hacia el futuro al lado de la tecnología y la ciencia; el mexicano era un reaccionario

cría... *cattle raising*

los que tienen mucha tierra
los que construían el ferrocarril

?

que vivía rodeado de supersticiones e ignorancia.[4] En las escuelas se castigaba a los niños por hablar español y lo mismo les ocurría a sus padres en el trabajo. Los anglos les decían que su cultura no les ayudaba, sino que les perjudicaba: la familia era culpable del fracaso o poco éxito de sus niños porque hacía hincapié° en las relaciones personales en vez de fomentar la competencia; su religión les hacía demasiado fatalistas; en su comida faltaban proteínas. De alguna manera, siempre se le recordaba al méxicoamericano que era inferior, y que siempre lo sería mientras conservara su herencia mexicana.

hacía... daba importancia

En un sentido muy irónico, es cierto: lo que más ha contribuido a mantener la hispanidad de los méxicoamericanos es lo que más ha agravado sus problemas económicos y sociales, es decir, la constante inmigración, en gran parte ilegal, de México. Los nuevos inmigrantes refuerzan los lazos lingüísticos y culturales hispanos pero al mismo tiempo son una tremenda carga sobre la comunidad méxicoamericana: mantienen bajos los sueldos, privan de° trabajo a los residentes legales y perpetúan el aura de ilegalidad que todavía rodea al méxicoamericano.

?

Por eso la actitud de los méxicoamericanos hacia los trabajadores indocumentados es ambigua. También lo es la actitud del gobierno de los EEUU y la de los negociantes. Se puede decir que la política con respecto a la inmigración de México siempre ha estado controlada por factores económicos. Cuando hay mucho trabajo, siempre se da la bienvenida a los inmigrantes de México e incluso se han contratado trabajadores por medio de varios programas federales y estatales. Pero cuando el trabajo es escaso,° el mexicano y el mexicanoamericano tienen muy poca protección. Así, durante el *boom* del desarrollo económico experimentado en el suroeste en la última parte del siglo pasado y al principio de éste, se estima que los mexicanos y los mexicanoamericanos constituyeron el 80 por ciento de la mano de obra agrícola, el 90 por ciento de la mano de obra ferroviaria y el 60 por ciento de la mano de obra minera. Luego, durante la Gran Crisis Económica de los años treinta, se decidió reducir el número de los que buscaban trabajo, repatriando entonces a numerosos obreros mexicanos. Más de 500 mil «indocumentados» fueron deportados, aunque en realidad la mayoría eran méxicoamericanos que no pudieron convencer a las autoridades de su ciudadanía. Durante los años cuarenta, cuando se necesitaron nuevamente trabajadores agrícolas, se elaboró el programa de los *braceros*, por medio del cual miles de trabajadores mexicanos fueron contratados para trabajar en los EEUU. Sus condiciones de trabajo muchas veces eran

difícil de encontrar

[4] Es interesante notar que al mismo tiempo que existían tantos prejuicios sobre el mexicano, se había creado otra imagen muy positiva. Esta imagen, llamada el «mito californiano», se basaba en una distinción entre lo español y lo mexicano. El pasado glorioso de California, la bella arquitectura y unas cuantas viejas familias distinguidas, todo aquello era *español*; los inmigrantes analfabetos y los obreros miserables, éstos eran *mexicanos*. Se publicaron muchos libros al principio de este siglo romantizando la herencia española de California, con sus caballos magníficos, sus bellas señoritas de mantilla negra y sus guapos dones. Este mito permitió a los angloamericanos mantener relaciones sociales con los descendientes de unas pocas familias adineradas y al mismo tiempo mantener una política de segregación hacia la mayoría de los mexicanos.

mejores que las de los méxicoamericanos que trabajaban en el campo de al lado. Aunque el sueldo del bracero era más alto que el del méxicoamericano, los patrones los preferían porque los consideraban más «mansos»° y su presencia ayudaba a mantener muy bajos los sueldos de los demás trabajadores.[5] Este programa de los braceros, apoyado por los grandes cosecheros, estuvo vigente durante veinte años; ahora que hay menos necesidad de trabajadores agrícolas, aumenta de nuevo la presión por limitar la entrada de indocumentados.

dóciles

Los indocumentados, o «mojados»,° vienen buscando lo que les falta en su propio país: en México casi la mitad de la población trabajadora (18 millones de personas) está desempleada o subempleada, y la tasa de crecimiento de la población es una de las más elevadas del mundo. Algunos economistas y sociólogos defienden la presencia del indocumentado en los EEUU; dicen que ha llegado a ser indispensable para algunos sectores de la economía del suroeste, tales como la agricultura, los restaurantes y los hospitales, los cuales dependen en gran medida de su labor. Se dice que hacen el trabajo que los norteamericanos no quieren hacer y que sus reducidos salarios contribuyen a mantener bajos los precios en el mercado. Se insiste, además, en que los indocumentados no representan una carga social porque aunque ellos pagan impuestos federales, no reciben muchos de los beneficios que el pago de estos impuestos proporciona.[6]

wetbacks (así llamados porque frecuentemente entran cruzando a nado el Río Grande)

Viéndolo desde el punto de vista del indocumentado, éste, al llegar a los EEUU, entra en un mundo clandestino, lleno de temores y sin ninguna protección legal. Vive explotado no sólo por los «coyotes»—contrabandistas de trabajadores que pasan campesinos mexicanos a este lado de la frontera por grandes cantidades de dinero—sino también por los mismos patrones que el día de pago pueden llamar al Servicio de Inmigración y Naturalización para que lo deporte. Es evidente que el gobierno tiene que hacer algo para refrenar la entrada ilegal y la explotación de los inmigrantes, pero su elevado número hace muy difícil la solución. Hoy se calcula que hay más de 4 *millones* de trabajadores indocumentados en los Estados Unidos y ese número aumenta a razón de 800 mil cada año.

LA RAZA Y EL CHICANISMO

El período entre la Segunda Guerra Mundial y los años sesenta puede llamarse «la generación del méxicoamericano». Durante este período se vio cierto progreso respecto a la educación y al nivel de vida y se esperaba lograr una mayor aceptación social y una mayor afluencia económica. Pero pronto se experimentó una profunda desilusión ante los numerosos problemas que se iban planteando y, también, surgió una desconfianza casi total

---

[5] Esto fue particularmente evidente en Texas, donde los salarios del trabajador agrícola ($0.50 por hora) no cambiaron en casi diez años.

[6] Entre el 70 y el 75 por ciento de los trabajadores indocumentados paga impuestos federales aunque solamente el 1 por ciento se atreve a pedir ayuda a la asistencia pública. No hace mucho tiempo la Corte Suprema decidió que los estados del suroeste (el caso surgió en Texas) están obligados a educar a los hijos de los indocumentados.

Los hispanos en los Estados Unidos se dan cuenta de que su poder dentro de la sociedad depende de su participación en el proceso político. Muchos candidatos han tenido un gran éxito en la política como el méxicoamericano Toney Anaya que fue gobernador de Nuevo México.

respecto al sistema jurídico y político.[7] La lucha que el movimiento negro realizaba en aquella época en favor de los derechos civiles ofrecía otra alternativa y, siguiendo su ejemplo, nació el chicanismo. En vez de esperar que el sistema se reformara, el chicano empezó a organizarse para insistir en esas reformas; en vez de negar su cultura, decidió fomentar un orgullo étnico y crear una imagen positiva de sí mismo. Empezó a preferir el término *chicano* y a referirse a sí mismo como «la Raza», una gente unida por una historia común, una herencia cultural compartida, un propósito político. En los campos César Chávez tuvo éxito organizando un sindicato con los trabajadores migratorios; en las universidades, especialmente en las de California, se establecieron programas de estudios chicanos; en 1970 se formó el partido de la Raza Unida que propuso (y sigue proponiendo) candidatos políticos chicanos; en los barrios de East Los Angeles y de Pilsen, Chicago, se expresó el nuevo orgullo y la nueva esperanza que se sentían a través de grandes murales que presentan la cultura chicana.

Hoy, casi veinte años después de los éxitos de Chávez y del nacimiento del movimiento chicano, todavía queda mucho por hacer. Se puede hablar de un progreso entre los chicanos sólo si se les compara con sus propios padres o abuelos. En comparación con otros grupos, todavía están muy por debajo en cuanto a educación, vivienda e ingresos.° Es evidente que el   *earnings* legado° de 120 años de subordinación no puede desaparecer en sólo 20;   *herencia* pero la comunidad chicana parece reconocer y aceptar el desafío° de su   *challenge* futuro, encontrando en las últimas palabras del poema épico «Yo soy Joaquín»[8] una inspiración y también una promesa: «yo perduraré,° yo   *yo... I shall endure* perduraré».

---

[7] Las relaciones entre la comunidad chicana y la policía han sido especialmente negativas; de hecho, las dos decisiones de la Corte Suprema que más efecto han tenido sobre los poderes de la policía surgieron como consecuencia de los enfrentamientos entre la policía y los chicanos (*Escobedo* versus *Illinois*, *Miranda* versus *Arizona*).

[8] Poema publicado en 1967 por el chicano Rodolfo «Corky» Gonzales, que describe la lucha del chicano por la dignidad personal y cultural.

Comprensión

A. Dé la forma correcta del verbo señalado. Luego decida si la oración es cierta (**C**) o falsa (**F**) según la información presentada en la lectura y corrija las oraciones falsas.

_____ 1. La región del suroeste de los EEUU (*was settled*: poblar) por los españoles antes que la región de Jamestown.

_____ 2. Cuando los primeros colonos norteamericanos llegaron al suroeste, encontraron que el territorio (ser/estar) deshabitado.

_____ 3. Los norteamericanos que (establecer/establecerse) en el suroeste no querían (adaptar/adaptarse) a las costumbres mexicanas.

_____ 4. Un territorio equivalente al tamaño de Texas y Nuevo México (*was gained*: ganar) por los EEUU en la Guerra de 1846.

_____ 5. Después de la guerra, los mexicanos que (vivían/vivieron) en la región del suroeste (*were expelled*: echar).

_____ 6. Los derechos de los méxicoamericanos (*were denied*: negar) en el Tratado de Guadalupe.

_____ 7. La situación económica del méxicoamericano (*has been hurt*: dañar) por la constante inmigración de México.

_____ 8. (*Is found*: Encontrar) evidencia del orgullo étnico en los murales méxicoamericanos de los barrios de East Los Angeles y de Pilsen, Chicago.

_____ 9. Los trabajadores migratorios (*were organized*: organizar) en un sindicato por los «coyotes».

B. Ponga cada efecto con su causa. ¡OJO! No se usan todas las causas.

CAUSA	EFECTO
_____ 1. la llegada del ferrocarril al suroeste	a. las hostilidades entre México y EEUU sobre la posesión de Texas
_____ 2. la participación de los méxicoamericanos en la Segunda Guerra Mundial	b. la reducción de los méxicoamericanos al estatus de minoría étnica
_____ 3. la naturaleza cíclica del trabajo agrícola	c. un nuevo motivo de orgullo y más posibilidades de trabajo
_____ 4. la constante inmigración de México	d. el chicanismo
_____ 5. la necesidad de trabajadores baratos	e. la actitud acogedora del gobierno norteamericano hacia la inmigración de México
_____ 6. el Destino Manifiesto	f. la posibilidad de mantener vivas la lengua y la cultura hispanas
_____ 7. la lucha de los negros en favor de los derechos civiles	
_____ 8. el estatus de «conquistados»	

¿Puede Ud. dar otros posibles efectos producidos por las causas que Ud. identificó? ¿Cuáles son los resultados provocados por las otras causas que Ud. no identificó?

MEXICOAMERICANOS, PUERTORRIQUEÑOS ▫ Y CUBANOAMERICANOS: Parte 2 ▫

LOS PUERTORRIQUEÑOS

La población puertorriqueña de los Estados Unidos es urbana y se concentra fundamentalmente en las ciudades de Nueva York, Boston, Filadelfia y Chicago. Gran parte de la inmigración puertorriqueña empezó después de la Segunda Guerra Mundial, durante la década de los años cincuenta. En 1940 sólo había 70 mil puertorriqueños en todos los EEUU; en 1970, en cambio, había más de 80 mil sólo en la ciudad de Chicago. Como los demás inmigrantes, han venido con sus costumbres y sus tradiciones, su comida y sus fiestas; en particular, su música y su danza han introducido nuevo ritmo y colorido en el mundo norteamericano.

A diferencia de otros inmigrantes, los puertorriqueños no tienen que pedir permiso para entrar en el país ni preocuparse por cuotas migratorias ni por el proceso de naturalización. Es que los puertorriqueños no son inmigrantes sino ciudadanos americanos.

Los puertorriqueños recibieron la ciudadanía americana en 1917 pero su asociación con los Estados Unidos empezó varios años antes, durante la Guerra de 1898 entre España y los EEUU. En esta guerra España perdió las Filipinas y sus últimas colonias en el hemisferio occidental: Cuba y Puerto Rico. Ya que los EEUU entró en el conflicto en gran parte para ayudar a los cubanos a independizarse de España, por este hecho se concedió a Cuba su independencia al terminar la guerra. En las islas Filipinas el proceso de independización fue más lento, pero gracias a la importancia estratégica de las islas y a la gran ayuda que éstas prestaron durante la Segunda Guerra Mundial, finalmente consiguieron su independencia en 1946. Pero en Puerto Rico las cosas siguieron otra ruta; la isla más o menos del tamaño de Connecticut y con una población de un millón de personas se convirtió en territorio de los Estados Unidos.

Durante las tres primeras décadas del siglo XX, la presencia norteamericana en Puerto Rico trajo consigo muchos cambios positivos. La tasa de mortalidad bajó un 50 por ciento, y se elevó la tasa de crecimiento de la población. Pero económicamente los cambios no eran tan favorables. Antes de la llegada de los americanos, más del 90 por ciento de las fincas pertenecía a los labradores puertorriqueños. La economía agrícola de la isla se basaba en tres productos principales: el azúcar, el café y el tabaco. Después de la ocupación norteamericana, varias compañías grandes se establecieron en Puerto Rico y, al cabo de diez años, habían incorporado a sus enormes plantaciones de azúcar la mayoría de las pequeñas fincas. La economía pasó abruptamente de manos jíbaras° a manos norteamericanas.

campesinos puertorriqueños

Tanto en los Estados Unidos como en Puerto Rico, había una gran insatisfacción por el estatus colonial de la isla. Los norteamericanos que se oponían al estatus colonial de Puerto Rico lograron que el Congreso aprobara el *Jones Act,* por el cual los puertorriqueños recibían la ciudadanía norteamericana y se otorgaban° al gobernador de la isla más poderes sobre los asuntos internos. A pesar de sus buenas intenciones, ese acuerdo ha sido rechazado por un gran número de puertorriqueños. En primer lugar, ellos alegan que no solicitaron la ciudadanía. (En 1914 los puertorriqueños habían mandado una resolución al Congreso en la que expresaban su oposición a la imposición de la ciudadanía norteamericana a menos que fuera refrendada por el voto del pueblo, pero su petición fue desatendida.°) En segundo lugar, la isla seguía siendo una colonia: el Congreso de los EEUU mantenía control sobre las leyes, el sistema monetario, la inmigración, el servicio postal y sobre la defensa de Puerto Rico y sus relaciones con otros países. El sistema educativo se configuró según° el sistema norteamericano y se impuso el inglés como lengua de instrucción.

daban

?

se... tomó como modelo

En los años siguientes la dependencia económica de Puerto Rico respecto a los Estados Unidos aumentó considerablemente. Aunque el deseo de independencia no disminuyó, la supervivencia económica de la isla pedía otra solución. Un acuerdo político realizado en 1948 convirtió a la isla en Estado Libre Asociado° (ELA). Ser Estado Libre Asociado proporcionó a los puertorriqueños más control sobre sus propios asuntos—podían elegir a su propio gobernador—pero al mismo tiempo sus responsabilidades y privilegios eran diferentes de los de otros ciudadanos norteamericanos. Aunque no pagan impuestos federales, los puertorriqueños se benefician de muchos de los programas federales de educación, medicina y salud pública. Votan en las elecciones presidenciales primarias, pero no pueden participar en las elecciones generales. A pesar de estar obligados a servir en el ejército, no pueden votar; mandan representantes al congreso pero éstos tampoco tienen voto.

Estado... Commonwealth

Durante los primeros veinte años después del establecimiento del ELA, se produjeron cambios notables en Puerto Rico. Bajo la dirección de su primer gobernador, Luis Muñoz Marín, se instituyó un programa de mejoramiento económico llamado *Operation Bootstrap* que estimuló el desarrollo industrial. La renta por familia aumentó un 600 por ciento, llegando a ser la más alta de toda Latinoamérica; el 85 por ciento de los jóvenes asistieron a las escuelas, donde el español volvió a ser la lengua oficial; Puerto Rico se convirtió en el cuarto país del mundo en cuanto al número de jóvenes que asistían a universidades o a institutos técnicos (19 por ciento); y la tasa de mortalidad infantil fue la más baja de toda Latinoamérica.

En comparación con el resto del Caribe o de Latinoamérica, Puerto Rico progresaba mucho pero si se comparaba con el mínimo nivel aceptable en los EEUU, la situación no era muy alentadora.° El nivel de desempleo era dos veces más alto que en el resto de los estados norteamericanos mientras

?

que la renta *per capita* llegaba solamente a la mitad. Además, el desarrollo económico había traído consecuencias negativas. La isla iba perdiendo casi por completo su carácter rural y tradicional. Las gasolineras y las autopistas, los centros comerciales y los supermercados, las zonas residenciales de apartamentos han invadido la isla. La televisión, el cine, los productos de consumo anuncian un nuevo estilo de vida. En consecuencia, la cultura y los valores tradicionales de Puerto Rico se ven amenazados; la unidad familiar, las relaciones personales, la dignidad individual y el respeto son reemplazados cada vez más por una exagerada competencia económica y se da cada vez más importancia al dinero y a los bienes materiales.

LA MIGRACION

La migración de los puertorriqueños hacia los EEUU empezó después de la Segunda Guerra Mundial.[9] La mayoría llegó sin instrucción ni formación especializada, sin recursos económicos y sin un buen dominio del inglés. Se enfrentaron con muchos de los problemas que habían padecido los inmigrantes anteriores: discriminación social y explotación económica. Pero en varios sentidos el puertorriqueño es diferente y estas diferencias han afectado y siguen afectando su situación en los EEUU.

Primero, a diferencia de otros inmigrantes, muchos de los puertorriqueños no piensan quedarse para siempre en los Estados Unidos. Puerto Rico está cerca y el pasaje es barato; así que muchos de ellos son migrantes «cíclicos» que llegan para buscar trabajo cuando la economía de la isla presenta dificultades y vuelven cuando han podido ahorrar algún dinero. Su sueño es tener una vida mejor no en los EEUU sino en Puerto Rico. Por esto, aunque reconocen la importancia de aprender inglés, no están dispuestos a renunciar a su español. El mantenimiento del español, al igual que las inmigraciones periódicas, dificulta enormemente la educación de sus hijos. En los Estados Unidos éstos no progresan debido a sus problemas con el inglés, pero cuando regresan a Puerto Rico, muchos se dan cuenta de que su español deficiente les plantea graves problemas para salir adelante en sus estudios.

Quizás sea más importante la cuestión del color, que sólo es problema en los Estados Unidos. Aunque hay puertorriqueños blancos, la mayoría muestra la mezcla de sangre africana y europea, mezcla que ha sido, y es, aceptada totalmente en la cultura hispana, a diferencia de la actitud generalizada en los Estados Unidos. Muchos puertorriqueños se han dado cuenta de que a pesar de sus esfuerzos por aprender el inglés y adaptarse a la cultura norteamericana, son rechazados. Son ciudadanos norteamericanos pero no son norteamericanos; son puertorriqueños y esto equivale a ser sólo un poco mejor que los negros.

En cuanto a su situación educativa y económica, los puertorriqueños, en realidad, están muy por debajo de los negros. Dejan las escuelas más

---

[9] La Gran Crisis Económica de los años treinta, y luego la guerra misma, impidieron una migración más temprana.

El movimiento negro por los derechos civiles de los años sesenta tuvo un enorme impacto en la comunidad puertorriqueña. Estos jóvenes, miembros del grupo neoyorquino *Young Lords,* queman la bandera norteamericana como protesta por el estatus «colonial» de Puerto Rico.

temprano y en mayor número. Por un lado esto se debe a las dificultades lingüísticas que tienen muchos de ellos, pero por otro, proviene de la pérdida de confianza en la educación como medio de superar la discriminación y la pobreza. Trágicamente la falta de educación sólo hace que su situación económica sea más precaria. Ya no existe, como existía en 1880 o en 1920, ni la cantidad ni la variedad de trabajos que sólo exigen fuerza o destreza física. Probablemente el hecho de tener una educación no resuelve todos los problemas económicos pero sin ella la situación es desesperanzadora.° Una de cada cuatro familias puertorriqueñas recibe asistencia pública.°

trágica, sin esperanza

asistencia... *welfare*

EL CHOQUE CULTURAL

Los que siguen en la escuela también se encuentran en un dilema. Muchos de los valores que allí se enseñan están en conflicto con las tradiciones étnicas de los puertorriqueños, y esto crea un choque entre padres e hijos, debilitando muchas veces la autoridad de aquéllos.

La «americanización» de las hijas tiene un impacto particularmente dañino. Tradicionalmente el papel de cada uno de los dos sexos estaba muy bien definido en la cultura hispana. Aunque esto está cambiando en muchas partes del mundo hispano, Puerto Rico mantiene una buena parte de sus tradiciones, motivado quizás por la necesidad de protegerse contra lo «norteamericano». Esa tradición establece que la mujer debe someterse a la autoridad del hombre sin resistencia. Todavía hoy cada sexo mantiene un esquema de conducta muy delimitado y cuando las hijas puertorriqueñas quieren tener la misma libertad de que disfrutan las norteamericanas, los padres no lo pueden consentir sin pensar que han faltado gravemente a sus obligaciones morales paternas.

Con frecuencia, además, la situación económica exige que los dos esposos trabajen y esto parece amenazar el papel tradicional del hombre, especialmente si la mujer progresa con más rapidez que él. Estos conflictos y también la forma de actuar del sistema de asistencia pública, que proporciona más ayuda a la familia si falta el padre, han puesto en grave peligro la unidad familiar. En 1960 sólo el 10 por ciento de las familias puertorriqueñas estaba encabezado por una mujer; en 1980 el 40 por ciento de las familias no tenía padre. Aparte de las consecuencias culturales, esta situación tiene un impacto económico sombrío. Las mujeres suelen ganar menos que los hombres y en una época en que casi el 60 por ciento de todas las familias norteamericanas depende de la renta de *dos* trabajadores para poder vivir, sólo el 28 por ciento de las familias puertorriqueñas cuenta con esta ventaja.

CAMBIOS Y NUEVAS POSIBILIDADES

Aunque la situación de los puertorriqueños es muy difícil, en algunos aspectos es mejor de lo que era hace veinte años. Lo mismo que en la comunidad chicana, el movimiento negro en favor de los derechos civiles motivó una concientización de la comunidad puertorriqueña, dándole una nueva conciencia política, un nuevo orgullo cultural y una nueva determinación por mejorar su situación. Las artes, siempre importantes en la cultura puertorriqueña, experimentaron un resurgimiento en Nueva York con el establecimiento del Museo del Barrio en 1969 y con la apertura° de varios centros culturales que ayudan y animan a los jóvenes poetas, artistas y músicos. A partir de 1974 se instituyó la educación bilingüe en algunas escuelas de la ciudad. Aunque el nivel de educación todavía es bajo, se están dando indicios de cierto progreso.

Lo que todavía queda por resolver es la futura relación de la isla con los Estados Unidos. Desde el principio Puerto Rico ha mantenido dos posiciones básicas acerca de su relación con los EEUU: o debe ser incorporado como un estado igual que los otros cincuenta o debe recibir su independencia. Hoy, después de cuarenta años del compromiso del ELA, la isla todavía está profundamente dividida con respecto a lo que debe ser su estatus. En términos filosóficos y sentimentales, la independencia todavía es muy atractiva. Sin embargo, ateniéndose° a razones más pragmáticas, la mayoría rechaza la idea de la independencia y las tácticas del grupo terrorista FALN.° La independencia pondría en peligro la estabilidad económica de la isla, que todavía depende casi totalmente de los EEUU; los puertorriqueños perderían el derecho a entrar libremente en el país, al igual que los otros derechos y beneficios de la ciudadanía. Pero entre la postura que aboga porque° Puerto Rico se convierta en un estado, con plenos derechos

?

?

Fuerzas Armadas de
Liberación Nacional

aboga... *lobbies so that*

La cultura puertorriqueña florece en varias ciudades del este de los Estados Unidos. Hay recitales de poesía, conciertos y grupos teatrales que representan obras puertorriqueñas y de todos los países de habla española.

y la que prefiere que siga siendo un Estado Libre Asociado, hay muchas complicaciones. Por un lado está el deseo de ser uno entre iguales, de recibir plenamente todos los derechos de la ciudadanía en vez de sólo unos cuantos; por otro, se teme perder la cultura y la tradición puertorriqueñas. Tanto en el aspecto político como en el económico, Puerto Rico depende de los EEUU, pero en el terreno afectivo y cultural siente un fuerte parentesco con las demás naciones de Latinoamérica. Cualquier decisión que se tome va a incluir penosos y delicados compromisos, pues no sólo están en juego cuestiones puramente económicas y políticas, sino la identidad cultural de todo un pueblo.

Comprensión

◨¡Necesito compañero!◨   Con dos o tres compañeros de clase, escojan una de las siguientes preguntas y preparen una breve respuesta según la información presentada en la lectura; las otras preguntas serán (*will be*) preparadas por otros grupos de estudiantes. Luego, compartan entre sí las respuestas, dando breves presentaciones orales.

1. ¿Dónde se encuentra ahora la mayoría de la población puertorriqueña dentro de los Estados Unidos continentales? ¿Cuándo empezaron a llegar allí en grandes números? ¿Es correcto llamar a esta llegada una «inmigración»? ¿Por qué sí o por qué no?
2. ¿Cómo y cuándo llegó Puerto Rico a ser territorio de los Estados Unidos? ¿Qué cambios experimentó la economía de la isla después de este suceso?
3. Comente la importancia o el impacto del *Jones Act* de 1917 en los puertorriqueños. ¿En qué sentido son semejantes o diferentes los derechos de ciudadanía de los puertorriqueños de los de otros ciudadanos norteamericanos?

4. ¿En qué consistió la *Operation Bootstrap?* ¿Cuándo se estableció? ¿Qué beneficios trajo a Puerto Rico? ¿Qué efectos negativos ha tenido?
5. ¿Por qué es significativo que muchos de los puertorriqueños son migrantes «cíclicos» que piensan regresar a la isla? ¿Qué problemas lingüísticos y educativos ocasiona esto a sus hijos? ¿Qué problemas familiares provoca el choque cultural entre la isla y los Estados Unidos?
6. ¿Qué semejanza hay entre la influencia que tuvo el movimiento negro de los años sesenta en los méxicoamericanos y la influencia que tuvo en los puertorriqueños? ¿Cuál es el estatus socioeconómico actual de la comunidad puertorriqueña en los EEUU?
7. ¿Cuál es el estatus político actual de la isla de Puerto Rico con respecto a los EEUU? ¿Cuál es la actitud de la mayoría de los puertorriqueños hacia la independencia? ¿hacia la conversión en un estado con plenos derechos? Explique.

MEXICOAMERICANOS, PUERTORRIQUEÑOS Y ⌐CUBANOAMERICANOS: Parte 3⌐

LOS CUBANOAMERICANOS

En muchos aspectos los puertorriqueños y los mexicanoamericanos son semejantes a otros grupos de inmigrantes: la mayoría son pobres, sin educación ni formación, y tienen dificultades para comunicarse. Los inmigrantes cubanos son radicalmente diferentes a los grupos anteriores, no solamente por las características de las personas que integran el grupo sino también por las razones que motivaron su emigración a los Estados Unidos y la acogida de que fueron objeto a su llegada.

LA SALIDA DE CUBA

Cuando Fidel Castro se apoderó del gobierno de Cuba en 1959 y proclamó el triunfo de la revolución, contaba con el apoyo de los obreros, los campesinos y los universitarios jóvenes e idealistas. El nuevo régimen quiso establecer un sistema productivo más igualitario a través de profundas reformas en la educación, la agricultura y la estructura social. Evidentemente, estos cambios no se emprendieron sin conflictos ni privaciones que a veces fueron muy duros. La nacionalización de millones de dólares de capital americano tuvo como consecuencia una reducción notable en la compra del azúcar que a su vez intensificó los apuros° económicos de la isla. Poco después los Estados Unidos rompió sus relaciones diplomáticas con Cuba y apoyó un desastroso intento de invasión llevado a cabo por exiliados cubanos en abril de 1961. Después de este fracaso en la bahía de Cochinos, las relaciones entre ambos gobiernos empeoraron y el cubano se vio cada vez más atraído al comunismo y obligado a aceptar la ayuda económica y tecnológica que podría ofrecerle la Unión Soviética.

°dificultades

Así fue como se estableció en Cuba el primer gobierno comunista del hemisferio occidental. La alianza provocó una gran desilusión entre muchos cubanos, quienes habían esperado el establecimiento de un gobierno democrático. Muchos decidieron salir al exilio y entre 1960 y 1980 más de 750 mil cubanos buscaron refugio en los Estados Unidos.

LA SITUACION DE LOS CUBANOS EN LOS ESTADOS UNIDOS

Muchos de los inmigrantes cubanos se localizaron en Nueva Jersey y Nueva York, pero la mayoría se estableció en Miami y en otras ciudades del Condado de Dade en la Florida. Aunque el gobierno de Castro les había permitido salir, no les permitió llevarse nada, en muchos casos ni siquiera una maleta. En consecuencia, llegaron a los Estados Unidos con mucho menos que otros emigrantes. No obstante, tuvieron dos grandes ventajas. Primero, no entraron como inmigrantes, sino como refugiados políticos. Viendo en esto una oportunidad tanto política como humanitaria, el gobierno de los Estados Unidos echó la casa por la ventana° para acoger a las «víctimas» del comunismo. Mientras que otros inmigrantes necesitan visas y entran según cuotas y otras restricciones, los refugiados cubanos entraron libremente. Por medio de un programa federal especial, a cada individuo se le dio $60 (y a cada familia $100) para ayudarle a establecerse y se puso a su disposición beneficiosos préstamos comerciales. Además, los cubanos contaban con otra ventaja. A diferencia de la mayoría de los inmigrantes de otros grupos, los cubanos eran en gran parte personas con educación. Entre un tercio y un cuarto de la población eran profesionales y muchos ya sabían inglés. Es verdad que una vez aquí se vieron obligados a empezar de nuevo, inclusive a reeducarse para ejercer profesiones distintas. Pero a pesar de reconocer que se necesitaron diligencia y sacrificio en tan difícil tarea, es evidente que la educación y la experiencia comercial que ya tenían les facilitaron la transición.

echó... *rolled out the red carpet*

Los cubanos han gozado de un éxito mayor y más rápido que el de ningún otro grupo de inmigrantes en los EEUU. En veinte años han transformado la tranquila zona que era el sur de la Florida en un dinámico centro banquero y comercial. «Castro es lo mejor que le haya sucedido a Miami», declaró con entusiasmo el presidente de la Universidad de Miami. Los cubanos han levantado nuevas empresas (en 1979 había 10 mil comercios cubanos en Miami); han dado origen a 100 mil empleos; financiaron un tercio de la construcción total de la ciudad; convirtieron el viejo barrio donde se establecieron en uno de los más bonitos y más seguros de toda la ciudad.

Como era de esperarse, la gran mayoría de los cubanos exiliados llegaron a los EEUU convencidos de que un día el gobierno de Castro se derrumbaría y ellos podrían volver a su patria. Por lo tanto, se empeñaron en mantener su lengua y su cultura. Los cubanos no se han asimilado a Miami tanto como Miami se ha asimilado a los cubanos. En 1963 se estableció por primera vez en una escuela pública de los EEUU un programa bilingüe. Lo que es más, este programa tenía como meta no solamente enseñarles inglés a los niños de los refugiados, sino también la lengua y la

En Miami los inmigrantes cubanos se han establecido como comerciantes importantes y líderes de la comunidad.

cultura españolas.[10] Se esperaba que los jóvenes llegaran a poder funcionar en su propia comunidad hispanoparlante tanto como en la angloparlante. El programa tuvo (y sigue teniendo) mucho éxito. A la vez que Miami ha prosperado económicamente debido a la participación cubana, se ha convertido en una de las ciudades más bilingües de los EEUU. Además de las librerías, restaurantes, bancos y empresas, hay periódicos y revistas hispanos y varias emisoras de radio, e incluso de televisión, que transmiten programas en español. Irónicamente, en Miami el que tiene problemas en encontrar empleo no es el que no habla inglés, sino el que no es bilingüe.

Esta situación ha provocado ciertas tensiones. En el terreno religioso, los protestantes se sienten incómodos con el fuerte catolicismo de los cubanos. A los viejos residentes les molesta la omnipresencia del español. Los cubanos recién llegados compiten directamente con los negros por los trabajos, la vivienda y otros beneficios. Estas tensiones llegaron a su punto máximo en la primavera de 1980 cuando, debido a la situación económica y política del país, Cuba abrió las puertas a una nueva oleada de exiliados.

En abril de 1980 se retiró la guardia que custodiaba la Embajada del Perú en la Habana y más de 10 mil cubanos que buscaban asilo llenaron el recinto.° Castro les prometió la salida del país y el presidente americano, Carter, se ofreció a aceptar a 3.500 de ellos después de haberse entrevistado

?

---

[10] Este tipo de programa bilingüe se llama «mantenimiento» porque tiene la doble meta de *mantener* el español mientras enseña el inglés. Se espera que los jóvenes lleguen a ser realmente bilingües, con igual facilidad en las dos lenguas. Por eso, aun después de dominar el inglés, los estudiantes siguen recibiendo alguna instrucción en español. En contraste, la gran mayoría de los programas bilingües que se han establecido en otras partes de los EEUU son de tipo «transición». O sea, los estudiantes sólo reciben instrucción en español hasta que tienen cierto dominio del inglés. La idea es prepararlos a reemplazar el español por el inglés.

Los hispanos, al igual que todos los grupos étnicos, aparecen en el cine y el teatro nor-
teamericanos. En West Side Story *vemos a los puertorriqueños; en* Zoot Suit *a los chicanos.*
La siguiente reseña (review) *describe una película sobre los cubanos. ¿La ha visto Ud.?*

Cine: El súper, *de León Ichaso y Orlando Jiménez*
Cuba sin Cuba
Un alegato anticastrista, realizado con humor kafkiano, sobre un cubano en Nueva York que tiene una obsesión: vivir en Miami

Por JUAN HERNANDEZ LES

Nadie pone en duda que el cine es un producto que pertenece a la materia de los sueños. Sólo cuando éstos son relegados a los campos de concentración de la realidad el cine deja de ser más real que la vida. Pero *El súper*, una película realizada por cubanos exiliados en los Estados Unidos, y con un presupuesto que no sobrepasa los 250 mil dólares, no llama la atención porque soslaye la ficción, sino porque se adentra en un mundo que muy bien puede catalogarse de «kafkiano».

Métodos violentos

El súper es la primera película que afronta el problema de los emigrantes cubanos, ésos que despectivamente son calificados de «gusanos» y no han perdido la esperanza de regresar a Cuba recurriendo a todos los métodos posibles, incluidos los violentos. En este sentido es evidente que *El súper* es una película anticastrista; pero nunca «reaccionaria», porque la integración, tal y como la plantean sus directores, es una entelequia.

El súper, interpretada con maravillosa naturalidad por Raymundo Hidalgo-Gato y Zully Montero—además de otra media docena de actores cubanos, ya nacionalizados en USA, que parecen improvisar unos papeles largamente estudiados—, es una película dirigida por León Ichaso y Orlando Jiménez Leal.

Ichaso se encargó de la adaptación—la película está basada en la pieza teatral del mismo título, original de Ivan Acosta—y Ji-

ménez Leal, de la fotografía. Este último ha debutado posteriormente en la dirección con la mediocre película de Julio Iglesias *Me olvidé de vivir*.

«Lo más interesante de *El súper*—ha declarado Jiménez Leal a esta revista—es que su tema, perfectamente íntimo y particular, ha llegado a interesar a gentes muy distintas, que no tienen, a veces, nada que ver con nuestra cultura. La película puede ser calificada de kafkiana sólo en la medida en que esa realidad, esa vida en Nueva York, es kafkiana. Pero no es realista; parte de una realidad para tratar de transformarla en una realidad poética. Yo, personalmente, detesto el realismo. Creo que es un callejón sin salida.»

«Por ejemplo, el personaje principal, el 'superintendente', está construido con rasgos de mucha gente —añade Jiménez Leal. —Está hecho de todos nosotros, de toda la pesadilla que hemos vivido desde que salimos de Cuba. Ese personaje, como tal, quizá ahora ya no existe. Pero existe en la realidad poética.»

Integración imposible

Según el codirector de *El súper*, los cubanos juegan en Estados Unidos el mismo papel de los sicilianos en el Imperio Romano. «Disfrutamos de una serie de cosas del Imperio Romano, pero no pertenecemos a él. Más que nada, es un problema cultural. No es que haya discriminación, sino que integrarse resulta casi imposible.»

Tan imposible que después de diez años de vida en Nueva York, «el súper» no sabe más de cinco palabras en inglés. Su obsesión por volver a Cuba nace del hecho de que no puede volver a la isla, y eso le hace idealizarla y, por consiguiente, rechazar la integración.

El súper, sin embargo, no está dirigida a los cubanos, ni pensada para ellos; de ahí su éxito internacional. Ni se apoya en la rúbrica del «mensaje»; antes bien, la definen las curiosidades: su aspecto claustrofóbico que, remitiendo a Manhattan, impide observar todo lo que no discurra entre cuatro paredes.

La progresiva fatiga y desencanto del protagonista, Roberto, «superintendente» de un edificio de apartamentos, que como no se puede «realizar» en la ciudad de los rascacielos, sólo sueña con terminar sus días en Miami; la mugre y la áspera planificación que contemplan unos personajes desclasados, pero no por ello menos miserables de lo que se supone fueron cuando abandonaron su patria; y, en fin, el carácter intimista, expuesto en clave de comedia, que atraviesa todo el filme.

Interiores

El súper es una película de *interiores*, familiar, que tiene por tema, precisamente, la familia, con sus anhelos y mezquindades. No termina en tragedia, pero todas las tragedias cubanas concluyen con un baile: lo que pueda ocurrir a continuación no supone ningún dilema para el espectador.

Su sencillez y modestia no tienen vuelta de hoja: sus decorados no pueden ser más modestos, su fotografía más ingenua, ni su historia más elemental.

Diríase que es una película de personajes, pero a falta del *look* de Hollywood el espectador ha de contentarse con asistir a una «declaración» casi *underground:* ésta es su contextura, su tono y atmósfera.

Las cosas han cambiado: *El súper*, que está más cerca del costumbrismo que del alegato político, ya no puede temer las iras de los comisarios de las «checas» ni de sus compañeros de viaje; los caminos de la libertad exigidos en la isla del Caribe y los 10 mil «prófugos» de la Embajada del Perú no sólo avalan obras como *El súper*, sino que además convierten al capitalismo en el «bueno» de la película. *El súper* indica que no hay salida posible ni para los «gusanos» ni para los que de buen corazón sueñan, como Roberto, con la zafra del azúcar: allí, al menos, no se sufre la nieve, ni la soledad, ni el desamparo que viven los emigrantes en Nueva York.

De este viaje sin retorno, de esta obsesión, nos habla la película de unos cubanos que son algo más que unos personajes de comedia: muñecos en manos de unos prestidigitadores de pesadilla. Aunque no hay mal que cien años dure, ni cuerpo que lo resista.

¿Se recomienda la película o no? ¿Conoce Ud. otras películas u obras dramáticas que traten a los grupos hispanos? ¿a otros grupos étnicos?

con el Servicio de Inmigración y Naturalización. Pero de repente Castro cambió de idea y anunció que podría salir del país cualquier cubano que tuviese parientes en los EEUU dispuestos a recogerlo. El resultado fue que a fines de mayo unos 125 mil cubanos, huyendo en barcos pesqueros de toda índole, habían inundado el sur de la Florida, buscando una mayor libertad política y una mejora en su situación económica.

CUBA BAJO CASTRO

En los veinte años de gobierno castrista, Cuba ha experimentado profundos cambios. La campaña educativa ha eliminado casi por completo el analfabetismo; el servicio médico es gratis y se ha reducido en gran medida la

En abril y mayo de 1980 más de 125 mil cubanos salieron de Cuba para establecerse en los EEUU. Los de la segunda oleada se diferenciaban mucho de los de la primera de hace veinte años: eran más jóvenes, tenían menos educación y menos entrenamiento técnico. Sin embargo, tenían las mismas ilusiones: libertad social y mejoramiento económico.

tasa de mortalidad. Se ha reducido el desempleo y por medio de las leyes de reforma urbana se ha posibilitado el que muchas personas sean propietarias por primera vez de sus casas o apartamentos. La corrupción gubernamental ha sido combatida y ha surgido un nuevo orgullo nacional y una nueva conciencia social. Pero en otros aspectos las condiciones de vida han mejorado poco. El aprovechamiento de la tecnología soviética fue un fracaso excepto en lo que a material militar se refiere. Ya en 1961 se había impuesto el racionamiento de muchos comestibles, medicinas y otros artículos; veinte años más tarde el racionamiento seguía siendo necesario. Por eso, muchos cubanos empezaron a desilusionarse de la revolución y de las promesas de Castro. Esta desilusión se agudizó° durante 1978 a 1980,   _?_
cuando se permitió que unos 100 mil cubanoamericanos visitaran a sus parientes en Cuba. Su evidente prosperidad bajo el capitalismo instó a muchos a salir del país.

LA SEGUNDA OLEADA

Todavía no se sabe si los emigrantes de la «segunda oleada» gozarán de° la   gozarán... *will enjoy*
misma prosperidad que los primeros. Como no se les considera «refugiados», no reciben la ayuda económica que recibieron aquéllos.[11] Los miembros de esta segunda oleada son más jóvenes y cuentan con menos educación, menos adiestramiento y menos experiencia profesional y laboral. En el nuevo grupo hay un porcentaje significativo de negros que, al igual que los puertorriqueños y los mexicanos, tendrán que° luchar contra   tendrán... *will have to*

---

[11] En muchos casos la comunidad cubanoamericana reemplazó las subvenciones federales con generosos donativos de dinero, comida y ropa, ayudando también al proceso de adaptación lingüística y cultural.

el racismo. Como si estos problemas no fueran suficientes para los nuevos inmigrantes, también les rodea la sospecha de criminalidad. Castro no sólo dejó salir a los que pedían salida, sino que también permitió la salida de presos comunes de las cárceles cubanas. La presencia de estos «marielitos»° ha transformado las antiguas calles tranquilas de Miami en lugares con un alto índice de crimen y violencia y también ha contribuido a hacer más difícil la aceptación de los nuevos inmigrantes. Quizás el problema más agudo sea la actual situación económica de los EEUU, bien distinta de la de los años sesenta. En una época de poco crecimiento económico, las demandas que impone la existencia de inmigrantes en una localidad sobre el sistema educativo, servicios sociales e impuestos representan una carga penosa que puede influir negativamente en la aceptación y en la completa asimilación del grupo.

los que salieron del puerto de Mariel

MIRANDO HACIA EL FUTURO

Hace unos cuarenta años se pensaba que los grupos étnicos estaban a punto de desaparecer en el Gran Crisol. Los Estados Unidos de América, la nación de los inmigrantes, era de todos modos una sola nación. Los inmigrantes, después de un difícil período de adaptación, poco a poco se separaban de su antigua identidad, de su idioma y de sus costumbres para hacerse estadounidenses. La ruta ya era conocida porque muchas personas la habían recorrido. Cuando los puertorriqueños empezaron a llegar en la década de los cincuenta, y luego los cubanos en los años sesenta, se suponía que el patrón se repetiría.°

se... would repeat itself

Las cifras indican que hasta cierto punto la asimilación se está produciendo: los hijos de inmigrantes mexicanos y la segunda generación de puertorriqueños viven mejor que sus padres. Aunque los cambios han sido muy lentos, los hispanos en general y los puertorriqueños en particular han mejorado educativa y económicamente. Especialmente en los últimos diez años se ha visto una notable politización en ambos grupos, dando como resultado una creciente participación política. Pero a nadie se le ocurriría° decir que los hispanos están perdiendo su identidad cultural. ¿Por qué no? Hay tres razones principales.

would occur

En primer lugar, las circunstancias históricosociales de los méxico-americanos y los puertorriqueños no favorecían una americanización ni rápida ni complaciente;° por su parte, los cubanos llegaron pensando que su vuelta a Cuba iba a ser inminente. En los tres casos había más razones a favor del mantenimiento cultural que a favor de su pérdida. En segundo lugar, el hecho de la inmigración en sí es muy diferente ahora que antes. Para los inmigrantes que llegaron antes de 1930, el viaje a América significaba un viaje largo y difícil a través del océano que podía durar incluso semanas. Este tiempo servía para separar definitivamente—por medio de la distancia tanto mental como física—la vida que habían llevado hasta entonces de la nueva que pronto iban a empezar. Hoy, para los tres grupos hispanos, venir a los EEUU es cuestión de unas cuantas horas; así el recién llegado empieza su nueva vida sin haber dejado totalmente la anterior.

cheerful, obliging

Por último hay que señalar que en los tres casos los inmigrantes se mantienen en contacto con la madre patria. Por medio de una continua inmigración y de las visitas a sus países de origen, los hispanos mantienen fuertes sus vínculos lingüísticos y culturales.

Pero si en algunos aspectos la condición de inmigrante ha sido más tolerable para los hispanos, en otros ha sido mucho más difícil. Antes de la mecanización de la industria norteamericana que siguió a la Segunda Guerra Mundial, había muchos empleos para los cuales no se necesitaba ni mucha educación ni adiestramiento especial. Estos empleos permitían a los inmigrantes mantenerse mientras sus hijos se educaban. Las condiciones de trabajo eran realmente horrorosas en muchos casos, pero los inmigrantes pudieron soportarlas sabiendo que la situación de sus hijos iba a ser mucho mejor. Ahora hay máquinas para hacer el trabajo duro y peligroso que antes hacían los inmigrantes. Por consiguiente, el que llega sin educación ni adiestramiento no tiene ninguna facilidad para asegurarse un medio de vida.

Una de las mayores esperanzas que tienen los grupos hispanos es la educación bilingüe. Los que se oponen a ella la atacan por ineficaz: dicen que los estudiantes aprenden español a costa de no aprender inglés y que salen sin lo que más necesitan: el poder defenderse en inglés. Quieren saber por qué los hispanos merecen un trato especial si otros inmigrantes (sus propios padres o abuelos) sufrieron el sistema monolingüe sin daño aparente. En realidad, si uno examina la historia con más cuidado, se descubre que hoy en día sería totalmente inaceptable la manera en que las escuelas públicas de principios del siglo hicieron frente al enorme número de niños que no sabían inglés. En 1911 en las escuelas públicas de treinta y siete grandes ciudades de los EEUU, más del 57 por ciento de los niños era de familias inmigrantes. (¡En Nueva York el porcentaje llegó al 72 por ciento!) En esas escuelas se encontró un elevado índice de «atraso mental» (que en aquel entonces se definía por la necesidad de retener a un niño en un mismo grado por más de dos años). En 1911 en las escuelas públicas de Nueva York, los niños de tercer grado oscilaban entre los cinco y los dieciocho años de edad y más del 35 por ciento de todos los estudiantes de las escuelas públicas fueron clasificados como atrasados mentales.[12] Es difícil aceptar que se salía de tal sistema «sin daño aparente». La educación bilingüe, por imperfecta que sea, parece una solución mucho más humana. Al mismo tiempo que los niños están aprendiendo inglés pueden asimilar sin dificultad las otras materias. Además, el uso de su propia lengua en las escuelas da a su cultura una dignidad y una legitimidad que la insistencia en el monolingüismo le resta.° Es cierto que muchos de los programas son ineficaces—no hay suficientes maestros bilingües, faltan materiales y facilidades—pero en estudios que se han hecho comparando a los niños que reciben instrucción en una sola lengua con los que la reciben en dos,

quita

---

[12] El porcentaje variaba mucho según el país de origen del niño; se consideraba atrasado a un 30 por ciento de los niños irlandeses y alemanes, al 50 por ciento de los niños italianos y casi al 60 por ciento de los niños polacos.

los niños bilingües se muestran superiores. Este indicio es muy alentador no sólo para los partidarios de la educación bilingüe, sino también para los niños considerados antiguamente «atrasados».

Pero la educación bilingüe y también la mayor conciencia cultural tienen su precio, pues hasta cierto punto dependen de la conciencia de *diferencia* y de alguna segregación.[13] Y esta segregación, ¿no está en contra del concepto de crisol? ¿No amenaza el sueño de unidad? Mirándolo bien, una visita a cualquier ciudad de los EEUU debe ser suficiente para desengañar a los que quieren creer que los inmigrantes de *cualquier* origen perdieron su cultura para «americanizarse». En todas las ciudades de los EEUU existen barrios, restaurantes, iglesias y periódicos, fiestas y tradiciones que recuerdan y conmemoran los diversos orígenes de la población norteamericana. La unidad de los Estados Unidos se deriva no de la conformidad de su gente a un solo patrón, sino del reconocimiento y estima de la diversidad. Los hispanos, al reconocerse a sí mismos como tales, también se dan cuenta de lo que pueden aportar a la cultura nacional.

Comprensión

A. Ponga los siguientes acontecimientos en orden cronológico (1–11). Luego identifique cada uno, explicando la importancia que tiene o para la emigración de los cubanos a los EEUU o para su situación actual en este país.

_____ la salida del puerto de Mariel
_____ la bahía de Cochinos
_____ la «invasión» de la Embajada del Perú en la Habana
_____ la Guerra de 1898
_____ la concesión de estatus de «refugiado político»
_____ la revolución cubana de 1959
_____ la autorización de visitas entre Miami y Cuba
_____ la «primera oleada»
_____ el establecimiento del primer gobierno comunista en el hemisferio occidental
_____ la sospecha de criminalidad
_____ la conversión de Miami en una ciudad bilingüe

B. Dé un resumen de la lectura completando la siguiente tabla.

	LOS CHICANOS	LOS PUERTORRIQUEÑOS	LOS CUBANOS
Fecha en que llegaron a ser ciudadanos estadounidenses			

[13] Esto se vio claramente cuando en Boston gran número de madres puertorriqueñas hicieron manifestaciones *en contra* de la integración forzada en las escuelas porque entonces no habría bastantes niños latinos en ninguna escuela para poder justificar una educación bilingüe.

	LOS CHICANOS	LOS PUERTORRIQUEÑOS	LOS CUBANOS
Circunstancias concretas de esta asociación			
Problemas/beneficios que resultan de estas circunstancias			
Dónde se han establecido preferentemente			
Tipo de trabajo más frecuente			
Problemas más graves para el futuro			

DESPUES DE LEER

Discusión

1. ¿Por qué no se puede decir que los méxicoamericanos, los puertorriqueños y los cubanos son «inmigrantes»? Comente tres semejanzas entre la situación de los puertorriqueños y los méxicoamericanos y la de muchos otros inmigrantes en los EEUU. Mencione por lo menos dos maneras en las que su situación es totalmente diferente.
2. ¿Por qué se han resistido los puertorriqueños y los méxicoamericanos a asimilarse a la cultura norteamericana igual o más que otros grupos de inmigrantes? ¿y los cubanos?
3. ¿Por qué tiene más importancia hoy la formación del individuo para mejorar la situación socioeconómica que hace cincuenta años? ¿Por qué se desilusionan muchas minorías con la educación si es, en realidad, indispensable?
4. ¿Qué efectos positivos y negativos produce el constante contacto entre los grupos hispanos y su madre patria?
5. ¿Qué choques ha provocado el contacto entre los hispanos y la cultura norteamericana en los valores culturales tradicionales?
6. ¿Cuál parece ser la organización del ensayo?

   a. comparación/contraste
   b. causa/efecto
   c. división/clasificación
   d. combinación de...

7. ¿Cuál es el propósito del autor al escribir el artículo? Busque citas de la lectura para justificar su respuesta.

a. divertir   d. describir   f. defender
b. informar   e. alabar (*praise*)   g. explicar
c. criticar

8. ¿Cuál es la actitud del autor hacia el tema? Busque citas de la lectura para justificar su respuesta.

a. práctico   d. condescendiente   f. cómico (irónico)
b. crítico   e. indiferente   g. compasivo
c. admirador

9. ¿Hecho (**H**) u opinión (**O**)?

_____ a. Es muy sabido que América es una nación de inmigrantes.
_____ b. Hacia 1900 los méxicoamericanos habían sido reducidos al estatus de minoría subordinada.
_____ c. Los puertorriqueños recibieron la ciudadanía en 1917 pero su asociación con los EEUU empezó varios años antes.
_____ d. Los cubanos han gozado de un éxito mayor y más rápido que el de ningún otro grupo de inmigrantes en los EEUU.
_____ e. Una de las mayores esperanzas que tienen los grupos hispanos es la educación bilingüe.
_____ f. En todas las ciudades de los EEUU existen barrios, restaurantes, iglesias, periódicos, fiestas y tradiciones que recuerdan y conmemoran los diversos orígenes de la población norteamericana.

Aplicación

1. ¿Por qué creen muchas personas que la educación bilingüe puede resolver los problemas educativos de los hispanos? ¿Por qué creen otras personas que la educación bilingüe no ayuda sino que perjudica a los hispanos? ¿Qué piensa Ud.? En su opinión, ¿deben aprender español los niños angloparlantes para que lleguen a ser también bilingües? ¿Por qué sí o por qué no?
2. En su opinión, ¿qué significa «americanizarse»? ¿Es posible ser un buen «americano» y mantener al mismo tiempo las tradiciones y los valores de otra cultura? Explique.

CAPITULO DIEZ

HABITOS Y
DEPENDENCIAS
Las drogas, el alcohol y el tabaco

ANTES DE LEER

Aspectos Lingüísticos

More About Pronouns and Connecting Words

In written as in spoken language, many words can be used to refer to something previously mentioned or to something that is yet to come: demonstrative pronouns (**esto, ésta, éste**), relative pronouns (**que, quien, lo que**), possessive adjectives and pronouns (**su, suyo** and so forth), as well as direct and indirect object pronouns. These reference words help to establish the "flow" or coherence of a paragraph or text. For example, what do the underlined words refer to in the following passage?

> When Joan's fortieth birthday came, her friends gave a surprise party; they were so secretive about their plans that she never suspected anything about it.

The following exercises will give you practice in recognizing and interpreting reference words. As with object pronouns, the context provides the clues necessary for you to identify the referents.

Lea el siguiente pasaje e identifique el antecedente o referente de cada palabra señalada. Siga el modelo del primer párrafo.

COGORZA° INTRAUTERINA — *binge*

No sólo con **drogas** [se] autodestruyen **miles y miles de jóvenes** en Europa. Además de [éstas], una comisión del Parlamento Europeo ha encontrado que el alcohol también produce una enorme cantidad de catástrofes.

Para empezar, varios estudios [que] incluyen a España comienzan a verificar el nacimiento de bebés alcohólicos debido al elevado consumo de [esa] sustancia que han hecho [sus] padres y en especial la madre durante la gestación. El alcohol golpea, según [estas] investigaciones, a la niñez y duramente a los adolescentes.

Con el alcohol, [cuyo] uso no sólo es legal, sino que se estimula con la publicidad, los jóvenes huyen de las frustraciones, la estrechez económica, el paro° y los conflictos con [sus] padres. — *desempleo*

Lea el siguiente pasaje y subraye los pronombres y otras palabras de referencia. Luego identifique el referente de cada uno.

NO ASPIRINAS

«Esta noche no, querido, me duele la cabeza.» Esta famosa frase dejará de ser una histórica excusa. Investigadores londinenses han reunido una serie de pruebas que parecen corroborar el supuesto de que la jaqueca° podría ser — *migraine* una alergia a ciertos alimentos.

Un grupo de sus pacientes que sufrían dolores abdominales, asma, eczema, ataques, etcétera—siendo todos los cuales síntomas asociados a fuertes jaquecas—se curaron en un 93 por 100 después de seguir un riguroso régimen alimenticio. Los médicos advierten que también influyen en la jaqueca los factores emocionales, tal como se registra en la mayoría de las enfermedades alérgicas.

Así que lo que no han podido vencer las aspirinas lo logrará la vieja receta española: tranquilidad y buenos alimentos.

Aproximaciones al texto

Writing Summaries

The ability to write a good summary is an important study skill. The practice you have had thus far in finding the topic sentence and main ideas and in recognizing text structure and patterns of essay development will help you to construct accurate and concise summaries.

Lea el siguiente artículo y los resúmenes que de él escribieron cuatro estudiantes. Luego, haga los ejercicios a continuación para decidir cuál de los resúmenes es el mejor.

Caídos del «caballo»

El día que Beatriz, diecinueve años, una rubia muchacha de un rico barrio de Madrid, consiguió fumarse un *porro* (un cigarrillo de hachís o mariguana), pudo calmar su curiosidad. Entonces tenía catorce años.

«Como soy muy curiosa —dice Beatriz— seguí probando anfetaminas de todo tipo y luego pasé a la heroína. Aquello marchaba hasta que me di cuenta que se necesitaba mucho dinero y, claro, mi familia no lo tenía ni me lo iba a dar para estas cosas.»

Beatriz no quiere decir cómo pudo continuar adquiriendo la droga. Su compañera Ana, veinticinco años, es más explícita:

«Cuando necesitaba el *caballo* (heroína) cualquier medio era válido, como traficar, prostituirse o robar. Era una ruina. Me veía atrapada en una espiral que no terminaba. Un día incluso pensé en quitarme la vida.»

Las dos, Beatriz y Ana, son personas que han visto lo peor de la vida. Como todos los compañeros—treinta y uno en total—con los que conviven en Hontanillas, un pueblo abandonado de Guadalajara, donde la Asociación Madrileña para Ayuda al Toxicómano desarrolla una interesante experiencia de rehabilitación: el fortalecimiento de la propia voluntad para dejar la droga en el medio natural.

El centro de Hontanillas—una especie de granja o finca con todas las tareas laborales de la vida del campo—funciona desde hace seis meses y piensa extenderse hacia otras regiones.

El secreto de este sistema de recuperación se basa en un régimen bien simple: el distanciamiento de los peligrosos ambientes que causaron la caída.

«La vida sana, no estar en medio de la ruina que rodea a la droga y, sobre todo, pasar del asfalto de la gran ciudad es esencial para sentirse bien», dice Juanjo, treinta y nueve años, ex traficante que ha sufrido siete años de cárcel por esta causa y que ahora intenta sacudirse de la adicción.

Entre las humildes casas de Hontanillas, bajo las frondas de los viejos árboles que circundan el pueblo, el camino de la rehabilitación es una voluntaria renuncia a la droga, conducida, después, por la solidaridad de los compañeros más recuperados a la integración social con el resto.

En el tratamiento no se utiliza ningún tipo de fármaco, salvo para curar alguna enfermedad menor no asociada con la droga. Baños, masajes, tisanas, paseos por el campo, junto con la participación en programas de trabajo—ahora trabajan en la reconstrucción de gran parte del viejo pueblo—, configuran la vida que los va a salvar. Tal vez en unos meses, quizá en un año. «El peligro —dice Goyo, uno de los pioneros del centro— está fuera. Lo ideal sería asumir un nuevo concepto de la vida, con la naturaleza como centro. Dejar atrás la corrupción, la destrucción de la ciudad.»

Cada día, en asamblea, este grupo de heroi-

nómanos va configurando el programa de su propia recuperación, planificando la vida de cada día, consolidando sus nuevos pasos. Todos comparten la misma confianza de que, algún día, sin que se den cuenta, el campo les habrá curado.

Resumen 1

Beatriz es una joven madrileña toxicómana. Empezó fumando porros y luego pasó a la heroína. Sufrió mucho y tuvo que hacer muchas cosas terribles para obtener la droga. Decidió acudir a Hontanillas, un pueblo abandonado de Guadalajara, donde hay un centro para la rehabilitación de toxicómanos. Vive allí con Ana, Goyo, Juanjo y muchos otros jóvenes. Todos son toxicómanos y han sufrido mucho a causa de la droga. Cada uno tiene una historia diferente, pero todos esperan dejar sus hábitos ahora que están lejos de las tentaciones de la ciudad. Ya que el centro está en un pueblo viejo y pequeño, el ambiente del centro es natural y tranquilo. El tratamiento no incluye medicinas ni otras drogas. Los jóvenes son grandes amigos y participan en varios proyectos que requieren trabajo físico, como, por ejemplo, la reconstrucción de la ciudad. Todos están convencidos de que van a curarse pronto.

Resumen 2

La historia de Beatriz, Ana y otros jóvenes toxicómanos que quieren rehabilitarse.

Resumen 3

El artículo describe a Beatriz, una joven madrileña, y a varios otros jóvenes, todos toxicómanos, que ahora se encuentran en un centro de rehabilitación en Guadalajara. Viven allí en un ambiente natural y tranquilo. El tratamiento, que consiste en separar al toxicómano del ambiente urbano, no incluye medicinas ni otras drogas; depende del ambiente natural, el trabajo físico y la amistad entre los compañeros del grupo.

Resumen 4

En Guadalajara, en el viejo pueblo de Hontanillas, la Asociación Madrileña para Ayuda al Toxicómano ha establecido un centro para la rehabilitación de los jóvenes enganchados a la droga. El programa del centro es simple: la vida sana y natural del campo. El centro fue establecido hace seis meses y en el futuro se piensa establecer otros en diferentes regiones del país.

En su opinión, ¿cuál es el mejor resumen? Considere los siguientes factores:

1. la longitud: ¿es demasiado extenso? ¿demasiado corto?
2. las ideas básicas: ¿incluye la idea central? ¿incluye ideas poco importantes? ¿incluye ideas equivocadas?
3. el balance entre la brevedad (¿se pueden identificar rápidamente las ideas importantes?) y suficientes detalles sobre las ideas más importantes (¿se entienden las ideas sin tener delante todo el texto?)

Prelectura

A. ¿Qué entiende Ud. por la palabra *droga*? ¿A qué sustancias se refiere? ¿Qué son «drogas duras»? ¿y «drogas blandas»? ¿«alcohol duro»?

B. ◪ **¡Necesito compañero!** ◪ Con un compañero de clase, decidan el orden de importancia (1 = más importante) de las drogas duras, las drogas blandas, el alcohol y el tabaco con respecto a cada uno de los temas mencionados a continuación. Prepárense para justificar sus decisiones.

1. el efecto negativo en la salud
2. la popularidad entre sus amigos
3. la popularidad entre las personas de la generación de sus padres
4. el precio
5. el carácter adictivo
6. la aceptabilidad social
7. el prestigio social
8. la gravedad como problema social

C. Al hacer el ejercicio B, ¿se mencionó alguna diferencia con respecto a la preferencia por ciertas sustancias según la edad del consumidor? ¿El consumo de qué sustancia tiene la tradición más larga en este país? ¿Qué cambios ha habido en cuanto a la aceptabilidad social de las siguientes sustancias a través del tiempo?

1. el alcohol   2. el tabaco   3. la mariguana   4. la cocaína

D. ¿Hay diferencias con respecto a la aceptabilidad social del consumo de ciertas sustancias según el sexo del consumidor? Explique.

E. Pensando en el consumo de drogas, de alcohol y de tabaco en otra cultura, ¿qué diferencias importantes espera Ud. encontrar en comparación con la cultura norteamericana? Trate de mencionar por lo menos tres ideas.

F. Al pensar en la cultura hispana, ¿cuál es la sustancia que Ud. asocia más con ella? ¿Por qué? ¿Qué sustancia cree Ud. que un hispano asocia más con los EEUU? ¿Por qué?

LECTURA

Vocabulario activo

a la par *at the same time*
alucinógeno *producing hallucinations*
arraigar *to take root*
la borrachera *drunkenness*
cabe decir *it suffices to say*
el cacto *cactus*
la campaña *campaign*
cobrar afición a *to take a liking to*
el contrabando *contraband; smuggling*
la criatura *creature*

dicho *said, mentioned before*
difundir *to spread*
en pie *standing, remaining*
la espina *thorn*
extraer *to extract*
fingir *to pretend*
la hoja *leaf*
el índice *rate*
masticar *to chew*
el mostrador *counter*
nutrir *to nourish*
ocultar *to hide*
el peregrinaje *pilgrimage*

el pitillo *cigarette (slang)*
el prójimo *neighbor; fellow man*
la propiedad *characteristic, property*
el sabor *taste*
la semilla *seed*
la seta *mushroom*
silvestre *wild, uncultivated*
sorber *to sip; to sniff*
las tapas *snacks, hors d'oeuvres*
la vid *grapevine*

A. Busque sinónimos en la lista del vocabulario.

1. el cigarrillo
2. extender
3. el vecino
4. al mismo tiempo
5. el ser

B. Busque antónimos en la lista del vocabulario.

1. cultivado   2. revelar

C. ¿Qué palabra no pertenece al grupo? Explique por qué.

1. la vid, el cacto, la seta, el gasto
2. comer, fingir, masticar, sorber
3. las tapas, la semilla, arraigar, la hoja

D. ¿Qué palabra de la segunda columna asocia Ud. con una de la primera?

_____ 1. el contrabando
_____ 2. la espina
_____ 3. fingir
_____ 4. la borrachera
_____ 5. el mostrador
_____ 6. sorber
_____ 7. la campaña

a. la rosa
b. las elecciones
c. hacer un papel
d. un líquido
e. la frontera
f. la tienda
g. el alcohol

E. Complete las oraciones en una forma lógica, usando la forma correcta de las palabras de la lista del vocabulario.

1. No me gusta_____ del limón. Es muy ácido.
2. No se necesitan muchas nueces para preparar este plato; _____ será suficiente.
3. El pobre está sin dientes. Le tuvieron que_____ los pocos que le quedaban.
4. _____ que este examen es un desastre total.
5. Tengo que ver el estudio sobre los sueldos. _____ estudio fue hecho por un empleado digno de confianza.
6. Hicieron_____ a La Meca todos los años hasta que se enfermó el viejo.
7. _____ de inflación sube todos los años pero ahora está sólo al 6 por ciento.
8. Al principio los padres de él se opusieron al matrimonio pero pronto_____ a su nuera (daughter-in-law).
9. El hierro (iron) tiene_____ de un metal.
10. El soldado se mantuvo_____ durante toda la ceremonia pero al final cayó desmayado (in a faint).
11. Los osos se_____ de miel, peces e insectos.
12. Vamos a ese restaurante. Sirven_____ excelentes.
13. El LSD es una droga_____ .

LAS DROGAS, EL ALCOHOL
◫ Y EL TABACO ◫

Desde hace miles de años, el ser humano ha empleado diversos productos que alteran su percepción normal de la realidad. El uso del alcohol es casi universal y el de ciertas drogas que se extraen de la naturaleza también tiene una gran extensión geográfica. A pesar de su universalidad, el consumo de alcohol y de drogas tiene un significado distinto en cada cultura.

EL TABACO

En el mundo moderno el tabaco no está considerado como una droga. Es decir, no comparte la misma categoría que la heroína, la cocaína o la mariguana. Sin embargo, en las culturas indígenas de las Américas, el tabaco se empleaba como una sustancia alucinógena y todavía se usa así en ciertas tribus, como los warao de Venezuela. El tabaco es originario° de las Américas y fue desconocido en Europa hasta el descubrimiento del Nuevo Mundo. Los europeos cobraron muy pronto afición al tabaco y lo importaron en grandes cantidades. Había unas cuarenta especies° de tabaco en las Américas, dos de las cuales eran las más difundidas, *Nicotiana tobacum* y *Nicotiana rustica*. Esta última es mucho más fuerte que aquélla, con una concentración de nicotina cuatro veces más elevada. Pero los europeos importaron *Nicotiana tobacum* y por lo tanto sus cigarros y cigarrillos no tenían las propiedades alucinógenas del tabaco indio. Cabe decir que el tabaco moderno se deriva de la *Nicotiana tobacum* y no es una sustancia alucinógena.

La *Nicotiana rustica* se empleaba extensamente en los ritos religiosos de los indios. No se fumaba nunca por simple gusto, sólo en un contexto ritual. Aun hoy en día los indios distinguen entre el tabaco de sus antepasados y el comercializado, y si éste se usa libremente en un contexto secular, aquél sigue siendo reservado para lo religioso.

El consumo ritual del tabaco fue practicado lo mismo en el continente norte que en el sur. Principalmente se fumaba, en pipas o en cigarros, pero también se extraía un líquido de las hojas, o se sorbía por la nariz o se lamía, y a veces se tomaba en forma de enema. En todo caso el propósito fue siempre ponerse en contacto con los dioses. Por medio del tabaco el *shaman*, o sacerdote, se libraba de la visión limitada del ser humano y se elevaba al mundo de los dioses. El tabaco era a la vez un regalo de los dioses y un modo de sacarles más regalos. Se cuenta en muchas culturas indígenas que los dioses les dieron el tabaco a los hombres y se les olvidó guardar una porción para sí. Ya que los dioses se nutrían del humo del tabaco, se hicieron dependientes de sus criaturas, quienes a su vez ganaban la buena voluntad de sus dioses ofreciéndoles tabaco. Por lo tanto, los indios creían que existía una relación de interdependencia entre los dioses y sus criaturas.

Hoy en día el uso ritual del tabaco va desapareciendo. En cambio, el uso secular del tabaco ha aumentado mucho entre todas las esferas de la sociedad hispana. No existe la misma conciencia de los efectos nocivos° del

?

?

?

En los países hispanos el fumar es frecuente. Cuando se fuma delante de otros (conocidos o no) es señal de mala educación no ofrecer cigarrillos.

tabaco en los países hispanos que en los Estados Unidos.[1] El que los no fumadores insistan en su *derecho* a respirar aire «no contaminado» es todavía raro en los países hispanos, como lo es también delimitar lugares especiales para no fumadores en los sitios públicos.[2] No hay edad mínima para comprar cigarrillos. Muchas personas—jóvenes o no—fuman y fuman mucho. Además, hay muchos fumadores ocasionales. A diferencia de los EEUU, en los países hispanos se pueden comprar cigarrillos uno por uno. Hay vendedores ambulantes que se sientan en algún portal° y venden uno, dos o tres cigarrillos al que tiene ganas de fumar su pitillo.

entrada, puerta

LAS DROGAS

Al mencionar el término *droga* lo más normal es que se piense en la mariguana, la heroína o la cocaína. Aunque en los países hispanos el problema del abuso en el consumo de drogas y la toxicomanía todavía no han alcanzado las proporciones que se encuentran en los EEUU, sí han au-

---

[1] Son escasos los países hispanos en que los paquetes de cigarrillos, incluso los paquetes producidos en los EEUU para la exportación, llevan un aviso sobre los efectos nocivos en la salud.

[2] El consumo del tabaco ahora empieza a ser criticado más abiertamente. En 1985, el Ministerio de Sanidad de España recomendó la prohibición de la publicidad de tabaco y alcohol en las competiciones deportivas. En 1986 México aprobó una ley que prohíbe anuncios sobre consumo de tabaco por radio y televisión.

mentado dramáticamente en los últimos años. Antes de examinar esto, es interesante notar que el consumo de varias otras drogas tiene una larga tradición en el mundo hispano.

EL PEYOTE Y LAS SETAS ALUCINOGENAS

Las drogas desempeñan en algunas tribus un papel semejante al del tabaco en la tradición indígena de Hispanoamérica. Aunque la mariguana no es originaria de las Américas, había muchas otras fuentes de elementos alucinógenos. El peyote, una especie de cacto sin espinas y de sabor amargo, se ha usado desde hace por lo menos 2 mil años y hoy día es una de las escasas° sustancias alucinógenas legales, aunque sólo para los indios que pertenecen a la Iglesia Indígena Americana (*Native American Church*). Otra droga empleada por los indios fue la semilla de la planta dondiego,° de un gran efecto psicodélico. Sólo en 1960 se descubrió que las semillas del dondiego son muy parecidas en estructura química al ácido lisérgico, mejor conocido como LSD.

      También se ha descubierto en los últimos años que ciertas especies de setas con propiedades alucinógenas fueron empleadas por los indios de México y que este consumo se sigue dando° hoy en día en varias tribus. El desconocimiento de este consumo hasta fecha reciente se debe a la resistencia india a revelar su culto a forasteros.° Desde los primeros momentos de la colonización de América, la Iglesia Católica prohibió el uso de toda sustancia alucinógena. La campaña de la Iglesia no tuvo mucho éxito, pero los indios empezaron a ocultar su consumo. Se cuenta que muchas veces los indios fingieron cooperar en la denuncia de sus antiguos hábitos con el fin de mejor ocultar la persistencia de algunos usos especiales. El consumo de las semillas del dondiego y de la seta estaba tan oculto° que los antropólogos y otros estudiantes de la cultura indígena creían que había desaparecido del todo. Sólo cuando algunos antropólogos se dedicaron a convivir con unos indios de Oaxaca se descubrió que no era así. Pasaron dos años antes de ganarse la confianza de los indios y ser invitados a participar en una ceremonia de consumo de setas. Esto ocurrió en 1953.

      El uso que hacen los indios de las drogas no puede compararse con el uso de drogas alucinógenas y de otra clase en los Estados Unidos, ya que las drogas se usaban y siguen usándose° exclusivamente dentro de una religión «shamanística». El *shaman* es al mismo tiempo vidente,° poeta, el que pronostica° la caza° y el clima, el que cura a los enfermos y, sobre todo, el que mantiene abierta la comunicación con los dioses. Dicha comunicación se establece en forma de visiones o de sueños y fue probablemente el deseo de aumentar la frecuencia e intensidad de las visiones lo que llevó al consumo de sustancias alucinógenas. La cosecha ritual del peyote que realiza la tribu huichol proporciona un buen ejemplo de la actitud de los indios hacia el cacto sagrado.

      Antiguamente se veneraba el peyote, una planta silvestre, en buena parte de Centroamérica, pero hoy en día sólo los huichol—un grupo de 10 mil indios—siguen la tradición de sus antepasados. Los huichol viven en la

_?_

morning glory

se... todavía existe

personas no conocidas

_?_

siguen... *continue to be used*
seer
_?_ / *hunt*

En todas las culturas, el lenguaje de la calle se caracteriza por una gran variedad de coloquialismos. El glosario siguiente puede ayudarle a comprender la siguiente entrevista con un «camello», o vendedor de drogas.

Glosario

el caballo   la heroína
el camello   el vendedor de drogas
la coca   la cocaína
el coco   la cabeza
el colega   el amigo; el conocido
el costo   el hachís
una china   una porción pequeña
el choco   forma corta de *chocolate*, que se refiere al hachís
chungo   loco; preocupado; malo
la esquina   la prostitución
liar   preparar, hacer un cigarrillo
la madera   la policía (por el color marrón de su uniforme)

el mono   el síndrome de abstinencia (sensación física o psicológica que impulsa a consumir más una droga)
pancho   a gusto, contento
la peta   un cigarrillo de hachís
pincharse   inyectarse
un porro   un cigarrillo de mariguana o hachís
una recortada   una pistola
un talego   una medida o porción más o menos estándar de una droga
el tío, la tía   el hombre, la mujer
un yonqui   un toxicómano

La vida de un «camello»
Reportaje

Por JUAN MADRID

Son vendedores, pero extraños. Lo que ofrecen está hecho—en gran parte—de la materia inconcreta de los sueños. Durante la noche y al atardecer, y a veces a la luz del día, inmóviles en las esquinas y en lugares determinados y fijos, murmuran: «*¿Choco? ¿Quieres choco? Lo tengo barato.*» En invierno, la cofradía se repliega a bares y lugares afines, y las mismas voces se susurran cerca de los mostradores. Sin embargo, al llegar el otoño y los fríos, caravanas de jóvenes emigran a Sevilla y a la costa, donde lo mismo se puede hacer durante todo el año.

Casi todos los vendedores (*camellos* u *hormigas*, en el argot) tienen alrededor de veinte años y la mayoría no son profesionales. En realidad, son revendedores. Compran para su consumo propio y lo que les sobra lo ponen en circulación, adulterado o no, según su propia moral o la necesidad. Andalucía, por su proximidad a

Marruecos, es el lugar donde el hachís es más barato y Madrid, Barcelona y el País Vasco, sus mejores centros de negocios. Los reventas buscan a los consumidores momentáneos: carrozas entre treinta y cuarenta y cinco años, para los que el mundo de la droga «es lo que les faltaba», y a niños precoces con ánimo de experimentación. El catálogo incluye a jóvenes funcionarios, gente del espectáculo y obreros.

«Yo vendo a mucha gente —afirma José Luis Z., «*El pelao*», montador eléctrico en paro desde hace dos años. Tiene veinticuatro años, está casado y su hija tiene tres años— y tengo hasta clientes fijos que me piden *costo* y acuden a mí porque saben que yo soy legal y que no engaño. Suelen ser gente que me compra una vez al mes o cada tres o cuatro meses. Yo, cada siete u ocho días, o así, me voy a Sevilla o a Algeciras y me compro veinte o treinta mil pesetas de *costo* y con el paquete me vengo a Madrid. Con eso tengo para mí y para mi mujer, y el resto lo vendo. O sea, que vengo a salir a unas cuarenta mil pesetas al mes de ganancia.»

«Yo paso de *caballo* y de *coca*, de verdad. Yo sé lo que es pincharse, porque estoy en el tema y conozco a muchos *yonquis*. Yo en la vida haría una cosa así. A mí me da la impresión de que la *madera* no se mete con nosotros, los que nos ganamos la vida así, porque si no, no se explica. Tú a un *yonqui* lo distingues en seguida, aparte de los pinchazos en los brazos o en las piernas, que cualquiera los puede ver, está el color de la cara, los ojos… No sé, el aspecto general. Como el barrio está lleno de *maderos*, yo creo que hacen la vista gorda, que lo que buscan son *camellos* de coca o de *caballo*. Si no, estarían las cárceles llenas.»

«Yo creo que es cosa del *coco*, que no se tiene por qué pasar del *porro* a pincharse. Si tienes el *coco* chungo, pues te pinchas, si no, te quedas con el *porro*. Yo creo que es una tontería eso que dicen que se empieza con el *porro* y se termina con el *caballo*. Yo tengo clientes de años que siguen con el *porro*, y yo mismo, que llevo ya cinco años liándome mis *petas*, tres o cuatro al día, y tan pancho.»

«Bueno, sí; hay que tener cuidado, sobre todo con las redadas. Si hay redadas, te pescan y te la lías. Dicen que eres traficante. Pero si no, no.»

«Un *tío* o una *tía* con el *mono* es capaz de cualquier cosa: robar, matar… Pero si no tienes *costo*, te fumas un ducados y le pides una *china* a un *colega*. Como vale poco, te la regala.»

«De cada *talego* que vendo me saco entre doscientas a doscientas cincuenta como mucho, según los casos. Si me quitan esto, lo que nos queda es: a mi mujer, la *esquina* y a mí, coger una recortada y entrar en un banco. Como yo creo que la Policía lo sabe, nos deja tranquilos. Porque es lo que yo digo, ¿qué mal hacemos? Yo a nadie obligo a fumar.»

Basándose en la información presentada en este artículo y en lo que Ud. ya sabe de las drogas, ¿cuáles son algunas semejanzas y diferencias entre la vida de un «camello» en España y en los Estados Unidos?

Sierra Madre, a unas 300 millas del desierto Chihuacha, donde crece el peyote. Para conseguir el peyote, los adultos de la tribu hacen un peregrinaje anual al desierto. Antiguamente viajaban a pie; hoy muchos van en coche o en autobús, lo cual se permite con tal de que visiten todos los lugares sagrados en el camino. No todos los huichol hacen el peregrinaje pero todos intentan hacerlo por lo menos una vez en su vida, y los que aspiran a ser shámanes han de° hacerlo un mínimo de cinco veces. Antes de embarcar, hay una ceremonia de purificación sexual, en la que todos los huichol tienen que identificar a cada individuo con el que han tenido relaciones sexuales desde la pubertad hasta el momento actual. Puesto que la cultura de los huichol no se caracteriza por la fidelidad matrimonial, la confesión pública es a menudo violenta.° Como parte de la ceremonia, se prohíbe toda manifestación de celos y se exige que el marido o la mujer eche todo resentimiento de su corazón. Después de la confesión se considera que el huichol ha vuelto a la pureza de la infancia y está listo para el viaje sagrado. No se come ni se bebe ni se duerme durante el viaje. Se baila y se canta, y se fuma el tabaco ritual. Por lo tanto, los peregrinos° ya están predispuestos a recibir las visiones anheladas.°

Al llegar al sitio sagrado, los shámanes relatan la historia del peyote y piden el auxilio de los dioses. Durante la recogida, todos mastican parte de

han… tienen que

embarrassing

?
deseadas

Desde tiempos remotos, los indios andinos han masticado la hoja de la coca («la planta divina de los incas»). Hoy en día más y más indios se dedican al cultivo de la coca, no por razones culturales, sino por las enormes ganancias garantizadas por el tráfico internacional de la cocaína.

la cosecha y cada vez que recogen una planta, le piden permiso y le dan las gracias por haberse dejado ver.° Siempre se dirigen° al peyote en términos cariñosos y lo manejan° con mucho cuidado. Se prohíbe recoger más de lo absolutamente necesario, porque de otro modo los dioses se enfadarían y esconderían el cacto el año siguiente.

haberse... having let itself be seen / se... hablan
handle

   Para el huichol el viaje en busca del peyote es una manera de ponerse en contacto con la tradición de sus antepasados. El primer viaje es una iniciación a la cultura y los siguientes fortalecen y hacen más profundo el conocimiento de la metafísica huichol. Mientras que el hombre contemporáneo toma drogas para escapar de su cultura y de las presiones que ésta le impone, el indio consume su peyote o su tabaco o su dondiego para profundizar en los valores de su cultura y para ponerlos en práctica después de su experiencia alucinógena.

LA COCA

La coca es otra droga usada desde muy antiguo—los estudios arqueológicos sugieren que, cuando menos, 3 mil años antes de Cristo—en el Perú y en parte del territorio de Bolivia. Los incas la empleaban en sus ceremonias religiosas y durante cierto tiempo fue usada como dinero, tanto por los indios como por los conquistadores que así pagaban a sus trabajadores esclavizados. Según ciertos estudios, hoy día se estima que más de 2 millones de individuos consumen coca, probablemente de la misma manera que la consumían sus antepasados. Colocan unas hojas de la coca en el carrillo° de la boca y con la saliva forman una bola, llamada en quechua el *acullico*. Las hojas de la coca sueltan un jugo en el que está la parte activa, el clorhidrato de cocaína. Pero para liberar éste se necesita la adición de un elemento alcalino. Por eso, después de formar el *acullico*, los indios se meten un poco de cal y ceniza[3] en la boca. El efecto, débil pero todavía muy efectivo, es casi inmediato: la boca se adormece° como si un dentista hubiera aplicado una anestesia local, desaparece o se reduce la fatiga, y la sensación de hambre se evapora.

    cheek

    ?

Además de este consumo tradicional, la coca es exportada legalmente a Estados Unidos para elaborar la esencia base de la Coca-Cola, y además diversos productos médicos con efectos anestesiantes. Pero estos tres usos apenas absorben una mínima parte de la producción total de la coca de Bolivia y Perú. La mayor parte de la producción de los cocales°—cada vez más extensos—es convertida en pasta básica de cocaína (PBC) que luego se refina con destino al tráfico ilegal de cocaína. De allí resultan tres graves problemas para los países andinos: toxicomanía entre sus propias poblaciones, corrupción política y debilitación económica.

    campos donde se cultiva la coca

El consumo de la cocaína no está muy difundido entre la población andina ya que la mayor parte de ésta se destina para la exportación ilegal a Estados Unidos y otras partes del mundo. En Estados Unidos y aún más en España y otras partes de Europa, donde una dosis puede valer más del doble del precio norteamericano, la cocaína es la droga de los ricos. Una pequeña dosis puede producir un estado eufórico, acompañado de la sensación de nuevas energías y mayor fuerza. También puede producir una pérdida del apetito y como resultado la disminución del peso. El problema para los países andinos no es el abuso de la cocaína sino el abuso, cada vez más extenso, de la PBC. La PBC se deriva de las hojas secas de coca mediante un proceso bastante primitivo (también fácil y barato) en el que se les añade queroseno y ácidos. Por lo general la PBC se fuma igual que un porro o sola o mezclada con tabaco o mariguana. Provoca sensaciones intensas de placer y bienestar, euforia… y la compulsión a seguir fumando PBC. El consumidor de PBC se vuelve un adicto rápidamente y pierde interés en todo lo que no sea fumar la droga. Los trastornos° empiezan pronto. La PBC contiene, además de sulfato de cocaína, los restos de todos los otros elementos que ayudaron a convertir hojas de coca: queroseno, sustancias alcalinas y luego ácido sulfúrico y ácido clorhídrico. A veces tres o cuatro porros son suficientes para provocar las angustias y alucinaciones persecutorias. El consumo exagerado se asocia con arritmias cardíacas, deterioro pulmonar y hasta la muerte. El precio relativamente barato de la PBC y la facilidad de su producción han hecho que esta droga, casi des-

    problemas

---

[3] Los indios llevan consigo una pequeña piedra llamada en quechua el *yista* y la roen con los dientes para obtener la necesaria cal y ceniza (*lime and ash*). La mezcla de cal y coca no produce cocaína; al contrario, sus efectos no difieren mucho de los de la masticación de un tabaco fuerte.

conocida antes de 1974, sea muy usada en la actualidad entre los jóvenes de la región.

La PBC es el primer paso en la conversión de las hojas de coca en la cocaína. Es también el paso más fácil y barato. En cambio, es complicado refinar la droga hasta producir cocaína. La mayor parte de la producción ilegal de PBC del Perú y Bolivia termina en Colombia, donde se refina y desde donde se exporta a todo el mundo occidental. Las enormes ganancias que representa este «negocio» han llevado la corrupción a todos los estratos del poder en el gobierno y también dentro de las filas de las fuerzas armadas que supuestamente deben de ayudar a la eliminación del tráfico y el refinado de la coca.

Hasta ahora aun los mejores esfuerzos de los individuos no seducidos por el negocio de la cocaína parecen haber tenido poco impacto en el gigantesco comercio. En parte esto se debe a que la policía y las aduanas° *customs* suelen capturar sólo a los pequeños *burros* o *camellos*[4] mientras los grandes capitanes del tráfico, que disponen de mejores medios, siempre escapan. Apenas logran erradicar el cultivo de la coca en una región cuando aparece en otra. Por otra parte, las autoridades legales todavía no logran convencer al campesino para que abandone el cultivo, pues la cosecha de coca permite ganancias cuatro veces más altas que ninguna otra. Cada año más campesinos abandonan el cultivo del café u otros productos para dedicarse a la producción de coca.

El tráfico de cocaína representa enormes problemas sociales y económicos no sólo para las regiones andinas sino también para los EEUU y otras naciones desarrolladas. En un tiempo los varios países productores y consumidores solían acusarse con «El problema es suyo». El tráfico de cocaína cada vez más extendido sugiere claramente la necesidad de cooperación internacional en resolver el problema. Es posible que una mayor cooperación entre Estados Unidos y los gobiernos del Perú, Bolivia y Colombia ayuden a combatir el refinado y el transporte de la cocaína. Por otro lado, es evidente que los esfuerzos por prevenir la exportación de la cocaína nunca tendrán éxito mientras exista una enorme demanda por la droga. Un punto más que habrá de considerarse: ya que el uso de la coca ha formado parte de la cultura andina por más de 5 mil años, es probable que cualquier solución que implique abolir su uso por completo esté destinada al fracaso.

LA MARIGUANA

A pesar del origen español de término *mariguana*, la planta no es indígena de los países hispanos. Se cree que fue llevada a Europa por los árabes, o a través de España o por el este de Europa. Se trajo a las colonias americanas para producir cáñamo, material del que se componen las sogas° usadas en *ropes* la navegación. El *cannabis* no arraigó como elemento alucinógeno hasta la llegada de los esclavos negros de Africa y, entonces, su uso se extendió a la clase baja. Durante mucho tiempo se limitó a esta clase y en Colombia el

---

[4] Términos coloquiales para referirse a los que transportan las drogas. La persona que vende drogas también se llama un *camello*.

término «mariguanero» se empleaba para aludir negativamente a cualquier individuo de clase inferior. La mariguana llegó a los Estados Unidos a través de Hispanoamérica. Los soldados norteamericanos se enteraron de° su uso al ponerse en contacto con las tropas° de Pancho Villa y los norteamericanos que trabajaron en la construcción del canal de Panamá se familiarizaron allí con el consumo de la mariguana. Durante los años veinte en este siglo, el uso de la mariguana se extendió a los músicos norteamericanos y luego se extendió a las clases media y alta. Durante los años sesenta su consumo se difundió aún más. Paradójicamente la mariguana no se empleó en las clases media y alta del mundo hispano hasta muy recientemente, cuando los estudiantes hispanos imitaron a los estudiantes norteamericanos.

    En España durante la década de los años setenta el consumo de la mariguana se extendió, especialmente entre los estudiantes y los de ideología de extrema izquierda. No obstante, la droga preferida en España desde hace mucho tiempo ha sido (y sigue siendo) el hachís africano. Con todo, su uso no llega a ser gran problema. Aun entre los estudiantes, donde el 40 por ciento de la población se ha fumado un porro alguna vez, parece que la mayor motivación es más bien la curiosidad y realmente el consumo habitual de drogas blandas se reduce a porcentajes muy bajos. En 1983 España se convirtió en la primera nación europea que legalizó el uso de las drogas blandas (la mariguana y el hachís).[5] Irónicamente, en aquel entonces sólo el 20 por ciento de la población aceptaba el razonamiento que un porro «a veces produce menos efecto que un vaso de vino».

LAS DROGAS DURAS

El consumo de drogas duras (la heroína y la cocaína) en la sociedad urbana hispana ha sido menos extendido que en los Estados Unidos. Según el 34° Congreso Internacional sobre Alcoholismo y Toxicomanías que se reunió en 1985 en Canadá, España se encuentra ahora en el inicio de un proceso de consumo creciente de heroína. Sin embargo, los expertos del Congreso previeron que el consumo de esta droga, que ya se ha estancado° en Estados Unidos y otros países de Europa, pronto habrá alcanzado su techo en España también. En cambio, el consumo de cocaína, acompañado de una aureola de prestigio entre las personas que la consumen, está experimentando un enorme crecimiento. No hay que decir que los recientes problemas económicos que han dejado parados° a muchos jóvenes tanto en España como en Hispanoamérica también han provocado un aumento en el consumo de drogas, tanto las blandas como las duras. Como dijo el director del Instituto Nacional de Toxicología de España, «una de las causas por las que los jóvenes se dedican más a la toxicomanía es la de no hacer nada».

    En España y el resto de Europa hay una postura muy diferente a la norteamericana en cuanto a la mejor manera de combatir el problema de la

se... descubrieron

  ?

leveled off

desempleados

---

[5] Por consumir la mariguana o el hachís no se arriesga la cárcel. En cambio, cultivar, transportar, vender o traficar todavía llevan graves penas.

toxicomanía. En los Estados Unidos hay muchos grupos que abogan por una intervención gubernamental y social. Proponen medidas prohibitivas, como, por ejemplo, limitar la venta de alcohol como forma de luchar contra el alcoholismo y, en el caso de las drogas, una mayor represión de tipo moral y social. A diferencia de este enfoque (que algunos europeos llaman «un nuevo puritanismo»), en España se prefieren campañas de información y sensibilización,° arguyendo que a menos que se reduzca la demanda, o sea el deseo de experimentar con drogas, nunca se va a eliminar su consumo.

sensitization

EL ALCOHOL

El alcohol tiene una larga tradición en la cultura hispana. España ya exportó vino durante la época romana y hoy es uno de los países productores más importantes del mundo. España trajo el vino a América y el cultivo de la vid se extendió rápidamente. La Iglesia Católica fue uno de los grandes cultivadores, ya sea porque necesitaba el vino para sus ceremonias o por los ingresos° que recibía de su venta. Hoy en día Chile y Argentina—países de producción vinícola° importante—respectivamente ocupan los lugares número 12 y 15 del mundo. Además del vino, en todo el mundo hispano se produce y se consume cerveza y bebidas alcohólicas destiladas.

renta

?

   Como en todos los países del mundo, el alcohol trae el problema del alcoholismo, aunque no es tan fácil definir el alcoholismo como se creería. Lo que en una cultura es señal de alcoholismo puede ser una conducta aceptable o deseable en otra cultura. En España se bebe vino normalmente a la hora del almuerzo y en la cena. Además, se bebe vino en los bares, después del trabajo y antes de la cena, que no se sirve hasta las diez de la noche o más tarde. En los bares la gente puede sentarse en una mesa pero lo más normal es que se permanezca de pie al lado del mostrador, donde hay una gran variedad de tapas: calamares en su tinta, aceitunas, mejillones, chorizo,° etcétera. Durante algún tiempo se creía que en las culturas donde se comía a la par que se bebía, no había una alta incidencia de alcoholismo. Hoy en día esta teoría ha sido desacreditada pero sigue en pie la descripción del consumo del alcohol en España como un acto sumamente social. No es raro que un español beba todos los días y esto no significa necesariamente que sea un alcohólico. Lo que sí es evidente es que casi siempre bebe acompañado de sus parientes o amigos. El bebedor solitario es poco frecuente y se condena. Además, los bares en general son lugares a los que puede acudir° toda la familia, no sólo los adultos como en los Estados Unidos, sino los niños y jóvenes también.[6]

calamares... squid in its ink, olives, mussels, Spanish sausage

venir

   Lo mismo puede decirse de los países hispanoamericanos, aunque la

---

[6] Aunque las estadísticas no siempre concuerdan, varios estudios parecen indicar que mientras la borrachera es más frecuente y más evidente en los países germánicos o nórdicos que en los países latinos, el alcoholismo se da más a menudo en éstos que en aquéllos. El latino, que consume alcohol de manera regular, desarrolla una resistencia tal que su consumo casi nunca afecta su funcionamiento normal y muy raras veces llega a la borrachera. Desarrolla también una dependencia física que, por su mayor resistencia a la borrachera, no siempre se nota en su rutina diaria.

En el bar típicamente hispano, uno no bebe sentado sino de pie cerca del mostrador. Mientras bebe, pica tapas y conversa un rato con los otros «regulares»; luego se va a otro bar donde vuelve a beber, picar y conversar.

población indígena tiene ciertas costumbres algo distintas que merecen estudiarse. Los indios ya tenían bebidas alcohólicas antes de la introducción del vino. Generalmente la bebida india se hacía de frutas o de maíz y, en su mayor parte, los indios la tomaban en grandes cantidades. Como en la sociedad española, el beber siempre ha sido un acto social en la cultura indígena. No se tolera a los que beben solos pero tampoco se tolera a los que no beben. Entre los mapuche de Chile, por ejemplo, se ofrece chicha° para demostrar amistad y confianza en el otro. El concepto de confianza es importante porque los mapuche buscan la solidaridad con su prójimo pero al mismo tiempo la temen. La intimidad sólo puede establecerse cuando se confía en que el otro no le hará daño y esta confianza tiene que establecerse repetidas veces. El invitar a alguien a beber es una forma de establecer confianza porque el alcohol disminuye las defensas y permite una aproximación mutua. Por otra parte, el que ha bebido mucho es más vulnerable y por eso no se tolera a alguien que no esté bebiendo. Además, si alguien se niega a tomar algo, esto indica una falta de confianza en los que lo invitan, y el hecho es interpretado como un insulto.

    En muchas tribus se bebe hasta emborracharse y para ello, se aprovechan casi todas las celebraciones nacionales, religiosas, locales o familiares. En el entierro de un amigo, se consumen grandes cantidades de alcohol porque se cree que la comunicación con el muerto sólo es posible si el vivo

bebida fermentada de maíz, fruta o algún cereal

logra perder el conocimiento.° A pesar de la frecuencia de la borrachera, el   *consciousness*
índice del alcoholismo es muy bajo en las comunidades indias que se han
mantenido fieles a su sistema de valores tradicionales. El beber en exceso
ocasionalmente es muy distinto que el hacerlo constantemente. Y la diferencia entre las dos formas de beber es lo que separa a una comunidad
coherente de una que está en proceso de desintegración. En aquellos lugares en donde otras culturas se han impuesto y los valores indígenas han
sido sustituidos por otros extraños, el alcoholismo se ha convertido en un
grave problema. Se cree que el número de alcohólicos en el Perú es el más
alto del mundo y ellos son, en su mayor parte, campesinos indios desa-
rraigados de su propia cultura y todavía lejos de asimilarse a la cultura
moderna.

   ¿Cómo se compara, pues, el uso de las drogas, el alcohol y el tabaco en
los Estados Unidos con su uso en el mundo hispánico? La pregunta tiene
que ser contestada dentro del contexto cultural de cada grupo de consumidores, porque lo que constituye un abuso en un grupo puede ser la
norma en otro.

DESPUES DE LEER

Comprensión

A. Usando las palabras y expresiones de la lista a continuación, complete el
    siguiente diagrama de la información presentada en la lectura. Es posible
    usar una palabra o expresión más de una vez, pero no se usan todas las
    expresiones.

consumo ritual	vino	PBC
consumo secular	dondiego	alcohol
peyote	mariguana	nicotiana tobacum
coca	drogas no	nicotiana rustica
hábitos y	alucinógenas	cocaína
dependencias	drogas	setas
drogas	alucinógenas	
	cerveza	

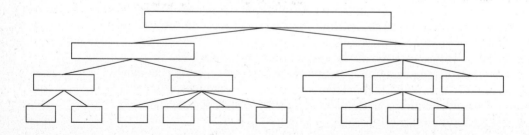

B. Complete las oraciones según la lectura.

1. El tabaco _____ .
2. Para los indios la *Nicotiana rustica* _____ .
3. A diferencia de los EEUU, en los países hispanos de hoy _____ .
4. El dondiego _____ .
5. Los elementos alucinógenos _____ .
6. El huichol _____ .
7. La coca _____ .
8. La cocaína _____ .
9. La mariguana _____ .
10. El vino _____ .
11. El hachís _____ .

a. es muy semejante al LSD en su estructura química
b. fue llevada a Hispanoamérica por los españoles
c. es la droga más consumida en España
d. no es originario de Europa
e. es una droga que se deriva de la PBC
f. no se pone mucho énfasis en los peligros del tabaco
g. usa el peyote para ponerse en contacto con los valores de sus antepasados
h. fue usada por los incas en sus ceremonias religiosas
i. es de uso exclusivo en ceremonias religiosas
j. no es de origen hispanoamericano
k. se usan para comunicarse con los dioses en algunas culturas indígenas de Hispanoamérica

C. Basando sus asociaciones en la información presentada en la lectura, ¿qué le sugieren las siguientes palabras?

1. el contrabando
2. alucinógeno
3. ritual
4. el peregrinaje
5. la hoja
6. masticar
7. sorber
8. legalizar
9. la borrachera

D. Forme oraciones comparativas basándose estrictamente en la información presentada en la lectura. Use las palabras indicadas y agregue otras que necesite.

1. *Nicotiana tobacum* / *Nicotiana rustica* / fuerte
2. consumo ritual del tabaco / consumo secular del tabaco / frecuente
3. conciencia de los efectos nocivos del tabaco / en el mundo hispano / en los EEUU
4. consumo de la coca / consumo de la cocaína / tradición / larga
5. cultivo de la coca / cultivo de otros productos / representar ganancias
6. abuso en el consumo de la PBC / abuso en el consumo de la cocaína / problema / grave
7. la PBC / la cocaína / fácil y barato de producir
8. consumo de la mariguana / consumo de drogas duras / extendido
9. individuos en paro / individuos empleados / consumir drogas
10. el bebedor solitario / el bebedor social / aceptable
11. el alcoholismo / la borrachera en público / frecuente

E. Dé un breve resumen de la lectura, completando los siguientes párrafos. Busque palabras en la lista del vocabulario si es necesario.

El uso de _____ es universal en todas las culturas; sin embargo, _____ . Esto se ve al examinar el consumo de _____ , _____ y _____ en las culturas indígenas y en la sociedad moderna.

El tabaco que se usa hoy no se considera una droga fuerte igual que _____ y _____ . En cambio, entre _____ de las Américas, el tabaco que se empleaba tenía _____ alucinógenas. Se usaba principalmente para fines _____ .

Las drogas, especialmente _____ , _____ , _____ y _____ también desempeñan un papel ritual entre los indios americanos. Para conseguir _____ , los indios hacían largos _____ ; le hablaban a la planta en términos cariñosos. Es importante notar que mientras el hombre contemporáneo emplea las drogas para _____ , el indio _____ . _____ , una droga que se consume entre los indios de _____ y _____ desde hace miles de años, es la fuente de otras dos drogas muy comunes en el mundo de hoy: _____ (que se consume principalmente dentro de la región andina) y _____ (que se exporta a todas partes del mundo). El _____ internacional de drogas hoy representa un grave problema tanto para las naciones andinas como para los EEUU.

En conclusión, _____ .

1. El resumen contiene varias palabras o expresiones conectivas (por ejemplo, *sin embargo*) que ayudan a establecer las relaciones entre las ideas. Examine los párrafos y señale las expresiones conectivas. ¿Cuál es la función (indicar un contraste, presentar un ejemplo, etcétera) de cada una?
2. ◙ **¡Necesito compañero!** ◙   En su opinión, ¿es éste un buen resumen? ¿Cuáles son los puntos fuertes? ¿y los puntos débiles? Con un compañero de clase, hagan los cambios necesarios para mejorarlo.

Discusión

1. Explique brevemente las diferencias entre el uso «ritual» y el uso «secular» de una droga, del tabaco o del alcohol. Contraste los motivos que impulsan a los consumidores a usar cada una de esas sustancias. ¿Se emplean todavía con fines rituales algunas de estas sustancias en las sociedades modernas? Dé ejemplos.
2. ¿Cómo se consume la coca y cuál es su efecto? Pensando en lo que Ud. ya sabe de la gente de las regiones andinas y la clase de vida que lleva, ¿cómo se puede explicar la importancia de la coca en estos pueblos?
3. ¿Por qué es menos problemático para los países andinos el uso de la cocaína que el de la PBC? ¿Qué factores hacen que el tráfico de cocaína sea difícil de controlar?
4. ¿Qué relación se señaló en la lectura entre el consumo de varias drogas y la clase social a que pertenece el consumidor? ¿En la sociedad norteamericana hay drogas o sustancias que se consideren propias de la «clase alta»? ¿que se consideren de la «clase baja»? Explique. ¿Qué impacto tiene esto en el consumo?

5. ¿Por qué no se considera el consumo del alcohol como un vicio en la cultura hispana? ¿Cuáles son las consecuencias de esta actitud? ¿Qué contrastes puede Ud. señalar entre el uso del alcohol en España y en los Estados Unidos?

6. Explique la diferencia entre la borrachera y el alcoholismo. ¿Cree Ud. que uno de estos sea un problema en los Estados Unidos? Explique.

7. Usando como guía las preguntas 6–8 de las páginas 183–184, comente la estructura y organización de la lectura.

Aplicación

1. En su opinión, ¿qué función desempeñan los siguientes productos en nuestra sociedad? ¿Por qué se usan? ¿En qué situaciones es más frecuente su uso? ¿Tienen una función positiva o negativa?

   a. el tabaco   b. el alcohol   c. la mariguana   d. otras drogas

2. ¿Cree Ud. que el gobierno debe prohibir el uso del tabaco? ¿limitarlo de alguna manera? Explique su respuesta.

3. ¿Hay contrabando en los Estados Unidos? ¿Qué objetos entran en el país por contrabando con más frecuencia? ¿Conoce Ud. a alguien que haya tenido dificultades al pasar por la aduana (*customs*)? Comente.

4. ¿Qué sabe Ud. del movimiento en contra del consumo de alcohol en nuestro país? ¿y de la enmienda de prohibición? ¿Qué efecto tuvieron? ¿Está muerto el movimiento?

5. ¿Cree Ud. que debe haber una edad mínima para el consumo del alcohol? ¿Por qué sí o por qué no? ¿Deberían castigarse las borracheras en público? ¿Con qué tipo de castigo? ¿Qué le pasa a uno si conduce en estado de ebriedad (*borrachera*) y lo detiene la policía? ¿Cree Ud. que el castigo debería ser más o menos severo? ¿Por qué?

6. Algunas personas piensan que la mejor manera de restarle interés a alguna sustancia es legalizar su uso o consumo. ¿Está Ud. de acuerdo? Explique. ¿En qué circunstancias se ha usado (o se podría usar) esta teoría en los EEUU?

7. Explique la base histórica del lema publicitario «You've come a long way baby» de los cigarrillos *Virginia Slims*. ¿Qué relación hay entre esto y el hecho de que el consumo de tabaco entre las mujeres haya aumentado mientras que el consumo entre los hombres haya bajado en los EEUU?

8. En su opinión, ¿cuál es la manera más efectiva de reducir el consumo de drogas, controlar el narcotráfico o cambiar las actitudes hacia la droga? ¿Por qué? ¿Cuál de estas técnicas se usa actualmente con respecto al consumo de tabaco en este país? ¿al consumo de alcohol?

9. ◘¡Debate!◘

   a. Se deben eliminar las restricciones que limitan la edad para la compra y el consumo del alcohol.

   b. Se debe prohibir el fumar en todo lugar público.

   c. Las compañías tabacaleras deben ser responsables legalmente de la muerte de cáncer de quien fuma su producto.

CAPITULO ONCE

LA LEY Y LA LIBERTAD INDIVIDUAL
Crimen y violencia

ANTES DE LEER

Aspectos lingüísticos

More Practice with Connecting Words

Chapter 7 presented a number of connecting words that are important for understanding the relationship between two clauses or ideas. This chapter provides more practice with those connectors.

Ejercicio 1

Repase las palabras o expresiones conectivas de los grupos 1–4 de la página 105. Luego, en cada una de las siguientes oraciones decida si la frase introducida por las palabras *en cursiva* se relaciona con el resto de la oración como causa (**C**), efecto (**E**), información similar (**S**) o información contrastiva (**CS**).

_____1. Los ingleses vinieron para colonizar. *En cambio*, los españoles vinieron para conquistar.

_____2. Los ingleses, *igual que* los españoles, querían usar las colonias para enriquecer a la madre patria.

_____3. *A pesar de* los esfuerzos del médico, el niño murió.

_____4. *A causa de* los esfuerzos del médico, el niño murió.

_____5. El mundo de hoy es muy complicado; *así*, la educación universitaria resulta muy importante.

_____6. Nuestros recursos van a agotarse pronto; *por otra parte*, es posible que encontremos otras fuentes de energía.

Ejercicio 2

Repase las palabras o expresiones de los grupos 3–5 de las páginas 105–106. Luego, en cada una de las siguientes oraciones decida si la frase introducida por las palabras en cursiva puede considerarse como información adicional (**A**), una paráfrasis (**P**), información similar (**S**) o información contrastiva (**CS**) en relación con el resto de la oración.

_____1. Sus padres le gritan mucho; *además*, nunca lo dejan salir con sus amigos.

_____2. Los pobres, *tanto como* los ricos, tienen necesidades no financieras.

_____3. Tiene suficiente poder para intimidarlos; *es decir*, todos tienen miedo de las consecuencias si no se ponen de acuerdo con él.

_____4. *A pesar de* las advertencias de sus padres, los niños fueron a ver al jefe.

_____5. Los resultados del primer experimento se publicaron rápidamente; *en cambio*, los resultados del segundo todavía no han salido.

_____6. Muchos acusan a las mujeres de masculinizarse para tener éxito, *o sea*, de llevar ropa al estilo masculino y de portarse agresiva y bruscamente.

Ejercicio 3

Lea las siguientes oraciones rápidamente y decida (**sí** o **no**) si la información que sigue a las expresiones en cursiva es lógica según el resto de la oración.

_____1. Laura, *a pesar de* ser cubana, vive en México.
_____2. *Debido a* sus errores, le dieron un aumento de sueldo.
_____3. No saben el alfabeto; *como consecuencia*, no pueden leer.
_____4. Estuvo enfermo tres días; *sin embargo*, está muy débil.
_____5. Roosevelt, *además de* ser presidente, fue gobernador.
_____6. *A diferencia de* los gatos, a los perros les gusta el agua.

Ejercicio 4

Lea las oraciones a continuación y escoja la alternativa que mejor complete la idea. Preste atención especial a las expresiones en cursiva.

1. Los indios no tenían armas de fuego; *por lo tanto*, _____ .
   a. intimidaban a los españoles fácilmente
   b. fueron vencidos rápidamente

2. Las olas (*waves*) eran tremendas; *además*, _____ .
   a. el viento tenía la fuerza de un huracán
   b. no pudieron salir del puerto

3. Sus padres nunca creyeron lo que dijo *aunque* _____ .
   a. su hijo nunca mentía
   b. su hijo nunca dijo la verdad

4. Es una persona muy inteligente; *por otra parte*, _____ .
   a. tiene una personalidad desagradable
   b. siempre saca las mejores notas

5. Los animales, *tanto como* los seres humanos, _____ .
   a. tienen derechos
   b. no se comunican con una lengua escrita

6. Los indios usan las drogas por motivos diferentes a los de otras personas; *en general*, _____ .
   a. el peyote se considera una sustancia sagrada, cuyo consumo le pone a uno en contacto con los dioses
   b. las consumen por razones religiosas

Ejercicio 5

En cada una de las oraciones del ejercicio 4, sustituya la expresión en cursiva por otra que esté de acuerdo con la otra alternativa.

Aproximaciones al texto

Taking Notes

As you have seen, various methods of reconstructing the message of a reading—the use of outlines, diagrams, tables, and summaries—can improve your under-standing of the content, as well as your ability to remember it. Taking notes is another useful method.

Whether you jot down your notes on the text or use a separate sheet of paper, remember that the most effective notes (like the most effective summaries) use the most abbreviated way possible to *reconstruct* the message that is found, in both its content and form. Effective notes point out the major facts of the text as well as its main idea, and also indicate its purpose (to describe? defend? attack?).

When you can write notes on the text itself, you should underline important points. You should also make marginal notes that will help you to remember the relationships among the ideas without having to reread the entire article. Keep in mind the following techniques:

- When the text anticipates information ("as we will see later," "as will be shown in the next section") or refers to information already discussed ("as was shown earlier," "as we have already seen"), note in the margin exactly where this information can be located in the text, or summarize it briefly in the margin.
- When the text suggests an enumeration ("there are two main types of x," "this has had several important consequences"), briefly list the main points in the margin or number each point in the margin as it is discussed.
- If there is no single sentence that summarizes the main idea of a paragraph or section, summarize it briefly in the margin in your own words.

Lea de nuevo el texto sobre la secta *Moon* en la Argentina en las páginas 146–147. Los siguientes pasajes representan notas tomadas por tres estudiantes.

Estudiante 1

Artículo sobre la secta *Moon* (Asociación del Espíritu Santo para la Unificación de la Cristiandad Mundial) que describe apectos de la vida de los *moonies* y de la controversia con respecto a la posible «corrupción de menores». Menciona su influencia negativa en la política.

Estudiante 2

Descripción de la secta *Moon* en la Argentina; parece que quiere desacreditar a la secta un poco y también convencer al lector de que la secta en realidad tiene poca importancia política. Incluye información sobre la vida de los *moonies* y sobre las acusaciones contra el grupo.

I. La vida de los *moonies*

- el principal centro de adiestramiento para los jóvenes queda en Brandsen, donde tienen un increíble castillo. Hay lugar para 100 personas pero sólo viven allí 8; lo usan principalmente para ceremonias.
- vida simple; se prohíbe fumar y tomar alcohol
- vida sexual prohibida antes del matrimonio
- matrimonios arreglados por el reverendo Moon

II. Las acusaciones

- corrupción de menores
- influir en los políticos
- posible implicación en un complot contra el gobierno argentino

El grupo sólo tiene unos 200 miembros.

Estudiante 3

4/14/81 → Dirección de Cultos No Católicos del Min. de Rel. Ext. argentino reconoció oficialmente a la secta *Moon* (Asociación del Espíritu Santo para la Unificación de la Cristiandad Mundial)

'84 → el 7° seminario de Medios de Comunicación (Japón)

2/85 → Consejo de Seguridad Internacional (reunión de militares retirados, 7 de ellos argentinos)

Brandsen → lugar de adiestramiento para los jóvenes misioneros hasta 1983

→ Yosatihiro Nakata (japonés, 40 años) → un campo (250 hectáreas, 700 mil dólares); castillo grande (14 dormitorios, 7 comedores etc.) y lujoso (casa de huéspedes, haras, canchas de tenis, pileta de natación, etc.); lugar para 100 personas. Sólo viven allí 8 personas → para grandes ceremonias

mucha disciplina en la secta (se prohíbe fumar y tomar bebidas alcohólicas) abstención sexual antes del matrimonio

el reverendo Moon decide con quién van a casarse

sólo 200 miembros en la Argentina

mucho debate → corrupción de menores

posible influencia en el gobierno

se acusa a los *moonies* de: derechismo, contactos con Suárez Mason y conspirar contra la democracia

pocos miembros → la secta tiene poca importancia

Si Ud. necesitara notas sobre el texto, ¿a quién se las pediría prestadas? ¿Por qué? Indique los puntos fuertes y los puntos débiles de cada pasaje.

Prelectura

A. Examine el título y los subtítulos de esta lectura. ¿Qué le sugieren sobre el probable contenido y la organización de la lectura?

B. En su opinión, ¿qué relaciones existen entre «la ley» por un lado y «la libertad individual» por otro? ¿Son conceptos conflictivos? ¿complementarios? Explique.

C. Cuando Ud. piensa en la violencia, ¿qué imágenes asocia con ella? Examine las fotos que acompañan la lectura. ¿Presentan imágenes similares o diferentes a las que Ud. se imaginaba? ¿Qué le sugieren estas semejanzas o diferencias con respecto a la violencia como fenómeno cultural o humano?

D. ¿Qué sabe Ud. de la incidencia de la violencia y el crimen en la cultura hispana? Complete el siguiente *test* para averiguarlo. (Las respuestas correctas se encuentran en la lectura.) ¿Qué elemento de la segunda columna asocia Ud. con uno de la primera?

A	B
_____ 1. Centroamérica	a. los movimientos revolucionarios
_____ 2. España	b. Jacobo Timerman
_____ 3. la región andina	c. las calles urbanas
_____ 4. Argentina	d. el tráfico de cocaína
_____ 5. Chile	e. la actividad guerrillera y terrorista
_____ 6. los estudiantes	f. la ETA
_____ 7. los tupamaros	g. el síndrome médico de la tortura
_____ 8. los gamines	h. Uruguay

E. Si Ud. fuera a escribir un libro sobre la cultura norteamericana (destinado a estudiantes hispanos), ¿incluiría un capítulo sobre el crimen y la violencia? ¿Por qué sí o por qué no? ¿Cómo afecta el nivel de criminalidad de una cultura la rutina diaria de su gente? Dé ejemplos.

LECTURA

Vocabulario activo

acatar *to respect, obey (law)*
adinerado *monied, wealthy*
agarrar *to seize, grasp*
alentador *encouraging*
la **aprobación** *approval*
castigar *to punish*
 el **castigo** *punishment*
el **delito** *crime*
desaparecer *to disappear*
el **escuadrón** *squad*

estallar *to explode*
el **juicio** *trial, judgment*
la **matanza** *killing*
la **piratería aérea** *skyjacking*
prevenido *prepared*
procesar *to put on trial*
el **proscrito** *outlaw*
la **raíz** *root*
raptar *to kidnap*
 el **rapto** *kidnapping*

refrenar *to hold back, curb*
 el **freno** *brake; check*
sangriento *bloody*
secuestrar *to kidnap*
 el **secuestro** *kidnapping*
tender (ie) a *to tend to*
violar *to break a law; to rape*
la **violación** *violation of law; rape*

A. Busque sinónimos en la lista del vocabulario.

1. rico 2. preparado 3. obedecer 4. disciplinar

B. Busque antónimos en la lista del vocabulario.

1. impulsar   2. aparecer   3. perdonar

C. ¿Qué palabra de la segunda columna asocia Ud. con una de la primera?

_____ 1. estallar	a. el asesino
_____ 2. el proscrito	b. el origen
_____ 3. la piratería aérea	c. el escuadrón
_____ 4. la matanza	d. la bomba
_____ 5. la raíz	e. el apoyo
_____ 6. el juicio	f. violento
_____ 7. la aprobación	g. el avión
_____ 8. la tropa	h. el abogado
_____ 9. sangriento	i. la cárcel

D. Complete las oraciones en una forma lógica, usando la forma correcta de las palabras de la lista del vocabulario.

1. Los grupos feministas han organizado varias manifestaciones para protestar por el aumento en el número de _____ .
2. En 1932 _____ o _____ del hijo del aviador Charles Lindbergh fue _____ más sensacional de la época.
3. A los dos años los niños entran en una etapa difícil y _____ a decir que no a todo lo que les dicen sus padres.
4. Los observadores de Latinoamérica ven la vuelta a la democracia en esa región como un fenómeno muy _____ .

E. Defina brevemente en español.

1. procesar   2. raptar   3. agarrar

▣ CRIMEN Y VIOLENCIA ▣

Junto con el amor y el trabajo, el humor y la creatividad, otros rasgos que parecen encontrarse, en mayor o menor grado, en todas las sociedades humanas son la violencia y la criminalidad. Entre todas las imágenes que se asocian con la sociedad norteamericana, no hay que dejar fuera el proscrito de las películas del oeste, el *gangster* de Chicago y Nueva York, las pandillas callejeras° y los disturbios° raciales. De modo semejante, un *collage* de lo hispano tendría que incluir a un hombre armado, apasionado e imprudente, dispuesto a defender su honor de toda mancha° imaginaria o real. La visión estereotipada de los gobiernos hispanoamericanos es, para muchos, de golpes de estado, militares, guerrilleros y revolucionarios. Si un norteamericano piensa en México, suele recordar la figura de Pancho Villa, con su traje negro, su fría mirada y su bandolera° al pecho.

Estos estereotipos, como todos, son exageraciones, pero indican que el carácter de la violencia se manifiesta de distintas maneras según la sociedad en que se da. Puede expresarse individualmente, o sea, en la violencia

pandillas... *street gangs / riots*

stain

?

El estereotipo del criminal norteamericano también incluye al delincuente juvenil y éste se asocia actualmente con las pandillas callejeras de las ciudades grandes. Aquí se ve a las compañeras de varios miembros de una pandilla callejera neoyorquina, con sus hijos.

criminal, o colectivamente, por medio de la violencia política. De cualquier forma, su presencia es al mismo tiempo producto de las varias circunstancias históricosociales de esa sociedad como también reacción contra ellas. No es posible entender las diferentes manifestaciones de la violencia sin primero reparar en esas circunstancias.

LA VIOLENCIA CRIMINAL

LAS COMPARACIONES CULTURALES

Para cualquier definición de la violencia—ya sea criminal o política—normalmente se requieren dos factores: el uso de la fuerza y la violación de un derecho. Ya que hay muchas interpretaciones de lo que es o no es un *derecho*, el concepto de la violencia y la identificación de lo que es criminal varían de acuerdo con los valores socioculturales en determinados momentos históricos. Por ejemplo, el homicidio, que es considerado en la cultura norteamericana moderna como un delito grave, causa menos escándalo entre algunas tribus indígenas de Hispanoamérica que la violación de ciertos tabúes tradicionales. Estas tribus no castigarían el infanticidio pero sí castigarían duramente al hombre que faltara a su deber de castidad. Hoy en día el aborto es legal en ciertos países pero se considera un asesinato en otros; en algunos países el suicidio es un crimen mientras que en otros se ve como un acto privado al que todo ser humano tiene derecho. En muchas culturas se toleran entre familiares niveles de abuso físico que entre desconocidos serían denunciados inmediatamente.

Además de estas razones de índole filosófica, hay otras más prácticas que hacen difícil cualquier intento de catalogar la clase y el número de crímenes que se cometen en los varios países. Primero, antes que nada, está el problema de la declaración de los crímenes que ocurren. Por ejemplo, los delitos que tienen carácter sexual o que implican a miembros de la familia de la víctima no suelen ser declarados. Tampoco lo son los delitos perpetrados por autoridades legales o gubernamentales, ya que las repercusiones bien pueden ser represalia° en vez de retribución. Segundo, existen muchas variaciones en cuanto a la manera de recoger y recopilar estadísticas sobre los delitos que sí son declarados.   *retaliation*

Por consiguiente, puede ser más válido comparar tendencias acerca de la incidencia de algunos actos violentos que buscar una comparación estríctamente numérica. En los Estados Unidos la violencia criminal se considera más problemática que la violencia política. En la mayor parte del mundo hispano, en cambio, el ciudadano medio teme la violencia política más que la criminal.

Se ha tratado de explicar la frecuencia de violencia criminal en los EEUU señalando que desde un principio la violencia ha sido un ingrediente fundamental en la formación de la nación. Como ejemplos, se traen al caso la matanza sistemática de los indios, la colonización del oeste por medio de las armas, la brutalidad de la esclavitud y los frecuentes conflictos violentos del movimiento laboral. La defensa del derecho a llevar armas ejemplifica claramente este carácter de la violencia norteamericana, como explícitamente lo proclama uno de los letreros adhesivos que puede verse en los parachoques° de los automóviles: «*God, guns, and guts. They made America great. Let's keep it that way.*»   *bumpers*

Igualmente violenta fue la historia de Hispanoamérica. Por ejemplo, no se puede hablar de la colonización de Latinoamérica sin hablar primero de su *conquista*, época que se caracterizó por repetidas luchas sangrientas entre indios y europeos. Durante el período republicano[1] en Argentina y Chile se emprendieron campañas bélicas dedicadas a la exterminación de la población indígena. Aunque menos importante que en los EEUU, la esclavitud también fue una institución presente en Latinoamérica.

Pero a pesar de estas semejanzas históricas y aun tomando en cuenta su volumen creciente, hasta ahora la violencia criminal no aflige a la conciencia colectiva de la sociedad hispana tal como lo hace en los EEUU. La razón de esto se basa en dos factores principales, uno cultural y el otro político.

---

[1] Período que siguió a la independización en 1820 de las colonias latinoamericanas de España. Las guerras contra los indios tuvieron lugar entre los años 1840–1900.

LOS FRENOS CULTURALES

En la cultura hispana, hay ciertos valores que hasta ahora han ayudado a refrenar la violencia criminal. Por ejemplo, en comparación con la cultura norteamericana, hay una marcada ausencia de materialismo. En vez de dar caza a° la adquisición de bienes materiales, en general se ha dado más énfasis a los valores espirituales o intelectuales. Se suele juzgar a un hombre según lo que *es* y no según lo que tiene. En los EEUU se considera al pobre como un fracasado, un sinvergüenza perezoso e inútil, mientras que en la cultura hispana es posible ser pobre sin perder la dignidad o el amor propio° (y hay que reconocer que la pobreza hispana puede llegar a dimensiones mucho más desoladoras que en los EEUU).

dar... perseguir

amor... self-esteem

También puede que tenga influencia el fatalismo. Por un lado el éxito económico no es muy importante, ya que no se interpreta como indicio del valor personal. Por otro, los pobres no confían en la posibilidad de cambiar su situación y se resignan sin dar lugar° a las enormes tensiones y conflictos de la sociedad norteamericana moderna. Otro freno a la violencia criminal es la existencia de rígidas clases sociales. Si la clase de procedencia importa más que la riqueza o la propiedad, no habrá un gran incentivo para adquirir dinero o tierras, sea legal o ilegalmente.

dar... producir

Finalmente, hay muchos que subrayan° la gran importancia que ha tenido la familia en la cultura española. La figura fuerte y autoritaria del padre ha servido para disponer a los jóvenes a aceptar la autoridad estatal. Además, la familia extendida ofrece una diversidad de servicios y apoyos sin los cuales los jóvenes se verían empujados° hacia la vida criminal.

?

forzados, impulsados

EL DESARROLLO Y EL CRIMEN

La vigencia° de los antiguos valores culturales ayuda a refrenar el uso de la violencia como respuesta a circunstancias difíciles. Desafortunadamente, la creciente urbanización de los últimos años ha puesto en grave peligro estos y otros valores tradicionales. La actual sociedad industrializada y consumista—con su ideología del bienestar, la carrera adquisitiva, la crisis familiar, la soledad, el anonimato—produce condiciones aptas para la violencia.

?

Por varias razones, los migrantes en general son más susceptibles de desarrollar una conducta criminal. El traslado a un nuevo ambiente suele ir acompañado de inestabilidad financiera y familiar; además, los valores que rigen la conducta en el lugar de origen (sea el campo del mismo país o sea otro país) son distintos de los del nuevo lugar. Por eso, en todo el mundo el número de crímenes que se cometen en una ciudad grande es dos veces mayor que el de los cometidos en un pueblo, o en una ciudad mediana, y la incidencia de crímenes violentos es cinco veces mayor. En el caso de Hispanoamérica la urbanización se ha llevado a cabo a una velocidad asombrosa, usualmente con el crecimiento de una sola gran ciudad en cada país en lugar de varias ciudades medianas.[2] Los viejos valores espirituales se

---

[2] Véase la lectura del Capítulo 5, «La Hispanoamérica actual».

ven reemplazados cada vez más por intereses materiales. La familia, des-
provista de los apoyos tradicionales y afligida por los choques generacionales, se desintegra. Crecen la desilusión, el descontento y, por consiguiente, el crimen. Los gamines—jóvenes abandonados por sus padres
que dependen de la vida criminal para su propia supervivencia—se encuentran ahora en todas las ciudades grandes del mundo hispano.

Por otro lado, es importante reconocer que el crimen no resulta de la
pobreza en sí, sino del contraste que se percibe entre la pobreza y la riqueza.
No hay muchos crímenes en aquellas culturas en las que todo el pueblo
tiene más o menos el mismo nivel económico. En la sociedad urbana, los
contrastes entre ricos y pobres son cada vez más evidentes. Muchas de las
grandes ciudades de Hispanoamérica están rodeadas de tristes «villas de
miseria», con casas de cartón,° de hojalata° o de cualquier material que *cardboard / tin*
abrigue° un poco de la lluvia y del sol; dentro de estas casuchas viven proteja
grandes familias, sin empleo, sin agua y sin comida. Ya hay graves problemas en ciudades como Bogotá y México, en las que la gente adinerada vive
en casas rodeadas de murallas,° a veces con un guardia privado estacionado paredes altas
estratégicamente a la entrada. Y los ciudadanos están conscientes de que
tienen que vivir prevenidos para evitar ser víctimas de un ataque. Es posible
oír anécdotas como ésta: Un taxista bogotano estaba en su taxi, esperando
la llegada de un pasajero, con el brazo colgado fuera de la ventana. Pasó un
adolescente y le agarró del brazo, le quitó el reloj y se fue corriendo. El
taxista ni siquiera intentó seguirlo. Cuando se le preguntó por qué, res-
pondió que no se atrevía a dejar el taxi solo porque al volver, no quedaría
nada.

Con el desarrollo viene también un contacto mayor con otras culturas
y con ello° mayores posibilidades de que el país se vea afectado por las tal contacto
actividades de organizaciones criminales internacionales. El tráfico de
drogas entre EEUU e Hispanoamérica, tanto como el tráfico de armas entre
Hispanoamérica y otros países, están ahora en manos de individuos que
viajan de un país a otro con pasaportes falsos y amistades poderosas. Con
millones de dólares en juego, los traficantes están dispuestos a hacer lo que
sea necesario para proteger sus intereses.[3] Ha habido asesinatos en Miami
que tienen sus raíces en rivalidades entre traficantes colombianos, del
mismo modo que hay sobornos, robos y asesinatos cometidos por norteamericanos en países hispanos.

Las organizaciones criminales internacionales también participan en el
robo de pieles, de piedras preciosas, de objetos de arte y de coches. Además

---

[3] La corrupción del tráfico de drogas ha sido particularmente problemática en Bolivia, Colombia y el Perú.
En 1984 el presidente de Bolivia, Hernán Siles Zuazo, fue secuestrado por un grupo de oficiales del
ejército y la polícia. Posteriormente se descubrió que este grupo había estado implicado en el
mercado de la cocaína con dos exmiembros del Gabinete (*Cabinet*). Siles fue censurado después por
el Congreso boliviano por haber sancionado una reunión entre el jefe de la agencia boliviana
antidrogas y Roberto Suárez Gómez, un notorio traficante de drogas. Durante la reunión Suárez
aparentemente ofreció 2 millones de dólares al gobierno a cambio de poder continuar sus
actividades. En el Perú no menos de diez altos funcionarios (diputados, policías, exministros,
militares y políticos) han sido acusados de estar vinculados al tráfico de cocaína.

existe la «trata de blancas»,° que consiste en raptar a mujeres hispanas que   ?
buscan empleo como criadas y llevarlas a prostíbulos,° casi siempre en los   ?
EEUU. En este sentido no se puede hablar exclusivamente del crimen
dentro de una cultura o un país; el problema supera las fronteras nacionales
para convertirse en un fenómeno internacional.

LOS FRENOS POLITICOS

Después de la muerte del dictador Francisco Franco en 1975, uno de los
descubrimientos más tristes de la población española ha sido el de la cone-
xión que existe entre la libertad personal y el crimen. El nivel de violencia
criminal, mínimo bajo el régimen represivo de Franco, ha subido dramáticamente después de establecerse en ese país la democracia. De igual
modo, la larga tradición de gobiernos militares y dictaduras autoritarias en
Hispanoamérica ha impedido la incidencia de violencia criminal en aquella
región. La falta de libertad individual se acepta en nombre de un mayor
orden y paz social. Desafortunadamente, el abuso de poder por parte de
estos mismos gobiernos durante los últimos años representa en sí° uno de   *itself*
los tipos de violencia política que ahora azotan a varios países hispanos.

LA VIOLENCIA POLITICA

Por todas las razones señaladas anteriormente, el índice de la violencia
criminal está en aumento en el mundo hispano. Sin embargo, es la violencia
política lo que ha sido y sigue siendo uno de sus más graves problemas. En
algunos casos, como se verá, los mismos factores que han refrenado la
violencia criminal han sido la causa principal de la violencia política. Al
hablar de la violencia política, se puede identificar dos clases específicas: la
violencia que caracteriza una guerra o revolución y el terrorismo.

LA ACTIVIDAD REVOLUCIONARIA

Una revolución es una lucha—normalmente militar—que resulta en cambios radicales y profundos en la estructura del gobierno o de la sociedad de
determinado país. La lucha revolucionaria puede ser «tradicional», o sea, el
enfrentamiento a gran escala de tropas de soldados usando armas y métodos ortodoxos y convencionales. O puede ser «irregular», es decir, conducida por guerrilleros,[4] terroristas, escuadrones de la muerte y otros grupos
que no se atan ni a gobiernos ni a otras instituciones sociales. La actividad
revolucionaria, y especialmente la actividad guerrillera, es común en Latinoamérica desde hace mucho tiempo. Sin embargo, quizás sea bueno
afirmar que las revoluciones propiamente dichas no se han producido con

---

[4] El término «guerrilla», el diminutivo de «guerra», se usó por primera vez durante las campañas del
duque de Wellington (1809–1813) en España, cuando pequeños grupos de insurgentes españoles y
portugueses ayudaron a expulsar a los franceses de la Península Ibérica. Sin embargo, las tácticas
guerrilleras en realidad son mucho más antiguas. Quizás el origen de su uso en la edad moderna se
encuentre en la Revolución Americana, cuando grupos de colonos formaron pequeñas bandas de
rifleros (*riflemen*) cuyos métodos no ortodoxos pudieron frustrar el entrenamiento formal superior de
los soldados ingleses.

¿Piensa Ud. que un pequeño grupo de personas indefensas puede lograr algo contra los poderes armados? Hebe de Bonafini, líder de las Madres de Plaza de Mayo, pensó que sí. En el siguiente artículo se presenta una entrevista de la revista Cauce *con la señora Bonafini que se hizo en 1984.*

Exige la justicia de la democracia

Por CARMEN CORREA

El jueves 30 de abril de 1977, un grupo de catorce mujeres llamó la atención de la gente que, como todos los días, pasaba por la Plaza de Mayo, frente a la casa de gobierno. Junto al obelisco que se encuentra en mitad de la plaza, las mujeres se detuvieron, ataron a sus cabezas unos pañuelos blancos y luego, silenciosamente, desplegaron carteles y banderas que decían: «Queremos la aparición con vida de nuestros hijos». «Vivos se los llevaron; vivos los queremos».

Así nacieron «Las Madres de Plaza de Mayo». Era uno de los períodos más duros de la dictadura, y por eso los paseantes de la plaza, no bien aparecían, preferían hacer la vista gorda y encaminarse hacia zonas más tranquilas. Todos, menos ellas, tenían miedo. La prensa oficial las bautizó «Las locas de Plaza de Mayo», porque en esa época no se reconocía tan abiertamente como ahora que los desaparecidos estaban muertos y se pretendía convencer a los ingenuos de que eran terroristas que estaban en el exterior, o que seguían en el país pero viviendo clandestinamente.

Las madres fueron sometidas a toda clase de amenazas, dispersadas a golpes por la policía, y tres de las que iniciaron el movimiento engrosan actualmente la lista de desaparecidos. Pero aunque sus reclamos aún no han sido satisfechos, ya se puede afirmar tranquilamente que han ganado una gran batalla. No sólo el grupo mismo de las madres de desaparecidos se fue ampliando hasta llegar a cuatro mil, sino que la población tomó conciencia de lo infinitamente justo de su causa y de la necesidad de apoyarlas.

Hoy que el miedo ha quedado atrás, la gente se les une abiertamente en las marchas de todos los jueves. El pedido sigue siendo el mismo—«aparición con vida»—, con un agregado: «Castigo a los culpables».

CAUCE entrevistó a la líder de las madres: Hebe de Bonafini, una mujer que tiene dos hijos desaparecidos. Hebe fue de las primeras en salir a la calle a luchar por la vida de sus hijos, dejando marido y cacerolas a un lado y poco a poco fue aprendiendo a ser una líder, a entrevistarse con políticos y jefes de Estado y a explicar con decisión su causa en conferencias de prensa.

Una mamá como tantas

La entrevista se realizó en los días del ayuno que hicieron las madres—veinte voluntarias—para conmemorar los siete años de lucha.

CAUCE: ¿Quién era Ud. antes de ser una Madre de Plaza de Mayo?

H. de B.: Yo era una mamá, como tantas mamás del mundo. Trabajaba. He trabajado siempre. Tejía ponchitos y pulóveres para vender, un tiempo trabajé en una inmobiliaria, en fin, siempre di mi aporte para el desarrollo de la casa y la crianza de los hijos.

CAUCE: ¿En qué momento decide usted formar este grupo de las madres? ¿Cómo nace la idea?

H. de B.: Esta asociación se formó gracias a una compañera nuestra, hoy desaparecida, Azucena Villaflor de De Vicenti. Ella fue la de la idea, y por eso la hicieron «desaparecer», cuando el grupo llevaba apenas diez meses funcionando.

CAUCE: Ustedes recibieron toda suerte de amenazas durante la dictadura, pero se dice que también ahora, en la democracia...

H. de B.: ¿Democracia? Esto todavía no es una democracia. Lo que tenemos es un gobierno constitucional. La democracia existirá cuando todos tengamos el mismo lugar, cuando todos los hombres sean juzgados por la misma justicia, cuando todos tengan iguales oportunidades y no haya clases de privilegio, cuando todos los niños puedan comer y estudiar, cuando no haya más desaparecidos ni presos políticos.

Ahí recién vamos a decir que hay democracia.

CAUCE: ¿Qué siente usted cuando lee los diarios y se entera de que el general Videla reivindica la lucha antisubversiva, que los militares se quejan de que exista una campaña de «desprestigio» en su contra, que los grupos seguidores del general Menéndez acusan a las madres de «zurdas y subversivas»?

¿No piensa, como otros argentinos, que todo eso huele a golpe?

H. de B.: Al leer esas declaraciones sentimos asco. Sentimos que los militares siguen siendo privilegiados, que siguen teniendo mucha fuerza, y que se les permite atacar al gobierno constitucional con sus declaraciones. Pero no creo que eso signifique peligro de golpe. Aquí el pueblo no quiere saber nada más con los militares y no va a permitir otro golpe.

CAUCE: Se dice que uno de los principales problemas para acusar legalmente a los militares involucrados en la represión es la falta de pruebas, que las pruebas testimoniales no serían suficientes…

H. de B.: Mire, le vuelvo a decir que mientras no haya democracia no habrá igualdad. Cuando un pobre roba pan, va preso en seguida, y para salir libre tiene que demostrar que es inocente. Cuando los militares asesinan, torturan, matan, roban y violan, y los cuerpos asesinados aparecen en los cementerios de NN, nos piden más pruebas aun antes de meterlos en prisión y someterlos a juicio…

CAUCE: Se ha dicho que muchos militares se han acercado a ustedes para contar lo que pasó y desahogarse. ¿Es cierto eso? ¿Se han obtenido datos importantes de esas confesiones?

H. de B.: Sí, son varios los que se han acercado a nuestra asociación, pero no para entregar información importante. Más que nada ha sido para decir que ellos no hicieron tal o cual cosa, que no cometieron ningún crimen…

CAUCE: ¿Qué castigo piden ustedes para los culpables de la represión?

H. de B.: Prisión perpetua, en cárceles como las que sufrieron los nuestros, sin pileta de natación ni televisor a color.

CAUCE: ¿Por qué nacieron y crecieron las Madres de Plaza de Mayo, y no los padres?

H. de B.: Muchos nos preguntan eso. Una de las causas es que la represión fue tan brutal que seguramente a los hombres no les hubiesen permitido llevar adelante esa lucha. Las madres estábamos como más protegidas, inspirábamos más respeto. Por otra parte, los hombres tenían que salir a trabajar y mantener su trabajo. Si salían a luchar abiertamente corrían el riesgo, como mínimo, de quedarse sin empleo. Salir nosotras a la calle era un poco conservar la posibilidad de comer.

CAUCE: ¿Qué mensaje desearía hacer llegar a las madres de desaparecidos que, en otros países de regímenes dictatoriales, aún no se han organizado como ustedes?

H. de B.: Que luchen. Que hay que estar permanentemente en la calle, movilizándose. Esa es la única forma de salvar la vida de sus hijos y de la de muchos otros. Y que no sean individualistas. La tarea tiene que ser muy generosa y por todos.

tanta frecuencia. En el mundo hispano, se puede decir que la revolución ha sido una expresión importante de la violencia política, pero más que ser una actividad permanente a través del tiempo, ha ocurrido concentrada en un corto período de tiempo en sólo unos países, generalmente con características de guerra civil. Este es el caso, por ejemplo, de México entre 1910 y 1920, de España entre 1936 y 1939, y de Cuba entre 1955 y 1958.

Por lo demás, los cambios de gobierno se han efectuado por medio de elecciones generales o por medio de golpes de estado, en los que un grupo militar toma el poder con un mínimo de violencia. Esta intervención militar está muy arraigada en la política hispana, como puede estudiarse a través de la historia. Dando un golpe de estado han llegado al poder cientos de líderes hispanoamericanos, entre ellos los actuales jefes de estado de Chile (Pinochet) y Paraguay (Stroessner).

La actividad guerrillera, aunque no siempre ha conducido a verdaderas revoluciones, sí es común en Latinoamérica. Las razones son muchas y complicadas. La débil e inestable situación económica de los países hispanoamericanos[5] ha creado una frustración crónica y un gran descontento entre los obreros, que se desesperan de nunca alcanzar un mejor nivel de vida. Sin embargo, este grupo obrero nunca ha impulsado un movimiento revolucionario.[6] La chispa° revolucionaria siempre ha salido de la clase alta, de entre los universitarios e intelectuales del llamado «proletariado académico».

   ?

No todos los estudiantes latinoamericanos son radicales, pero casi todos son activos políticamente. Son miembros de una elite social y aspiran a las carreras profesionales (medicina, derecho, administración) más respetadas en la cultura hispana. Se ha dicho que para un gobierno el desempleo entre las masas urbanas y rurales causa menos preocupación que el desempleo y el descontento entre la clase educada. En Latinoamérica, como en muchas otras partes del mundo, los arquitectos del cambio social y económico son miembros ellos mismos de las clases privilegiadas.

Ante el aparente fracaso del sistema capitalista para resolver los problemas económicos y sociales de sus países, y considerando el deterioro de las posibilidades para el futuro, el estudiantado latinoamericano se entusiasmó con las ideas revolucionarias de Marx y Lenin aun antes de la revolución cubana. Sin embargo, la experiencia cubana tuvo un impacto inmediato y eléctrico: demostró que para efectuar una revolución no era necesaria la rebelión de las masas, sino sólo la lucha de un pequeño núcleo de guerrilleros dedicados, que después de llegar al poder podría implementar la revolución social desde arriba. Durante la década de los sesenta, nacieron movimientos revolucionarios en el Perú, Venezuela, Colombia, Bolivia, Guatemala y Uruguay. Durante este período murieron miles de personas en las escaramuzas° entre las fuerzas revolucionarias y las fuerzas del ejército o de la policía. Fracasaron todos, en parte porque nunca lograron movilizar lo suficiente al resto de la población y en parte debido a la masiva reacción represiva de los gobiernos.[7] Actualmente, la actividad guerrillera

   ?

---

[5] Véase el Capítulo 7, «Los Estados Unidos en Hispanoamérica».

[6] Tradicionalmente, los obreros han formado una importante fuerza política sólo en la Argentina.

[7] Como se puede comprender, esta actividad revolucionaria izquierdista preocupó mucho al gobierno norteamericano, que apoyó su eliminación enérgicamente. Véase el Capítulo 7, «Los Estados Unidos en Hispanoamérica».

izquierdista se concentra en Chile, Colombia, el Perú[8] y, como se describirá más adelante, especialmente en Centroamérica.

EL TERRORISMO

El terrorismo es el uso sistemático del terror (estallar bombas, matar, torturar, raptar) como una manera de alcanzar cierto objetivo político. Pueden ser culpables del terrorismo individuos, grupos y hasta gobiernos.[9]

El terrorismo es la forma de violencia política más frecuente en España. El grupo que más se asocia con el terrorismo es la ETA,[10] organización vasca separatista que durante las últimas décadas ha atacado de forma violenta a diversos representantes del orden establecido en España. El pueblo vasco, cuyos orígenes en la Península Ibérica se desconocen y cuya lengua, éuscara, no parece relacionarse con ningún otro idioma, siempre ha mantenido un deseo de establecerse como entidad política independiente, un sueño que se realizó brevemente (1936–1937) durante la Guerra Civil española.

A los vascos el gobierno franquista les era intolerable, no sólo por las severas restricciones que éste impuso en la autonomía de las varias provincias, sino también por el tratamiento brutal sufrido a manos de las tropas de Franco durante la Guerra Civil.[11] Durante el régimen franquista la violencia de la ETA atrajo cierta simpatía por parte de muchos españoles, e incluso entre observadores internacionales. Ahora que la existencia de un gobierno democrático en Madrid es una realidad, la misma violencia recibe cada vez menos la aprobación popular. Acciones terroristas indiscriminadas realizadas por la ETA militar durante los últimos años han producido una reacción violenta de la opinión pública contra las aspiraciones separatistas vascas.

Muchos de los grupos revolucionarios latinoamericanos han usado métodos terroristas—en especial el secuestro y el estallar de bombas— esperando demostrar a la población que el gobierno ya no tenía la autoridad para mantener el orden establecido ni proteger a los ciudadanos. Por ejemplo, durante la década de los sesenta aumentaron los secuestros y los casos de piratería aérea. Los tupamaros en el Uruguay raptaron a diversos representantes del mundo de los negocios y de la política y exigieron grandes

---

[8] En Chile varios grupos guerrilleros se valen de tácticas terroristas contra la dictadura de Pinochet. En Colombia el gobierno actual trata de negociar con cuatro grupos guerrilleros distintos; en el Perú el grupo maoísta llamado el Sendero Luminoso (*Shining Path*) es el más importante.

[9] El terrorismo como concepto abstracto ha sido condenado por todos los países. Más problemática ha sido la manipulación del término por motivos políticos. Ciertos gobiernos que practican actividades terroristas disfrazan sus acciones bajo otros términos: «campaña contrarrevolucionaria», «control social», «acción antisubversiva». Del mismo modo muchos gobiernos denominan a ciertos grupos de oposición como «terroristas» para desacreditarlos. Además, si un grupo tiene una causa legítima a los ojos de los demás y está combatiendo contra una fuerza poderosa, muchas personas se inclinan a perdonar acciones que en otro contexto serían llamadas terroristas.

[10] Siglas del lema político *Euzkadi ta Azkatasuna* (País Vasco y Libertad).

[11] El episodio más conocido es el bombardeo de Guernica (pueblo indefenso vasco), llevado a cabo por aviones nazis por orden de Franco.

El 23 de febrero de 1981 un teniente coronel de la guardia civil y varios militares se apoderaron de las Cortes españolas con la intención de derrocar el gobierno democrático y reinstaurar un gobierno militar. No ganaron el apoyo ni del rey Juan Carlos ni del pueblo ni del ejército en general y el intento fracasó.

rescates° para financiar sus actividades revolucionarias. En varios países los guerrilleros atacaron a representantes de los EEUU, los cuales eran, según ellos, los responsables de la represión que existía en sus países. En 1967 el jefe de la misión militar estadounidense fue asesinado en Guatemala, en 1968 pusieron bombas en la embajada en Bogotá y el consulado en Santiago, y en ese mismo año el embajador y dos agregados° militares fueron asesinados en Guatemala.

ransoms

attachés

LOS DERECHOS HUMANOS

La existencia de los movimientos guerrilleros y terroristas en Latinoamérica creó una enorme preocupación entre los gobiernos militares. En varios países esto llevó al uso y abuso del poder militar para eliminar toda oposición. En efecto, el gobierno mismo se convirtió en una organización terrorista. Como ya se mencionó, en Hispanoamérica el gobierno autoritario militar tiene una larga historia. Este tipo de gobierno valora la estabilidad y seguridad del Estado a costa de los derechos humanos y civiles de los ciudadanos. Hay quienes critican los gobiernos militares precisamente por esta razón; otros dirían que el orden y la paz social proporcionadas por los regímenes militares facilitan las condiciones para el progreso económico mejor que un gobierno más liberal pero menos estable. No hay duda que durante los últimos veinte años varios gobiernos militares de Hispanoamérica—especialmente en Chile, la Argentina, Guatemala, y El Salvador—, lejos de proteger el orden y la paz social, ni de acatar las mismas leyes que decían representar, se han convertido en los peores enemigos de sus propios ciudadanos.

En la década de los ochenta, han surgido muchos movimientos en defensa de los derechos humanos, como las Madres de Plaza de Mayo en Argentina. Este grupo protestó por la desaparición de muchos jóvenes argentinos a manos de los militares y contribuyó a la caída de la dictadura militar y el restablecimiento de un gobierno democrático.

En la Argentina durante 1976 a 1982, los gobiernos militares llevaron a cabo la llamada «guerra sucia» contra los «elementos subversivos». Desaparecieron hasta 10 mil personas sin que sus parientes ni amistades se enteraran de por qué habían desaparecido, ni adónde habían sido llevados, ni siquiera si seguían vivos. Uno de los que más ha escrito sobre la experiencia argentina es Jacobo Timerman, antiguo editor del periódico *La opinión*, quien protestó contra la represión oficial y también contra la violencia de la izquierda. En 1977 Timerman fue detenido por el ejército y durante más de dos años estuvo encarcelado, incomunicado, sufriendo tortura y repetidas interrogaciones, sin recibir jamás una acusación oficial. Por fin, y gracias a su renombre internacional, los amigos de Timerman lograron que el gobierno lo liberara y en 1979, tras privarle de° la nacionalidad argentina, fue expulsado del país.

tras... después de quitarle

Pero lo que más atrajo la atención mundial a la situación argentina fue la campaña de las llamadas «Madres de Plaza de Mayo», un grupo de madres que cada semana se reunía para pasar frente a la casa de gobierno y pedir la devolución de sus hijos desaparecidos. En 1983 el gobierno civil volvió a la Argentina y una de las primeras promesas del presidente Raúl Alfonsín fue investigar los casos de los desaparecidos y castigar a los culpables. Nombró un tribunal a fin de emprender el procesamiento de las tres juntas militares que gobernaron el país entre 1976 y 1983. El tribunal procesó a nueve líderes militares, entre ellos tres expresidentes, y escuchó en un juicio oral y público el testimonio de más de mil testigos. La sentencia, pronunciada en 1985, de cinco condenas y cuatro absoluciones, dejó insatisfechos a muchos. Sin embargo, el que el juicio haya ocurrido—una de

Los militares que encabezaban el gobierno argentino durante el período de las desapariciones fueron acusados y procesados por el gobierno civil de Raúl Alfonsín en un caso que simboliza el movimiento hispanoamericano en defensa de los derechos humanos.

las poquísimas veces en la historia cuando un gobierno no revolucionario haya responsabilizado legalmente a un gobierno militar por actos violentos—es un hecho enormemente esperanzador.

La situación en Chile no es tan alentadora. El general Augusto Pinochet, llegado al poder por medio de un sangriento golpe de estado en 1973, se ha mantenido en el poder a fuerza de tácticas de terror y represión. La frecuencia con que los exiliados chilenos mostraban evidencia del uso de tortura llevó a que Amnistía Internacional estableciera en 1973 un grupo médico para investigar los daños psicológicos y físicos causados por aquellos abusos. Los abusos todavía continúan: han desaparecido más de 4 mil personas y el uso de la tortura sigue en evidencia. Pinochet ha declarado su intención de continuar en el poder durante varios años más.

En Centroamérica la situación es aún más trágica, ya que allí las circunstancias combinan una casi constante violencia guerrillera con el terrorismo, en especial el uso (por movimientos tanto de la izquierda como de la derecha) de los llamados «escuadrones de la muerte». En El Salvador, donde una guerra civil ha sido más o menos continua desde 1979, se estima que ha muerto entre el 10 y el 20 por ciento de la población del país. En Guatemala, un país con una población de menos de 8 millones de personas, han muerto más de 38 mil en las luchas del gobierno militar contra los indios y varios movimientos izquierdistas durante las últimas dos décadas. En Nicaragua, después de una sangrienta guerra civil en la que murieron unas 30 mil personas, las fuerzas del Frente Sandinista de Liberación Nacional (FSLN) derrocaron el gobierno del dictador militar Anastasio Somoza en 1979. Una oposición armada al gobierno sandinista empezó casi inmediatamente y la violencia en ese país entre las fuerzas del gobierno y las de la Fuerza Democrática Nicaragüense (los «contras») todavía continúa.

La guerra civil en El Salvador ha obligado a muchos sal-
vadoreños a huir a los Estados Unidos. El gobierno norteamericano no les ha permitido inmigrar, declarando que no
son refugiados políticos sino económicos. En cambio, varios
grupos religiosos han formado un movimiento que les da refugio.

Las víctimas en esta confrontación, como en casi todas las otras de tipo
guerrillero y terrorista, en su gran mayoría han sido civiles.[12]

Cada año cuando se reúne la Comisión de Derechos Humanos de las
Naciones Unidas, Chile, Paraguay, Guatemala, El Salvador, Nicaragua y
varios otros países latinoamericanos son severamente sancionados, pero
hasta este momento la situación ha mejorado muy poco.

CONCLUSION

Es evidente que, como en todas partes, la violencia y la criminalidad también existen en el mundo hispano. Además conviene recordar que la creciente presencia de acción guerrillera y terrorista en Hispanoamérica no es
sino parte de una violenta onda mundial. La presión demográfica y las crisis
económicas y sociales combinadas con la desesperación y el deterioro de
viejas instituciones y estructuras, hacen que se considere legítima la violencia como manera de conseguir cualquier fin.

El ser humano es capaz de realizar acciones nobles o bajas, no importa
cuál sea su nacionalidad o raza. Sin embargo, las diferencias que se han
apuntado aquí en la lectura y el nivel de violencia entre una sociedad y otra
no pueden entenderse sin tomar en cuenta el contexto históricocultural en

---

[12] Las confrontaciones de tipo «irregular» siempre afectan a los civiles mucho más que la guerra tradicional.
Se estima que el 17 por ciento de las bajas (*casualties*) durante la Primera Guerra Mundial fue civil; en
la Segunda Guerra Mundial, el 45 por ciento; en las Guerras de Korea y Vietnam, el 70 por ciento.
Otro efecto devastador de la lucha irregular es el desplazamiento humano. En 1959 había más de 2
millones de refugiados en el mundo; veinticinco años más tarde el número de refugiados
mundialmente había ascendido a 10 millones de personas.

que esa violencia se produce. A menos que se aprecie el contexto en que se produce la violencia como solución a ciertos problemas humanos, no será posible buscar medios que la sustituyan.

DESPUES DE LEER

Comprensión

A. Después de haber leído la lectura, ¿qué le sugieren las siguientes palabras o expresiones?

1. la violencia criminal
2. el freno
3. la revolución
4. el golpe de estado
5. la lucha guerrillera
6. el escuadrón
7. desaparecer
8. procesar

B. Identifique brevemente según la lectura.

1. Francisco Franco
2. el Sendero Luminoso
3. las Madres de Plaza de Mayo
4. los gamines
5. la ETA
6. Augusto Pinochet
7. Raúl Alfonsín

C. ◨¡Necesito compañero!◨   Las siguientes ideas vienen de la lectura. Con un compañero de clase, busquen dos o tres puntos que apoyen o que ejemplifiquen cada idea.

1. Son muy difíciles las comparaciones culturales con respecto a la clase y el número de crímenes que se cometen.
2. La historia de los Estados Unidos, al igual que la de Latinoamérica, fue violenta.
3. La urbanización es causa directa e indirecta de muchos crímenes y actos violentos en el mundo moderno.
4. Algunos de los factores que refrenan la violencia criminal en el mundo hispano contribuyen a la violencia política.
5. La violencia criminal tiene actualmente muchas características internacionales.
6. Tanto grupos como gobiernos pueden ser responsables de actos de terrorismo.
7. La actividad guerrillera ha sido común en Latinoamérica; las revoluciones, no.
8. La revolución cubana tuvo el doble impacto de provocar la actividad revolucionaria en América Latina y al mismo tiempo de aumentar la represión militar.
9. El juicio de los militares argentinos, aunque problemático, tiene gran importancia histórica.

D. Complete las siguientes oraciones condicionales según la información sugerida por la lectura, conjugando los verbos entre paréntesis. En cada caso, prepárese para justificar su respuesta.

1. Si los lazos familiares (*ser*) menos fuertes, (*haber*) (*más/menos*) crimen en la sociedad hispana.
2. Si el gobierno de España (*volverse*) totalitario, la violencia criminal (*aumentar/disminuir/no ser afectada*).
3. Si (*haber*) un acuerdo absoluto sobre la definición del «derecho», (*ser*) (*más/menos*) fácil hacer comparaciones culturales con respecto a la incidencia del crimen.
4. Según algunos expertos, si muchos graduados universitarios (*estar*) desempleados, la actividad revolucionaria (*hacerse*) (*más/menos*) común.
5. Si las diferencias entre ricos y pobres (*verse*) menos, el índice de violencia criminal (*subir/bajar/no cambiar*).

Discusión

1. ¿Cuáles son algunos de los estereotipos sobre los hispanos respecto a la violencia y el crimen? ¿De dónde vienen estas imágenes? En su opinión, ¿hay algunas que sean más acertadas (*apt*) que otras? Explique.
2. ¿Qué relación existe entre la pobreza y el crimen? ¿y entre la prosperidad económica y el crimen? En su opinión, ¿existe una relación entre la pobreza/la prosperidad económica y el castigo que se le aplica al criminal? Explique.
3. ¿Qué relación suele existir entre la educación y la actividad revolucionaria en el mundo hispano? ¿Cree Ud. que esta relación se puede aplicar a contextos o personajes revolucionarios no hispanos? Dé ejemplos para justificar su opinión.
4. ¿Qué entiende Ud. por «terrorismo»? ¿Cuál es la diferencia entre «actividad guerrillera» y «actividad terrorista»?
5. Comente brevemente el efecto que pueden tener los siguientes factores en el índice de la violencia en el mundo hispano. Explique si cada uno afecta principalmente la violencia criminal o la violencia política.

   - el dramático aumento en el consumo de drogas en Estados Unidos y Europa
   - el crecimiento demográfico
   - el conflicto entre los Estados Unidos y la Unión Soviética
   - la enorme deuda nacional de los países hispanoamericanos
   - la transición de gobierno militar a gobierno civil en diez países hispanoamericanos entre 1979 y 1985

6. Usando las preguntas 6–8 de las páginas 183–184 como guía, comente la estructura y organización de esta lectura.
7. Siguiendo los puntos presentados en las Aproximaciones al texto del capítulo anterior (página 187), prepare un breve resumen de esta lectura. En su resumen, trate de incluir tres o cuatro elementos de cada uno de los siguientes grupos:

   - las palabras y expresiones conectivas (véanse las páginas 105–106)
   - la lista del vocabulario de este capítulo
   - los usos del subjuntivo ya estudiados

Aplicación

1. ¿Existen algunas imágenes o estereotipos del criminal en los Estados Unidos? Por lo general, ¿son positivas o negativas estas imágenes? ¿Cómo influyen en nuestra cultura y en nuestro sistema de valores respecto a la violencia?
2. Identifique brevemente a los siguientes personajes del cine o de la televisión. ¿Qué revelan de la actitud norteamericana acerca de la violencia? En su opinión, ¿qué otros personajes también representan la actitud norteamericana acerca de la violencia?

- Rambo
- The Equalizer
- Hunter
- Mike Hammer
- Sonny Crockett
- Dirty Harry Callahan

3. En la cultura hispana tanto como en la cultura norteamericana, la violencia es mayor entre los hombres que entre las mujeres, y también mayor entre los jóvenes que entre los adultos. ¿Qué factores—sociales, biológicos, culturales, etcétera—pueden explicar este hecho?
4. Los sicólogos han observado que la agresión entre los animales aumenta notablemente cuando viven en jaulas demasiado llenas o demasiado pequeñas. ¿Qué aplicaciones pueden tener estas investigaciones en el estudio de la violencia humana? ¿Conoce Ud. otra investigación científica sobre la agresividad? Explíquela.
5. ¿Qué tipo de delito es el más frecuente donde Ud. vive? ¿Hay muchos delitos en el recinto (*campus*) de la universidad? Comente. Donde Ud. vive, ¿cuáles son los tipos de crímenes cuya incidencia ha aumentado últimamente? ¿Cuáles han disminuido? ¿Están de acuerdo con las estadísticas nacionales estas tendencias? Explique.
6. En la lectura se indicó que el juicio civil de los líderes militares argentinos durante 1983 a 1985 fue un proceso sin muchos antecedentes históricos. ¿Puede Ud. nombrar algún otro caso similar? ¿Por qué son importantes estos casos?
7. ¿Es problemático actualmente el terrorismo en los Estados Unidos? ¿Cuáles son los grupos que tienden al uso del terrorismo para conseguir sus objetivos? En general, ¿suelen ser grupos norteamericanos o grupos extranjeros? ¿Históricamente siempre fue así? ¿Cómo se puede explicar este hecho?
8. Durante los últimos años la incidencia del terrorismo se ha multiplicado dramáticamente en muchas partes del mundo. ¿Cuáles son algunos de los factores que pueden explicar la extensión global de este fenómeno? En su opinión, ¿qué se puede hacer para refrenar el terrorismo?
9. ¿En los Estados Unidos existe el problema del abuso de poder por parte del gobierno? Dé un ejemplo. ¿Cree Ud. que lo que le pasó a Timerman podría ocurrir en los Estados Unidos? Comente.
10. Anteriormente (véase la pregunta E de la página 211) se habló de un capítulo sobre «crimen y violencia» en la cultura norteamericana. ¿Qué información incluiría Ud. en tal capítulo? ¿Cómo la organizaría, o sea, cuáles serían las subdivisiones más importantes?

CAPITULO DOCE

MADRID, ESPAÑA

EL TRABAJO Y EL OCIO

La vida profesional y el recreo

ANTES DE LEER

Aspectos lingüísticos

Controlled Reading Practice

Throughout this book you have practiced a number of skills designed to improve your reading comprehension. Remember to put these skills into practice as you read the following selection.

Reading practice

Try to read this selection in about six minutes (a reading speed of 150 words per minute). Then do the comprehension exercises that follow.

Salud

Insomnio: causas y remedios

Por GABRIELA CAÑAS

Si no consigue coger el sueño y el despertador no va a perdonar por la mañana, intente poner en práctica este remedio chino: con el dedo pulgar frótese el dedo gordo de los pies, por la planta, veinte veces en cada uno. El movimiento es hacia arriba, con la uña, y hacia abajo, con la yema del dedo. Lo más probable es que se quede frito a los diez minutos.

Este sería uno de los muchos remedios caseros para vencer el insomnio. Pero, cuidado. Según el radiólogo Manuel Rosado, «sólo el 5 por ciento de las personas que dicen sufrir de insomnio lo padecen de verdad. Lo que le pasa a mucha gente es que tiene falta de inducción al sueño, pero luego duermen las ocho horas reglamentarias. Eso no es insomnio».

Lo realmente importante es ir siempre a la raíz del problema. Si no se trata de una enfermedad física (muchas pueden ser causantes de insomnio), es que el problema viene por otro lado. «Hay un ritmo vital —, dice el doctor Rosado —y la incapacidad de inducción al sueño es producida por la ruptura de ese ritmo. Una acumulación de agresiones externas que quedan en el subconsciente es lo que, por la noche, no nos permite relajarnos para coger el sueño. El único remedio realmente eficaz, pero que los occidentales no sabemos aplicar, es dejar la mente en blanco, olvidar todos los problemas.»

Para nosotros es más fácil relajar el cuerpo y, de rechazo, relajar la mente. Las hierbas pueden ser muy útiles en casos así. Las más eficaces son la tila, la melisa y la valeriana. La manzanilla es muy utilizada, pero sólo resulta si la causa del insomnio es algún trastorno digestivo.

Otros remedios muy sencillos, indicados por el doctor Octavio Aparicio, que ha publicado varios artículos sobre el tema, son: tomar un vaso de leche con miel, huir de los alimentos fuertes, cenar temprano y poco, respirar aire fresco o mantener los pies, durante cinco minutos, en agua fría.

Estos remedios hay que usarlos esporádicamente, ya que, de recurrir a ellos todos los días, terminan por no dar resultado. Demasiado hábito.

Aunque esto del hábito, la costumbre, el ritmo, puede ser también utilizado. Es posible que usted se acostumbre a tomar una determinada bebida antes de acostarse y de no hacerlo, no consiga dormir. En plan sofisticado, hay algunos inventos que han aprovechado el ritmo para inducir al sueño. Los rusos, por ejemplo, han fabricado una lámpara que mantiene un ritmo constante de encendido y apagado. Mirándola fijamente se duerme uno antes de quince minutos.

Algunas veces, la causa del insomnio hay que buscarla en una mala digestión. En este caso

230

el remedio es bien sencillo: tomar buena nota de la experiencia para que no suceda lo mismo la próxima vez. Una cuestión de voluntad, si puede uno evitarse las cenas tardías y pesadas. Hay quien aconseja, incluso, suprimir la sal en la cena. Las digestiones difíciles pueden también originar pesadillas durante el sueño. Para librarse de estas pesadillas, los médicos de comienzos de siglo aconsejaban tomar una infusión de hojas de naranjo, poco antes de acostarse. Remedio tan antiguo como el de contar corderitos. O el imposible del dicho popular: ordeñar una abeja.

De todas formas, antes de buscar el remedio más adecuado, hay que insistir en la teoría del doctor Rosado. Si se duermen ocho horas diarias, aunque haya que recurrir a la siesta, y a pesar de la dificultad para coger el sueño por la noche, no hay que preocuparse. «Es mucho más peligroso —dice el doctor Rosado —dormir más de lo necesario. Durante el sueño, se consume menos oxígeno y los órganos vitales están relajados. Por ello, cuanto más se duerme, más sueño se tiene. Pero, además, el cuerpo produce menos defensas, con lo que se está más expuesto a cualquier enfermedad. Se ha comprobado que dos horas diarias más de sueño acorta diez años la vida.»

Es realmente alarmante para los que se permiten el lujo de dormir diez horas. Los demás, sabiendo esto, es posible que duerman ahora más tranquilos.

1. Además de hablar de las causas y los remedios para el insomnio, ¿cuál(es) de los siguientes puntos menciona el artículo?

   a. el número de personas que sufren actualmente de insomnio
   b. la historia del insomnio hasta la época actual
   c. que muchas personas que dicen sufrir de insomnio en realidad están equivocadas
   d. los nombres de personas famosas que han sufrido de insomnio
   e. que dormir demasiado es peor que no dormir lo suficiente
   f. algunas comparaciones culturales en la ocurrencia del insomnio
   g. una definición de lo que es (y lo que no es) el insomnio

2. Según la lectura, ¿tendrán problemas para dormirse las siguientes personas? Escriba **sí, no** o **ND** (el artículo no dice).

   Alguien que…
   _____ a. sufre muchas presiones en su trabajo.
   _____ b. sigue una rutina habitual sin muchos cambios.
   _____ c. hace mucho ejercicio físico.
   _____ d. consume muchas comidas saladas (con mucha sal).
   _____ e. cena temprano y no come mucho.
   _____ f. bebe mucho alcohol.

3. ¿Qué significan las siguientes palabras? Dé un sinónimo o explicación en español después de revisar el contexto en que se encuentran en el artículo.
   a. padecen   c. trastorno   e. corderitos
   b. eficaz   d. inducir   f. expuesto

4. Identifique la raíz y el prefijo o sufijo de cada palabra. Luego explique el significado de la palabra.
   a. despertador   c. incapacidad   e. apagado
   b. caseros   d. encendido   f. corderitos

Aproximaciones al texto

Reading Magazine and Newspaper Articles

The language of newspaper and magazine articles is often sophisticated and colorful. Nevertheless, if you apply the reading techniques that you have learned thus far to journalistic prose, you will find it easier to understand.

First, most newspaper and magazine articles have the easily recognizable purpose of either informing or entertaining the reader. Some articles—editorials and exposés, for example—are written in a more argumentative style and attempt to convince the reader of something. It is not necessary for an article to have only a single purpose; it may aim to both entertain and inform, for example.

The majority of newspaper articles are informative; they report basic information on newsworthy people and events. Such articles must be structured so as to make the information easy to find: the titles are concise and to the point; the answers to *who? what? where? when?* and *why?* usually appear in the first paragraphs. Like newspaper articles, magazine articles may be informative, but many aim to entertain or to convince the reader of something—the existence of a problem, for example, or the need to take some kind of action. To accomplish either purpose, both the title and the introductory paragraphs are designed to attract attention and to draw the reader into the article. You will greatly simplify your reading task if you

En muchas esquinas de las ciudades hispanas hay estancos que venden tabaco, periódicos, revistas y lo que la clientela les pida.

make a preliminary decision about the article's purpose (to inform? entertain? convince? a possible combination?) before you begin reading. This first evaluation will give you an important hint about what kind of information to expect in the first paragraphs.

Second, newspaper and magazine articles must be relatively brief. This means that the information is presented more compactly, with fewer descriptive digressions than in literature. You might have to read several pages of a book, sometimes even an entire chapter, to get a clear idea of what it is about, but you only have to read the title and skim the first paragraph or two of an article to have a basic idea of the content. Skimming for a general impression of content before you begin to read more closely will usually give you enough context to make the entire article comprehensible, even if the first paragraphs contain unfamiliar vocabulary.

Third, the organization of newspapers and magazines is designed to help the reader find specific kinds of information. For example, there are sports sections and lifestyle sections, as well as the editorial page. When you pick up a newspaper or magazine, you will find the articles much easier to read if you learn to take advantage of the publication's structure.

1. Mire los siguientes titulares y decida cuál será el propósito más presumible (informar, entretener, convencer—o alguna combinación) del artículo a que se refiere cada uno.

   a. Explosión en una escuela peruana: once personas resultaron heridas
   b. Se prohíbe la publicidad de tabaco y alcohol en las competiciones deportivas
   c. El Salvador: la guerra invisible que no cesa
   d. Paraíso de hedonistas: millonarios y príncipes azules juguetean en Ibiza
   e. Tres nuevos trasplantes: dos de corazón y uno de hígado
   f. Las elecciones europeas y el reconocimiento del éuscara, nuevos objetivos del Partido Nacionalista Vasco
   g. El robot: el mejor amigo del hombre en el año 2000
   h. En España se venden alimentos infantiles contaminados de gérmenes
   i. Orientación: deporte y aventura en la naturaleza

2. En la sección de anuncios de actividades se encuentra un artículo encabezado así:

   «Expo-Ocio: El placer del tiempo libre»

   a. ¿Cuál será el propósito principal del artículo? Además del título, ¿qué otras fuentes de información tiene Ud. para decidir esto?
   b. Haga una lista de todas las preguntas cuyas respuestas Ud. espera encontrar en el artículo.
   c. Lea el artículo (página 234) rápidamente. ¿Predijo Ud. bien su contenido?

Expo-Ocio: el placer del tiempo libre

Del 15 al 23 de marzo se celebrará, en el Recinto Ferial de la Casa de Campo de Madrid, la décima edición de Expo-Ocio o Feria del Tiempo Libre. Desde que comenzara su andadura, allá por la primavera de 1977, más de cuatro millones de personas han visitado Expo-Ocio para reconocer las alternativas que se le ofrecen al hombre de nuestros días para disfrutar su tiempo libre. La feria, además de sus *stands* de caravanas, *camping*, piscinas, automóviles, motociclismo, aviación deportiva, viajes y vacaciones, náutica, deportes, fotografía, vídeo, imagen, cine, música, coleccionismo, alta fidelidad, juegos y pasatiempos, enseñanza, artesanía y aeromodelismo, permite a los visitantes participar en actividades culturales, deportivas y recreativas. El horario será de once a veintiuna horas.

Entre las novedades de este año destacan las mesas redondas sobre el empleo del tiempo libre por los minusválidos, quienes expondrán sus libros, diapositivas y fotografías; los seminarios con carácter social, que tratarán del tema de la droga, problema que afecta a más de tres millones de españoles; la Primera Semana del Neumático y la demostración sobre arte floral organizada por la Asociación de Floristas de Madrid, en la que se enseñará a los visitantes cómo se pueden hacer centros de flores, arreglar ramos, cuidar plantas…

y se celebrará un concurso de adornos florales con el nombre de Primera Copa de Arte Floral. El día 22 de marzo será instituido como Día de la Flor y se obsequiará a todas las mujeres que visiten la feria.

En el aula piloto de la música se llevará a cabo una muestra permanente de folklore y tradiciones populares, exposición de instrumentos, conferencias sobre los grandes músicos y proyección de vídeos y películas musicales los sábados y domingos. En el quiosco de la música actuarán las bandas militares de los Ejércitos de Tierra y Aire, la Marina, la Guardia Civil, la Policía Nacional y la banda del Cuarto Militar de Su Majestad el Rey.

En lo que se refiere a deportes, cuatro demostraciones de artes marciales, con maestros de judo, taekwondo y aikido podrán admirarse diariamente, al tiempo que se celebra la final del Campeonato de Esgrima de España para menores de veinte años.

Los que prefieran ejercitar sus mentes podrán retar al maestro Román Torán a jugar al ajedrez, ya que éste disputará varias tandas de partidas simultáneas.

Todas estas actividades, desarrolladas durante ocho días, servirán para recordar que el tiempo de ocio es un derecho inalienable recogido en nuestra Constitución.

Prelectura

A. ¿Qué le sugiere a Ud. el título de este capítulo («El trabajo y el ocio»)? ¿Qué tipos de actividades en el mundo hispano asocia Ud. con este tema?

B. ◧¡Necesito compañero!◧ En la siguiente lista se presentan los titulares de los artículos de este capítulo. *Sin mirar los artículos mismos*, con un compañero de clase, clasifiquen cada artículo según el contenido y el propósito que probablemente tiene.

- País del diván: los argentinos baten récords de consultas al analista
- Las angustias del tráfico
- Han vuelto los serenos
- El estrés estival: a veces, las vacaciones no sirven para descansar
- Crece el interés de los españoles por la cultura
- La revolución del vídeo: ver lo que uno quiere cuando uno quiere
- Los españoles y las máquinas tragaperras / El paraíso de las máquinas
- Revivir el sueño: la gran fiesta del fútbol vuelve a México
- Un adiós de gloria y oro: Antoñete se despide de los toros

Ahora comparen sus respuestas con las de los demás compañeros de clase. ¿Están de acuerdo todos? ¿Se necesita más información para poder decidir en algunos casos? Explique.

C. Con su compañero, hagan una lista de tres preguntas cuyas respuestas esperan encontrar en cada artículo.

D. ¿Cuál de los artículos les parece el más interesante? ¿Por qué?

LECTURA

El mundo es cada vez más pequeño. El comercio internacional y el turismo, la radio, la televisión y el cine, todos acortan las distancias que separan las naciones del mundo y hacen más inevitable el contacto entre sus culturas. En el mundo hispano se nota la creciente presencia cultural de Inglaterra, de Francia, y de los EEUU. Son omnipresentes la Coca-Cola y los *bluejeans*. Entre las caras más reconocidas figuran artistas norteamericanos: el vídeo más alquilado en España en 1986 fue *Rambo* y por la tarde no es raro encontrar a los jóvenes con los ojos pegados a la pantalla° para descubrir lo que pasará en el nuevo episodio de *Dinastía*.

　　Es que las diferencias culturales dependen hasta cierto punto del aislamiento. Con la progresiva industrialización y urbanización y los

En cuanto el clima lo permite, los restaurantes y las cafeterías ponen mesas en la acera o en las plazas donde la gente puede sentarse y tomar algo. A menudo unos amigos piden un café y se quedan toda la tarde hablando o leyendo.

muchos contactos internacionales que esto implica, y también la continua emigración entre países, todas las naciones avanzadas empiezan a parecerse más. Hace cien años era necesario hablar de una cultura francesa, una alemana y una española como entidades bastante separadas, pero hoy en día es posible hablar de una cultura «europea». Juega un papel importante en esto la prensa, que selecciona y difunde la información que llega a formar parte integral de esta cultura cada vez más colectiva. Hay que señalar que la prensa hispana suele informar sobre culturas extranjeras mucho más que la prensa norteamericana.

El resultado de este contacto se ve en el estilo de vida. Ultimamente el paso lento de la vida hispana tradicional va cediendo el paso al ritmo más apresurado de la sociedad moderna. Por consiguiente, como se verá en los primeros artículos de este capítulo, hay una preocupación por las tensiones y el estrés asociados con el trabajo y el impersonal ambiente urbano.

También se nota evidencia del intercambio cultural en los artículos que tratan de las actividades del tiempo libre. En el mundo hispano, como en todas partes, hay un gran interés en la salud y una fascinación por todo lo relacionado con la revolución tecnológica. Al mismo tiempo quedan algunas actividades más tradicionales: la lid,° los deportes, el teatro.

bullfight

EL TRABAJO: LAS PRESIONES Y EL ESTRES: ◧
Parte 1

el austral *monetary unit of Argentina*
el bisoño *rookie, novice*

lacaniano *Lacanian (based on Jacques Lacan's interpretation of psychoanalysis)*

la mutual *group medical plan*

El país del diván
Los argentinos baten récords de consultas al analista

Por VILMA COLINA

Créase o no, los argentinos somos los más altos consumidores de terapias psicoanalíticas en todo el mundo. Lo afirma *The New York Times* (edición del 9 de febrero) en nota firmada por su corresponsal: «*Los argentinos les ganan hasta a los neoyorquinos: hay aquí un psicólogo por cada mil personas, comparado con uno por cada 3 mil en el estado de Nueva York. La alta densidad de psicólogos residentes le valió el nombre de Villa Freud a un barrio porteño de clase media*». En la Villa—zona limitada por Las Heras, Sante Fe, Pueyrredón y Canning—, hoy, se practica el psicoanálisis en sus dos variantes principales: lacaniano o freudiano ortodoxo, la terapia sistemática, el psicodrama, la psicología social específicamente dedicada a terapias grupales, la terapia transaccional y la llamada familiar. Muchos estilos. Y precios variados: en tanto un psicólogo que trabaja para una mutual cobra 2,10 australes por sesión, en el rubro psicoanálisis las sesiones (50 minutos) van de los 5 o 6 que reciben los bisoños a los 80 o 100 en el caso de los psicoanalistas didactas. La condición de *carne de diván* parece confirmada por declaraciones de profesionales argentinos en el programa *Today Show*—viernes 14—filmado en la Argentina por la NBC norteamericana: el 26 por ciento de los argentinos se analiza, un punto por arriba de los norteamericanos.

Enunciado el efecto, para buscar las causas, SOMOS recurrió al licenciado Osvaldo Daniel Avelluto (44), presidente de la *Federación de Psicólogos Argentinos*. A continuación, sus opiniones.

▪ Los argentinos no somos *carne de diván*. Lo que hay aquí es una considerable divulgación de la psicología y una aceptación social del psicoanálisis como teoría y como técnica. Hay influencias del psicoanálisis en la educación, en el arte. El proceso viene de lejos: con los primeros profesionales europeos que se afincaron en la Argentina después de la Segunda Guerra Mundial—Marie Langer, Mauricio Abadi, entre otros. Sigue con el impulso de la universidad con la apertura de carreras específicas. Y paradójicamente se fortaleció con la prohibición que sufrimos los psicólogos para ejercer: la lucha de los profesionales hizo que mucha gente se enterara no sólo de la existencia de la psicología, o de la formación profesional del psicólogo, sino también de que necesitaba tratarse.

▪ También la historia social y psicosocial argentina de los últimos años ha aumentado la cantidad de personas con patologías (las últimas estadísticas de Salud Mental hablan de un 25 por ciento de habitantes que padecen neurosis, de un 3 por ciento de esquizofrénicos y un 8 de alcohólicos). El Estado, garante de la salud pública y de la seguridad, se había convertido en un factor generador de crisis. Cuando una sociedad no habla, y la verdad no es un valor importante, y hay desaparecidos y problemas económicos, aparecen conflictos.

▪ No, no es una moda—descalificar así ya implica un temor a conocerse—, y si alguien va al analista por imitación sólo esa manifestación de una personalidad débil indica que está necesitando tratarse. A la divulgación—no hay revistas femeninas que no tengan notas de psicología, incluso algunos diarios dedican suplementos al tema—puede agregarse la mayor posibilidad de acceder a un tratamiento psicoterapéutico a través de las mutuales. Entonces, hoy, lo que sólo podía tener una clase media alta o grupos intelectuales, es un bien que pueden contar todos. También en esto influye la mayor cantidad de psicólogos: los hay prácticamente en todos los hospitales.

▪ Por último, la Argentina es un país que está construyendo su identidad nacional, su ser nacional. Constituimos un país hecho con aluviones inmigratorios que trajeron tradiciones, lenguas que no son uniformes. Con todas las contradicciones que eso implica. En tanto y en cuanto el psicoanálisis y en general todas las técnicas de psicoterapia ayudan al conocimiento individual, en un país con alto nivel de alfabetismo de clase media, con muchos profesionales con buen nivel que se perfeccionan—existen cien escuelas de formación de posgrado—, no es extraño que cada día más gente acuda a pedir ayuda al psicoanalista.

1. Según la información presentada en el artículo, ¿cuál es el significado de las siguientes palabras en el título y subtítulo?
   a. país b. diván c. récords d. analista

2. ¿Qué tipo de información mejor caracteriza el artículo?
   a. la historia del fenómeno descrito
   b. una explicación de las variantes del psicoanálisis
   c. las causas del fenómeno
   d. los resultados o efectos del fenómeno
   e. una descripción de varios casos famosos
   f. la crítica del fenómeno

3. ¿Cierto (**C**) o falso (**F**)?

_____ a. Hay muchas variaciones en el precio de los servicios.

_____ b. Los problemas económicos y la represión política de los últimos años explican en parte el fenómeno descrito.

_____ c. El fenómeno descrito no es más que un _fad_. Está de moda imitar lo que pasa en Nueva York y Europa.

_____ d. A causa de este fenómeno, muchas personas ahora van al país en busca de tratamiento psicoterapéutico.

_____ e. Si el país tuviera un nivel de vida más bajo y más analfabetos, el fenómeno no existiría.

4. En el pasado, consultar con un psiquiatra llevaba cierto estigma. ¿Todavía es así? ¿Qué impresión produce actualmente el anunciar que uno tiene un psiquiatra o consulta con un analista? ¿Cómo explica Ud. esto?

VOCABULARIO

la grúa _tow truck_
impreso _printed_

mecanografiado _typed_
el parabrisas _windshield_

el quinto pino _(way out in)_
the sticks

LAS ANGUSTIAS DEL TRAFICO

Traigo aquí hoy dos documentos reveladores de las tensiones que provoca la caótica situación del tráfico en Madrid. Me los han enviado dos lectores que me dicen, en sus respectivas cartas, que los encontraron en el p a r a b r i s a s del coche que habían dejado aparcado en la calle. El primero es una tarjeta impresa por un anónimo señor, en la que se insulta al automovilista que deja el coche mal aparcado. El otro es una hojita mecanografiada que lleva el sello de la Parroquia de Nuestra Señora del Pilar y que contiene, envuelta en sacerdotal cortesía, la amenaza de avisar a la grúa si no se respeta la señal que prohíbe el aparcamiento.

¡GRACIAS!

Por haber ocupado con su coche dos espacios, he tenido que ir a aparcar al quinto pino.

Su coche, además de sus caballos tiene un burro ¡¡USTED!!

Piense en los demás.   _Contamos contigo._

Por favor, respete las señales de

"Prohibido aparcar"

No quisiéramos vernos obligados a avisar

a la grúa.

"Gracias"

1. ¿Cuáles son las «angustias» del tráfico a que se refiere este artículo?
2. ¿Cuál es el propósito principal de los dos documentos en el artículo?

   a. invitar
   b. dar las gracias
   c. insultar
   d. avergonzar
   e. expresar enojo
   f. atemorizar (*to frighten*)
   g. hacer reír
   h. hacer propaganda comercial

   ¿Tendrán propósitos secundarios también? Explique.

3. ¿En cuál de los dos documentos se encuentra _____?
   a. el uso de la ironía
   b. un intento de convencer recurriendo a una autoridad más alta
   c. un juego de palabras
   d. el uso de la exageración
   e. una leve amenaza

4. ¿Cuál de los dos documentos le parece a Ud. más efectivo? ¿Por qué? En su opinión, ¿dejar una tarjeta así es una manera efectiva de combatir el problema señalado? ¿Por qué sí o por qué no?
5. ¿Qué le indica a Ud. el hecho de que ninguna de las tarjetas esté escrita a mano?
6. ¿Ha recibido Ud. alguna vez una tarjeta como éstas o ha querido dejar una en el parabrisas de un coche? Describa las circunstancias.

VOCABULARIO

el chuzo *nightstick*
el portal *entryway*

Han vuelto los serenos

Desde el 7 de abril, los serenos, hace doce años ausentes, han vuelto a vigilar las calles de la capital de España. Esta vieja institución de la noche de Madrid reaparece modernizada. Ya no cantan las horas y el estado del tiempo, ni abren los portales a los vecinos que se han olvidado las llaves en casa; pero vuelven a custodiar el descanso de la ciudad, atienden a los que necesitan ayuda y, tarea importante, vigilan las calles en evitación de robos y reyertas. No llevan más armas que el viejo chuzo en versión moderna, un *spray* para intimidar a los presuntos atacantes y una radio que conecta con la policía municipal.

1. Los serenos son _____.
   a. criminales
   b. una acción típica de los que viven en Madrid
   c. un tipo de policía
   d. algo que se puede comer por la noche sólo en Madrid

2. El artículo indica que la vuelta de los serenos _____ .
   a. es algo positivo
   b. es algo negativo
   c. no tiene interés para la mayoría de los madrileños

3. Según lo que indica el artículo, ¿cuál podría ser una de las razones para la vuelta del sereno? ¿Qué indica esto sobre la vida de Madrid? ¿Qué implican sobre la vida urbana los cambios en las responsabilidades del sereno?

VOCABULARIO

aflojar *to relax*
el agotamiento *exhaustion*
desenchufar *to unplug*

estival *summer*
la gripe *cold, flu*

Salud
El estrés estival
A veces, las vacaciones no sirven para descansar

Por RAUL GARCIA LUNA

Más de una vez habrá escuchado usted un comentario como el siguiente: «*Che, qué pálida lo de don López Lastra. Todo el año frente a la empresa y ni una gripe. Y en cuanto sale de vacaciones, ¡paf!, un preinfarto*». O este otro, más corriente y menos trágico: «*De la oficina no quería ni acordarme. Solcito, casino, nada de estrés. Y apenas me mando una picada de cornalitos, chau: indigestión total*». La pregunta se cae de madura: ¿por qué se producen estos *shocks* durante el descanso anual, si el ajetreo laboral ha quedado atrás? Los hipotéticos don López Lastra y el oficinista del caso podrían explicarlo así: «Mientras trabajábamos era imposible aflojar. Hay compromisos, responsabilidades, imposible enfermarse». A *grosso modo*, no se equivocan. Pero el tema es más complejo. La doctora clínica Susana Demaestri, especialista en la técnica llamada *interpretación de contenidos y evolución de las estructuras corporales de la personalidad*, da pistas amplias para entender el fenómeno.

—*Antes que nada, doctora, díganos qué entiende usted por estrés.*

—Un estado que puede ser causado por frustraciones, excesivas exigencias, contradicciones internas, falta de comunicación u otros problemas de la vida contemporánea. Pero el estrés también se origina a partir del trato que damos a nuestro cuerpo. Los cambios de hábitos generan estrés.

—*¿Un período de vacaciones, por ejemplo, puede ser campo para el estrés?*

—En verano y durante las vacaciones, *contrariamente a lo deseado*, se sufren toda clase de situaciones estresantes: cambios de clima, de dieta, de horarios, y exceso de alimentos, de acción física, de sol.

—*¿Por qué y cómo ocurre esto? Es decir, ¿cuáles son los mecanismos?*

—En vez de relajarse y eliminarse tensiones, éstas se conservan y generan, por suma, nuevas expresiones de estrés que llevan al agotamiento psicofísico. Es la típica sensación de estar *peor que antes*. El veraneante no conoce la forma de disolver tensiones, liberar energía y armonizar el descanso. Por eso puede volver a casa con contracturas corporales, bloqueos y una fea sensación de insatisfacción y hasta de frustración.

Según la doctora Demaestri, «el estrés se expresa y se fija en el cuerpo». Para nuestro segundo entrevistado, el psiquiatra y psicoanalista Carlos Tachouet, «el estrés es un fenómeno netamente psíquico». Y más: «El estrés se manifiesta en un estado físico (hipertensión, taquicardia, trastornos neurovegetativos), pero sobre todo en un estado psíquico (presión, tensión)».

—¿Conviene usted en que existe un estrés propio de las vacaciones?

—Sí. También para los veraneantes hay un factor de estrés. La rutina protege de los imprevistos durante el año, y al romperse ese ritmo diario con las vacaciones surge *otra* rutina que provoca un estrés inmediato.

—*Pero esa* otra *rutina, ¿no se supone que es* benéfica *para la salud?*

—Todo es relativo. Lo que pasa es que éste es una especie de *estrés de competencia:* cierta presión social indica cómo comportarse, dónde veranear, qué no hay que perderse. Y es el preciso momento en que se dejan a un lado las habituales preocupaciones para entrar en las *nuevas*. El consumismo y la moda *llaman* a una rutina, y ésta conduce al estrés.

Como conclusión, por simple que parezca, hay que tener muy presente que el veraneo es placer más descanso.

No poder desenchufarse y cambiar de rutina: dos causas de estrés veraniego.

1. Según el artículo, ¿por qué a veces las vacaciones no sirven para descansar? Señale todas las respuestas correctas.
   a. El gastar dinero causa estrés después de trabajar tanto para ganarlo.
   b. El veraneo implica una ruptura con las viejas rutinas, lo cual produce estrés.
   c. Las vacaciones implican una nueva rutina, lo cual provoca estrés.
   d. Los miembros de la familia no están acostumbrados a pasar mucho tiempo juntos.
   e. Uno participa en tantas actividades estivales que al final termina agotado.
   f. Uno suele pasar el tiempo estival preocupándose por todo el trabajo que se dejó en la oficina.
   g. Durante las vacaciones, las defensas corporales y psíquicas están más flojas, lo cual hace más fácil que uno se enferme.

    h. El veraneante sabe vivir con las tensiones del trabajo; no ha aprendido a dejarlas atrás.

2. ¿Hay otras razones importantes que el artículo no mencione?

3. En su opinión, ¿existe un problema similar en los EEUU? ¿Sufren de este problema de vez en cuando los estudiantes? Explique.

⌐ EL OCIO: LA CULTURA Y EL RECREO: Parte 2 ⌐

VOCABULARIO

la **encuesta** *opinion poll*
la **verbena** *neighborhood party, fair*

Crece el interés de los españoles por la cultura
La lectura y el teatro, ascensos más significativos

Por GABRIELA CAÑAS

El ministro de Cultura, Javier Solana, destacó, el viernes 6, que según una reciente encuesta ha crecido considerablemente el interés de los ciudadanos por la cultura. Como ascensos más significativos señaló el de la lectura y el teatro. Hoy, según la encuesta, el 46% de la población española lee libros, con un promedio de 40 horas trimestrales de lectura, lo que supone un incremento respecto a 1978 del 27%, ya que en aquel año leía libros el 36% de los españoles. Visita los museos, al menos una vez al trimestre, el 20% de la población española, lo que es un 30% más que hace siete años. Más abrumador es el ascenso de asistencia al teatro, que se cifra para las mismas fechas en un 49,5%. Mientras que en 1978 iban al teatro el 10,7% de los españoles, ahora lo hacen 16%. La encuesta de 1978, a la que se hace referencia en los cuadros comparativos, la hizo también como ahora la Secretaría General Técnica del Ministerio de Cultura.

    Los ascensos más espectaculares no corresponden a las actividades consideradas con-

vencionalmente como culturales. Así, ha aumentado en un 72,7% la asistencia a espectáculos deportivos y ha aumentado en un 62,7% la práctica del deporte. Ir a discotecas y salas de fiesta son actividades que también son ahora más frecuentes, ya que el porcentaje de españoles que las practica ha subido en siete años en un 43,6%. Ir al cine es la única actividad cultural que ha descendido. Hace siete años, el 46,3% de los españoles solía ir al cine; ahora sólo acude el 37%. El descenso es, pues, del 20%.

    Solana hizo hincapié en que el sondeo realizado es de la misma magnitud que las dos grandes encuestas que hace la Administración pública: la de población activa y la de los presupuestos familiares. Magnitud que viene dada, fundamentalmente, por el número de personas encuestadas—49.177 en total; 14.899 mayores de catorce años—. La encuesta se ha realizado en las diecisiete comunidades autónomas y en las cincuenta provincias españolas, lo que significa que los datos se pueden desglosar por zonas. En total, se ha trabajado en 741 municipios y 14.899 familias. El Ministerio de Cultura, en colaboración con la empresa Cise (Investigaciones Socioeconómicas), utilizó a 400 entrevistadores. El error máximo admitido es del 1% para el conjunto nacional y del 5% para las comunidades autónomas.

En esta encuesta se han tenido en cuenta seis actividades culturales que no se trataron en el sondeo de 1978, que son: hacer fotografía (13%), leer prensa diaria (58%), leer revistas y *comics* (56%), tocar instrumentos (6%), visitar monumentos (14,5%) y pintar o esculpir (7,1%). El sexo, la edad o la ocupación son algunas de las muchas variantes que el sondeo del Ministerio de Cultura ha tenido en cuenta. El hecho de haber trabajado en todas las comunidades autónomas ha permitido también hacer mapas geográficos en función de las actividades culturales. Javier Solana destacó a este respecto que se han acortado las desigualdades. Por encima o por debajo, los porcentajes de las diversas comunidades autónomas no se alejan mucho de la media. La excepción más espectacular es la del índice de lectura en Andalucía: estando la media nacional situada en el 46%, sólo leen libros el 26% de los andaluces.

Andalucía, según estos mapas culturales, está por debajo de la media en todas las actividades estudiadas, excepto en las de bailar e ir a discotecas y verbenas y las de pintar y esculpir. Por contra, suelen estar por encima de la media Cataluña, noreste español y Baleares. Cataluña sólo está por debajo de la media en bailar e ir a discotecas y verbenas, en tocar instrumentos musicales y en pintar y esculpir. Los menos dados a las discotecas, con gran diferencia por debajo del resto, son los asturianos, los vascos y los de La Rioja. Madrid está por encima de la media en las quince actividades estudiadas. «Una primera conclusión de todos estos datos», dijo Javier Solana, «es que hay todavía en España un déficit de infraestructura cultural. Se ha hecho un esfuerzo importante por parte de la Administración socialista, desde las comunidades autónomas y, sobre todo, desde los Ayuntamientos, pero hay que seguir trabajando, porque se comprueba que en cuanto ha aumentado la oferta ha habido una respuesta positiva».

1. Según la información presentada en el artículo, ¿cuál es el significado de las siguientes palabras en el título?
   a. crece   b. el interés   c. la cultura

2. ¿Cuándo se hizo la encuesta cuyos resultados se reportan en la lectura? ¿Cuál es el punto de comparación?

3. Tomando en cuenta esta comparación, ordene las siguientes actividades de mayor (1) a menor (7) *ascenso de interés* según la lectura.
   _____ a. visitar los museos   _____ e. practicar un deporte
   _____ b. ir a discotecas   _____ f. ir al cine
   _____ c. asistir al teatro   _____ g. asistir a espectáculos deportivos
   _____ d. leer

4. ¿Cuál de las actividades mencionadas en el número 3 es la más popular actualmente entre los españoles? ¿Cuál es la menos popular?

5. La encuesta señala que las personas con mucho interés en las fiestas normalmente no _____ y vice versa.
   a. leen
   b. practican deportes
   c. van a discotecas
   d. son artísticos

6. ¿Qué otra información comparativa incluye el artículo?

7. ¿Cuál sería el orden de importancia en los Estados Unidos de las actividades mencionadas en el número 3? ¿Qué otras actividades añadiría Ud.? ¿Cuáles son las actividades cuya popularidad ha cambiado (subido o bajado) más notablemente en los últimos años?

VOCABULARIO

alquilar *to rent*	**la Hacienda** *Treasury*	**mudo** *silent*
la banda sonora *sound track*	**la indemnización**	**parado** *unemployed*
la cola *line*	**fijada** *fixed income*	**rentable** *profitable*
grabar *to record*	**el magnetoscopio** *VCR*	**la taquilla** *ticket window*

La revolución del vídeo: ver lo que uno quiere cuando uno quiere

Por VICTOR STEINBERG

El vídeo ha supuesto una revolución en los hábitos de los españoles. Más del 20 por ciento de las familias ocupan su tiempo libre en «sentar a su mesa» a sus actores favoritos. El vídeo, en combinación con la televisión privada, representa la frontera del ocio.

Dos millones de vídeos vendidos en poco más de cinco años. Seis mil películas grabadas para elegir y cuatro mil quinientos videoclubs hacen que la infraestructura del vídeo sea en España lo suficientemente fuerte como para revolucionar los hábitos de la gente y convertir la sala de estar en una permanente sala de cine.

El 20 por ciento de los hogares españoles cuenta con un magnetoscopio. El rápido incremento de las ventas se produjo por la escasa oferta televisiva. Para Mario Zotola, director de *Vídeo-TV-Film*, la principal revista del sector, el vídeo es un fenómeno marcado por la climatología: en los meses de frío, el consumo aumenta y en verano disminuye, porque las opciones de entretenimiento se amplían con el buen tiempo. Las costumbres de los adictos parecen ir cambiando. La gente comienza a llevarse los equipos en sus vacaciones o a la casa de fin de semana.

Durante los primeros años de la revolución del vídeo, a comienzos de los ochenta, los usuarios sólo utilizaban su aparato para ver películas pregrabadas. Los videoclubs crecieron como hongos y parecía el negocio del siglo; había que alimentar la videomanía y dos millones de aparatos requerían mucho combustible.

El fenómeno del videoclub es distinto en cada país. En América, los propietarios son en su inmensa mayoría recientes inmigrantes vietnamitas de los *boat people* que apenas si saben inglés, o esposas emprendedoras con pequeños ahorros y mucha iniciativa. En Alemania, muchos videoclubs no son considerados lugares muy familiares, porque la enorme oferta de material porno no les reporta muy buena fama. En España empezó un poco como el negocio del parado. Mucha gente con el dinero de la indemnización fijada por Magistratura compró doscientas películas y se puso en marcha. La mayor parte del material que se alquilaba era pirata, los precios ridículamente bajos: cien pesetas por películas e incluso menos. Era difícil bajar a comprar tabaco y no volver con una película. Muchas tiendas compatibilizaban su actividad principal con el videoclub. Fue famoso el caso de una funeraria que se puso a alquilar vídeos.

«*Los tiempos heroicos han pasado* —dice Juan Dengra, director de la mayor cadena de videoclubs de Barcelona. —*Ahora la oferta es enorme y los propietarios de videoclubs deben tener mucho olfato a la hora de comprar películas. El público se ha vuelto más exigente y sólo alquila los buenos títulos.*

Funciona bien todo lo que tuvo éxito en los cines», agrega.

Aunque más exigentes, son pocos los que entran en la tienda sabiendo lo que quieren. Para Alberto Galtes, director de la CIC-RCA, líder de las distribuidoras en España, *«los video-clubs son como cualquier negocio, sólo prosperan los buenos, y éste es un negocio muy complicado»*. Para Galtes, el alquiler de las películas no puede ser inferior al precio de una entrada de cine, y ya es barato, porque lo ve toda la familia. Los precios por debajo de este mínimo no son rentables para los clubs y suponen un suicidio empresarial.

La tesis de Galtes sobre los precios no incluye la terrible y a veces desleal competencia. Cuando comparten una misma calle dos tiendas de alquiler comienza la guerra de precios y surge la picaresca. Una película le cuesta al club unas diez mil pesetas de promedio si se trata de un título de una multinacional. Para recuperar la inversión, muchos «repican» la película, es decir, la copian una o más veces y por el precio de una tienen varias para alquilar. Esta es sólo una faceta de la piratería que en España, pese a todos los intentos realizados para combatirla, mueve hoy un volumen de negocio tres veces superior al mercado legal.

Robert Chartoff, productor de la película *Rocky III*, estaba trabajando con la banda sonora de la película cuando un amigo lo llamó para felicitarle. Había visto un videocassette mudo de la inacabada tercera parte de Rocky. Chartoff se quedó helado. Los piratas del vídeo atacaban de nuevo. En España hoy funcionan copias piratas de películas aún no autorizadas para ser comercializadas en vídeo: *El secreto de la pirámide*, última producción de Steven Spielberg; *Manhatan Sur*, de Michael Cimino; *Comando*, protagonizada por el nuevo integrante del clan Kennedy, Schwarzenegger. El último *Mad Max*, de Mel Gibson, con la cantante Tina Turner; *Regreso al futuro*, también de Spielberg, y, por supuesto, *Rocky IV*.

Cada película pirateada supone unas pérdidas enormes para el negocio legal y para Hacienda. Por ello, la protección a los rollos que contienen los films es poco menos que la que tiene un jefe de Estado. No se los deja solos ni un minuto. No se sabe en qué momento los piratas darán una suculenta propina a los trans-portistas o a los hombres que manejan los proyectores de los cines para poder realizar la copia. Hay también un cierto morbo en alquilar películas piratas. Se presume de haber visto cómodamente en casa obras que a los amigos les ha costado muchas horas de cola ver en los cines. Poco importa que la calidad sea generalmente mala o que el precio ascienda a las mil pesetas por cassette.

El vídeo doméstico ha cambiado el negocio del cine más que ningún otro acontecimiento desde el nacimiento de la televisión. En América, los ingresos del vídeo ya son equivalentes a los recaudados en la taquilla de los cines. En España, los ingresos de las productoras cinematográficas se dividen en 50 por ciento por taquilla, 35 por ciento en vídeo doméstico y 15 por ciento en televisión. La diferencia fundamental con el mercado americano se debe a que en España no hay quien compre una película. Sólo se alquilan.

Los precios siguen siendo prohibitivos. Nadie se gasta diez o doce mil pesetas en un videocassette, que una vez visto es difícil que se vuelva a utilizar. En Estados Unidos o en Inglaterra hay películas en venta desde mil quinientas pesetas; estos precios tan bajos se consiguen con tiradas que alcanzan el millón de copias. En España, un buen título no llega a las diez mil y sólo para alquilarlas en los videoclubs.

Los musicales son otro fenómeno que aún no ha prendido en nuestro mercado. Contar con la imagen del grupo musical favorito, además de un buen sonido estereofónico, no parece ser un aliciente suficiente para los melómanos españoles. Precios que rondan las tres mil quinientas pesetas y una presencia cada vez más importante junto a la sección de discos de los grandes almacenes y *drugstores* no basta para atraer compradores. Seguramente el precio, que continúa muy por encima de los elepés tradicionales e incluso del *compact disc*, es el principal obstáculo para su definitiva implantación.

Las películas más alquiladas de España (mayo 1986)

1. Rambo
2. Tras el Corazón Verde
3. Gremlins

4. Terminator
5. Loca Academia de Policía
6. Superdetective en Hollywood
7. El retorno del Jedi
8. Karate Kid
9. La vaquilla
10. La mujer de rojo
(*Fuente:* revista *Vídeo-TV-Film*)

Las películas más vendidas en Estados Unidos

1. El retorno del Jedi
2. Rambo
3. El honor de los Prizzi
4. Máscara
5. St. Elmo's fire
(*Fuente: Video Business*)

En el videoclub de *Vip's*, que es uno de los más prestigiosos y serios de Madrid, se preocupan por mantener un ambiente familiar, lo que ha excluido de sus catálogos las películas porno.

Aunque el espacio de la noche de los viernes en Televisión Española se anunciaba como «fuerte», no es de los más grabados por los videoaficionados. En cambio la televisión matinal obligó a más de un admirador de *Dinastía* a aprender a grabar. Josep Fábregas Torrens, responsable de la división de cintas de la empresa Sony, dice que el mercado de la cinta virgen se está reactivando. «*La televisión matinal y los mundiales son los responsables. En España se venden ocho millones de cintas de vídeo al año, y este número es bajo, porque los españoles no son coleccionistas. Graban y desgraban cien veces la misma cinta sin preocuparse por guardar ni tan siquiera las joyas de la historia del cine.*»

Pero un nuevo peligro se cierne sobre el mercado de cintas vírgenes. Desde 1983, los ministros de Cultura de la CEE vienen reuniéndose con el fin de aprobar un impuesto para las cintas de vídeo y audio. Intentan cobrar por anticipado las supuestas grabaciones que se pueden realizar con ellas. Este impuesto podría duplicar el precio de las cintas, pero lo peor es que no iría a engrosar la Hacienda de los países miembros, sino los bolsillos de las productoras cinematográficas y discográficas, en compensación por las pérdidas producidas por las grabaciones realizadas por los consumidores directamente de la televisión o la radio.

El precio de la cinta virgen no es una anécdota. La aparición de televisiones privadas y el rápido desarrollo de las antenas parabólicas que permiten captar las emisiones de al menos doce canales de todo el mundo, vía satélite, permiten predecir que ha llegado la hora de apretar el botón de *record*, tanto como antes se pulsaba el *play*. Para Antonio Gil García, de Sony, ha llegado una nueva era para el vídeo. «*El videoclub perderá su actual protagonismo. La nueva oferta televisiva impedirá que la gente pueda verlo todo; la grabación doméstica es la solución del futuro.*» Gil García cree que los cambios llegarán más lejos. «*El desarrollo de las cámaras portátiles de vídeo en ocho milímetros, por su fácil manejo y su escaso peso, permiten ya a los usuarios grabar su propia historia*», explica. Los números parecen darle la razón: hasta el año 1985, el total de cámaras de ocho milímetros vendidas fue de 48 mil unidades, y en 1986 se espera vender 30 mil más.

Alberto Galtes, de CIC-RCA, cree que el vídeo no cambiará especialmente con la televisión privada y por satélite. «*El vídeo representa la libertad*», dice Galtes, y agrega: «*Ver lo que uno quiere cuando uno quiere*». Además, en América cientos de canales de televisión no han impedido al vídeo desarrollarse con fuerza.

---

1. Ponga cada efecto con su causa. ¡OJO! Hay una causa cuyo efecto no se incluye en la lista.

CAUSA
_____ pocos programas buenos en la televisión
_____ el alto precio de los vídeos
_____ los programas de la tarde como «Dinastía»

EFECTO
a. la popularidad creciente de grabar de la TV
b. el subir y bajar cíclico en el consumo de los vídeos

CAUSA

_____ el aumento del número de canales de televisión que se reciben

_____ los cambios de clima

EFECTO

c. la popularización rápida del vídeo

d. se alquilan pero no se compran los vídeos

¿Cuál es el efecto de la causa restante?

2. ¿Por qué se menciona en el artículo el caso del productor de la película *Rocky III*? ¿Qué propósito tiene este ejemplo?
3. ¿Cómo piensan compensar a las productoras cinematográficas y discográficas por las pérdidas de ganancias a causa del vídeo?
4. ¿Cierto (**C**) o falso (**F**)?

_____ a. La piratería de los vídeos todavía no es un gran problema en España.

_____ b. Los vídeos musicales no son muy populares en España.

_____ c. Normalmente los españoles ven lo que graban una vez y luego usan la cinta para grabar otra cosa.

_____ d. Se piensa que en el futuro se grabará de la TV menos que hoy.

5. El artículo indica que la popularidad del vídeo está asociada con la sensación de libertad. ¿Qué significa esto precisamente? ¿Puede esta idea explicar la popularidad del vídeo en los EEUU también? ¿Qué otros factores pueden explicar el fenómeno?

VOCABULARIO

el azar *chance*
empedernido *hardened*
inadvertido *unnoticed*

las máquinas tragaperras *slot machines*
sobrar *to be left over*

Los españoles y las máquinas tragaperras

Once millones de españoles, uno de cada cuatro aproximadamente, ha jugado alguna vez a las máquinas tragaperras, según una encuesta realizada por la Asociación Española de Fabricantes y Comercializadores de Máquinas Recreativas y de Azar (FACOMARE).

De estos datos se deduce que las máquinas tragaperras tienen más acogida en este país que cualquier programa de Televisión Española o que el más importante espectáculo multitudinario, incluidos los partidos de fútbol de cada domingo.

La mayor parte de los jugadores de las tragaperras, de acuerdo con la encuesta, son personas mayores de treinta y cinco años y pertenecen a la clase media baja. La mayoría de estas personas se gastan semanalmente entre trescientas y quinientas pesetas en las máquinas.

Entre los veinticinco y treinta años el porcentaje de jugadores desciende considerablemente, así como la cantidad de dinero empleado en este tipo de artilugios de azar. Los jugadores comprendidos entre estas edades depositan en las tragaperras los cinco o diez duros que le sobran de la vuelta del café.

Por debajo de los veinticinco años, sólo el 2 por ciento de los españoles confiesa tener afición a este tipo de juegos y muy escasos niños han asegurado haber jugado a las máquinas de azar, aunque casi siempre estaban acompañados por mayores.

Más del 90 por ciento de los jugadores de bares y cafeterías son personas del sexo masculino. En cambio, en casinos, el 60 por ciento de los jugadores de máquinas de azar son mujeres y el resto hombres.

La encuesta revela también que pocas personas se han dejado el sueldo mensual en las máquinas de azar. Los jugadores empedernidos no suelen ser muy abundantes, y acostumbran a gastarse el dinero en los salones de juego. Utilizan las máquinas de las esquinas para pasar inadvertidos.

El paraíso de las máquinas

España es el primer país de Europa en cuanto al número de máquinas tragaperras por habitante. Con 38 millones de habitantes, según fuentes del Gobierno, existen en la actualidad alrededor de 400 mil máquinas de azar, sin contar las instaladas ilegalmente y las de tipo recreativo (flippers, futbolines, comecocos, etcétera), que suman otras 100 mil máquinas más.

En el resto de Europa, Inglaterra, con 56 millones de habitantes, tiene legalizadas 170 mil máquinas; la República Federal de Alemania, con 62 millones, 240 mil máquinas, y en Bélgica hay un parque de 18 mil tragaperras para una población de 10 millones de personas.

Otros cuatro países europeos con Gobierno socialista (Francia, Italia, Portugal y Grecia) tienen, en cambio, prohibidos los juegos de azar en bares y cafeterías con máquinas recreativas.

Según un informe del Gobierno, de julio de 1983, cada una de las máquinas tragaperras instaladas en España deja unos beneficios cercanos a las 840 mil pesetas anuales, que se reparten proporcionalmente entre el fabricante u operador de la máquina y el propietario del establecimiento comercial donde ésta se encuentra instalada.

1. Escoja cinco palabras claves de cada una de las lecturas y úselas para escribir un resumen de no más de dos oraciones de cada artículo.
2. ¿Ofrecen los artículos una explicación del fenómeno que describen?
3. ¿Es muy popular en los EEUU el jugar a las máquinas tragaperras? ¿Qué se piensa de esto? ¿Es una actividad de mujeres? ¿de hombres? ¿de la clase alta? ¿de jóvenes? ¿Qué otros juegos de azar son populares en los EEUU? ¿Cómo explica Ud. su popularidad? Cuando Ud. juega a los naipes, ¿prefiere apostar (to bet) o no? ¿Cambia el ambiente del juego si uno apuesta? Explique.

VOCABULARIO

el aficionado fan
la apuesta bet
el campeonato championship

el cocinero cook
el empate tie (score)
el equipo team

la maldición curse
el palco box seat

La gente hispana tiende a reunirse en las calles, que sirven de club social lo mismo para los jóvenes que para los viejos.

Deportes

Revivir un sueño

La gran fiesta del fútbol vuelve a México, donde hace dieciséis años Pelé y sus compañeros enloquecieron al mundo

El próximo 31 de mayo, a las 12 del día—hora mexicana—, los habitantes del mundo iniciarán un largo y cautivante viaje. Los veintidós jugadores de los equipos de Italia y Bulgaria darán comienzo al evento deportivo más espectacular del planeta: el Campeonato Mundial de Fútbol. Más de 120 mil espectadores se congregarán en el legendario Estadio Azteca de Ciudad de México para asistir a este encuentro que, como un resorte mágico, movilizará toda una serie de mecanismos de tipo futbolístico, comercial y de comunicaciones.

Cuando se dé inicio al Mundial, al menos una tercera parte de la humanidad respirará por el fútbol, pues desde todos los rincones del orbe y gracias a la televisión, que este año hará el mayor derroche de técnica jamás visto, 800 millones de personas suspenderán cualquier actividad que se encuentren desarrollando para dejarse hipnotizar durante noventa minutos por un partido de fútbol. Cerca de 500 millones de dólares se moverán en inversión publicitaria alrededor de las transmisiones del torneo y otros cuantos millones pasarán de mano en mano en el curso de las más dramáticas apuestas.

Este año, el Mundial le correspondía—por designación de la FIFA, la rectora del fútbol en el mundo—a Colombia, y hoy en día nadie discute que haber renunciado a esta organización fue una decisión que debía tomarse. Basta echar una mirada a lo que está sucediendo actualmente en México. Los graves problemas sociales y económicos que atraviesa este país parecen estar cargando el ambiente. La crítica que se escucha con más frecuencia es que el terremoto de septiembre del año pasado requería de grandes inversiones que no se pudieron realizar porque las partidas estaban destinadas al Mundial.

A partir de esta tragedia, el evento comenzó a ser visto por muchos mexicanos como una especie de maldición. Continuamente se llevan a cabo manifestaciones callejeras, durante las cuales aparecen grandes cartelones, en los que se puede leer: *«Queremos frijoles, no goles»*.

Hasta hace unos cuantos días, las manifestaciones seguían siendo toleradas por el gobierno, pero apenas comenzó a sentirse la invasión de turistas, las protestas fueron circunscritas a ciertas áreas específicas. Y la réplica de los manifestantes no se ha hecho esperar: *«Soluciones y no manifestódromos»*, dicen los nuevos cartelones.

***

El del 70 fue un Mundial impecable en todos los sentidos. No se presentó ningún expulsado en los treinta y dos partidos de la Copa, contrastando con el evento anterior celebrado en Inglaterra, donde la violencia y la patanería impusieron su ley.

Todos estos factores hicieron que México 70 fuera el modelo a imitar. Cuando se dice buen fútbol, se dice México 70. Y son muchos los que esperan que ese sueño se reviva en 1986.

El mundo entero en México

El 27 de mayo, un total de 508 jugadores de veinticuatro países intentarán complacer a estos aficionados. Representarán a cuatro continentes. Por Suramérica estarán Argentina, Brasil, Uruguay y Paraguay. Qué diferente la situación al año 1930, fecha del primer Mundial, cuando a duras penas trece equipos aceptaron la invitación a Montevideo.

Hoy, 124 países jugaron las eliminatorias, incluyendo algunos que estaban en guerra. Irak, por ejemplo, no pudo jugar de local porque la FIFA no permitió exponer a los equipos visitantes, en una ciudad como Bagdad, que podía ser bombardeada en cualquier momento. Esto determinó que los iraquíes enfrentaran a sus rivales en sedes neutrales. A pesar de eso, clasificaron. Ahora los asiáticos están preocupados porque su religión les impone ciertos ayunos, y eso se les convierte en un problema técnico a la hora de jugar.

Cada equipo es un universo. Los cuadros del Tercer Mundo siguen aferrados a sus tradiciones religiosas. Bilardo, el técnico argentino, no faltó a Luján para rezarle a la Virgen. Los países europeos prefieren trabajar con más ciencia que con fe y se ha visto el caso de los daneses entrenando con sofisticados aparatos similares a tanques de oxígeno, que imitan la atmósfera de México.

En lo que sí coinciden prácticamente todos los combinados es en traer un cocinero, al que algunos entrenadores le otorgan más importancia que al preparador físico. Los alemanes traerán todos sus ingredientes, de manera que a los dirigidos no les falte ni siquiera el pan de su tierra.

La distancia se va haciendo menor

Hasta hace unos años, los cuadros de Africa y Asia eran la comidilla en los mundiales. En el 74, por ejemplo, Zaire fue derrotado 9-0 por Yugoslavia. Pero los cuadros de estas regiones, sobre todo en el mundo árabe, han invertido astronómicas sumas de dinero para conseguir un progreso adecuado. Esto es importante, porque es una forma de eliminar distancias y diferencias entre naciones.

En España, Argelia y Camerún, representantes de Africa, lograron lo que se consideraba imposible. Camerún terminó con tres empates y sin derrotas, y sin siquiera haber caído ante el posterior campeón mundial, Italia. Por coincidencia, Argelia enfrentó al otro finalista, Alema-

El fútbol es el deporte que más apasiona a los hispanos. Los niños lo practican en todas partes y los profesionales son héroes nacionales.

nia Occidental, derrotándolo por 2-1, en una de las mayores sorpresas que se ha visto en un Mundial. Si en esa ocasión los argelinos no clasificaron a la siguiente ronda, fue porque Austria y Alemania se pusieron de acuerdo sobre un resultado que, gracias al gol diferencia, les permitía clasificar a los dos. Pero nada de esto ha desanimado a los llamados equipos chicos. Y en México, es seguro, volverán a dar la pelea.

El Mundial está a punto, con doce estadios listos para recibir a veinticuatro equipos. Ya pronto en México, León, Querétaro, Puebla, Monterrey, Toluca, Nezahualcoyotl, Irapuato y Jalisco, el balón se pondrá en movimiento y los seleccionados se esforzarán por ganar una estatuilla de oro de 36 centímetros de alto y 4.98 kilos de peso.

No es esa la motivación mayor, por supuesto. Es la gloria de disfrutar durante cuatro años del privilegio más envidiado por cualquier nación del planeta: ser campeón mundial de fútbol.

1. Resuma la información básica de este artículo contestando a las siguientes preguntas.
   a. ¿qué?   c. ¿dónde?   e. ¿por qué?
   b. ¿quién?   d. ¿cuándo?

2. Explique el significado de la palabra «revivir» del título. ¿Qué importancia tiene dentro del contexto del artículo?

3. Según el artículo, ¿qué es lo que casi todos los equipos consideran necesario llevar a México? ¿Por qué?

4. Explique el significado del subtítulo «La distancia se va haciendo menor». ¿A qué se refiere?
5. ¿Es muy popular en los EEUU el deporte a que se refiere este artículo? ¿Encuentra Ud. semejanzas entre el lenguaje de este reportaje y el de los reportajes deportivos en los EEUU? Explique.

VOCABULARIO

el cobertizo *shed*
conmoverse (ue) *to be moved (by emotion)*
la cornada *goring by bull's horns*
dar vueltas *to wander around; to change in unexpected ways*
de casta *of breeding, high class*

el declive *decline, slump*
hosco *dark, gloomy*
el hueso *bone*
el latido *heartbeat*
la muñeca *wrist*
la ojera *bag under the eyes*
el paseíllo *ceremonial entry of bullfighters into ring*
la percha *hanger*
precipitarse *to quicken*

el republicano *one who fought against Franco during the Spanish Civil War*
el terno *suit of clothes*
el traje de luces *bullfighter's clothing*
la vivencia *life experiences*

Un adiós de gloria y oro
Antoñete se despide de los toros

Por MARIA MERIDA

Antoñete se va de los toros. El próximo 30 de septiembre, en la plaza de las Ventas, marco de los momentos de mayor esplendor en su carrera, el torero de Madrid hará su último paseíllo vestido de luces. A sus cincuenta y cuatro años y treinta y dos de alternativa, Antoñete, consagrado como un maestro del toreo, esboza en esta entrevista su nostalgia por el toro.

«Yo amo al toro...», y el rostro de Antonio Chenel «Antoñete»—quietud y ojeras—no se conmueve por esta declaración. Lo dice con sentimiento, pero sin emoción alguna, porque esas palabras son fruto de un viejo descubrimiento: «Yo amo al toro porque el toro es la razón de mi vida. He estado cerca de él desde que era un niño, y seguiré ligado a él hasta que me muera. A él le debo la mayor parte de mis alegrías y tristezas, de mis triunfos y fracasos. Por eso, cuando estamos los dos en la plaza, frente a frente, mirándonos, sin perdernos la cara, hablándonos casi, no pienso en nada, no siento nada, en ese momento sólo me importa él; lo que pasa es que, a veces, uno se entiende con el toro y otras no.»

El 24 de junio de 1931. En la madrileña calle de Goya, nació Antonio Chenel, en el seno de una familia humilde, trabajadora y republicana. Antoñete—así le llamaban todos—fue el menor de siete hermanos y tuvo una niñez muy dura: hambre, frío y necesidades de todo tipo fueron sus vivencias más precoces e imborrables. Su madre, una bondadosa y sencilla mujer, religiosa hasta la médula, le enseñó a rezar y a confiar siempre en la Virgen. Su padre, un hombre honrado, antiguo trabajador de la Casa de la Moneda y monosabio de las Ventas, le enseñó todo lo que hoy sabe. Una de las hermanas de Antoñete se casó con Francisco Parejo, mayoral de la plaza madrileña, y con ellos convivió en un cobertizo del mismo patio de caballos.

Antoñete había visto torear a todos los grandes espadas de los cuarenta: Marcial Lalanda, Domingo Ortega, Manolete..., pero su ídolo fue Juan Belmonte. Aún hoy le recuerda con profunda admiración: «¡Qué gran maestro fue Belmonte!»

A los dieciséis años vistió, por primera vez, un traje de luces. Julio Aparicio, madrileño como él, le dio la alternativa en 1953, en Castellón. Antoñete era un joven delgado, casi enjuto, y con aspecto frágil. Se le rompían los huesos con mucha facilidad, debido, quizá, a lo mal nutrido que estuvo en su infancia. El caso es que hoy lleva en su cuerpo veintitrés fracturas. «La muñeca izquierda la tengo destrozada.»

Antoñete ha sido siempre un hombre profundamente serio, callado y tímido. Y era así desde sus años adolescentes. Hoy, a sus cincuenta y tres, observa y calla, mira hondo, con la cabeza ladeada y algo gacha, y esboza una leve sonrisa con un rictus de amargura.

La trayectoria torera de Antonio Chenel ha sido desigual y con grandes altibajos, pero con el sello inconfundible de los toreros de casta y de una clase fuera de serie. Fechas gloriosas, como la del 15 de mayo de 1966, en Madrid, o septiembre del 75, o la temporada del 77 en América. Y, en medio, retiradas voluntarias y forzosas, catorce cornadas, una muy grave en el vientre, en la plaza de Palencia. «Fue un toro que tenía los pitones como cuchillos.» En 1969, un tremendo paréntesis que todos creyeron su declive definitivo. Los empresarios no le contrataban; le tenían olvidado. Sin embargo, él nunca se ha sentido acabado, porque «sin aplausos se puede vivir; olvidado, no».

En 1956 se casó con la hija del banquero López-Quesada. Un matrimonio por amor que terminó en fracaso a los nueve años justos de celebrarlo. Se rompió la felicidad, pero Antonio dice que su mujer fue el gran amor de su vida. En 1965 se divorciaron y ella se llevó a los seis hijos que tenían. El quedó solo, sin un duro y moralmente hundido. Unos dicen que fue ella la culpable; otros, que fue él. «Eso nunca se sabe, porque es cosa de dos…» El caso es que su gran tropiezo sentimental afectó profundamente a su profesión de matador de toros. No hace mucho su ex esposa ha contraído nuevo matrimonio, y él, con más de medio siglo a las espaldas, vuelve a ser soltero.

Después de su ruptura matrimonial, Antonio Chenel se fue a Venezuela. Una familia de ganaderos, los Branger, le sentaron en su mesa y le dieron apoyo, afecto y calor humano. Le organizaron tientas y festivales y prepararon su vuelta a los toros. Antoñete recobró la confianza en sí mismo, después de largos años de vivir a la deriva, y aquella huida, que parecía que no iba a tener retorno, le devolvió la ilusión perdida y el triunfo final que siempre había deseado.

Antoñete ama la vida, las personas y las cosas con la misma pasión que ama al toro. «La verdad es que me han golpeado mucho y muy fuerte, pero comprendo que no se puede vivir sin amor.»

«¿Enamoradizo? Quizá sí; seguramente soy débil al encanto femenino, pero muchas veces me he acercado a una mujer sólo por necesidad de cariño y de ternura. Esto del toro es muy difícil y muy duro, y necesitas tener a alguien, cuando vuelves de la plaza, con quien compartir el éxito y el fracaso. ¿Tú sabes lo que es haber tenido una gran tarde y volver al hotel y encontrarte solo, como yo lo estoy ahora…? Sí, ya sé que puedo tener a cualquier mujer, pero sólo para una noche, y eso a mí no me interesa. Yo quiero una mujer que esté conmigo y me acompañe ya hasta que me muera. ¿Sabes lo que hice, por ejemplo, el día de la feria de San Isidro, en el que las cosas me fueron tan bien aquí, en las Ventas? Pues, como no podía dormir aquella noche, ni resistir mi soledad, me fui de madrugada a dar vueltas por Madrid, este Madrid al que tanto quiero, y esperé a que se hiciera de día y abrieran la iglesia de la Paloma, y allí pasé no sé cuánto tiempo rezando ante la Virgen y dándole las gracias por lo que me había ayudado aquella tarde.»

Antoñete es un fumador empedernido. Fuma incesantemente, un pitillo tras otro, incluso cuando está en la plaza, tras el burladero, esperando que salga su toro por los chiqueros. Sin embargo, da la imagen de un hombre extraordinariamente sereno y templado. Su gesto es grave, casi hosco, y no refleja lo que lleva dentro, porque Antonio Chenel es una persona muy sensible y afectuosa. Uno de los rasgos más característicos de su fisonomía es la mirada. Una mirada lejana, cansada y honda que define perfectamente su larga e intensa vida.

El torero madrileño es de los que perdonan, pero no olvidan. Soporta el «tirón», pero no la indiferencia. Su manera de ser, bastante introvertida, hace que muchas veces se refugie en sí mismo sin exteriorizar sus sentimientos; acaso para que no se los lastimen. Natural y sencillo, ni le endiosa la vanidad ni le desanima el «minuto negro». Es el mismo hombre antes y

La corrida de toros sigue siendo un deporte muy popular en España, México y algunos otros países. Muchos niños practican el toreo en los parques, usando palos y mantas.

después de la ovación o del silencio, del elogio o de la crítica.

El reconoce que ha vuelto a los toros por dinero. «Cuando no tienes dinero nadie te lo da, y yo lo necesitaba. Yo no soy ambicioso, y menos de dinero, pero sé lo mal que se pasa sin él, y la vida da tantas vueltas… Sí, yo sabía que este retorno suponía mucha responsabilidad y mucho riesgo, pero he aceptado ese reto y ese compromiso con la afición, y gracias a Dios estoy teniendo mucha suerte. Pero también podía haber ido mal; con el toro nunca se sabe…»

«Sí, pasé mucho miedo en San Isidro; era una gran responsabilidad torear en Madrid, que es mi pueblo. Pero, sea la que sea la plaza donde vaya a torear, pongo el mismo empeño en quedar bien, aunque no siempre depende de mí.»

—¿Cuál es el futuro de Antoñete?

—Sólo pienso en armarla el día de la despedida. Me retiraré definitivamente, y luego, no sé, me atacará la nostalgia, probablemente compre una ganadería para no perder el contacto directo con los toros, con lo que ha sido mi vida.

Seguramente, cuando pasen los años y Antonio Chenel «Antoñete» contemple, con infinita nostalgia, sus ternos rosa y oro y azul y oro, que son sus preferidos, colgados en la percha del tiempo, y acaso sea feliz con esa mujer que ahora echa de menos, o se haya acostumbrado ya a su definitiva soledad, recordará sus tardes gloriosas, cuando en el cielo abierto y violeta de las plazas, resonaba ese «Torero, torero, torero». Entonces, es probable que su latido se precipite y hagan presencia en su vieja memoria, como en una ceremonia ritual, los toros negros, «esos que matan de verdad».

1. Complete el siguiente formulario con la información apropiada sobre Antoñete.

Nombre _____ Apellido _____

Profesión _____ Edad _____ Religión _____

Pueblo natal (*birth*) _____ Fecha de nacimiento _____

Estado civil (*marital*) _____ Años en la profesión _____

2. ¿Cuáles de los siguientes adjetivos describen mejor a Antoñete? Justifique su elección.

solitario	frío	materialista
extrovertido	alegre	perfeccionista
romántico	realista	arrogante
rico	valiente	temerario
modesto	tímido	(*foolhardy*)
cariñoso	temeroso	sensible
orgulloso	solemne	religioso

3. ¿Cómo era su vida de joven?
4. ¿Cuáles son los momentos «definitivos» en la vida de Antoñete, los que le afectaron mucho?
5. A pesar de que la profesión de Antoñete no es frecuente en Hispanoamérica y ni siquiera existe en los Estados Unidos, ¿cree Ud. que hay otras famosas figuras del mundo de los deportes con historias semejantes? Explique las semejanzas (y las diferencias) que Ud. notó entre ellas.

DESPUES DE LEER

Aplicación

1. ¿Está Ud. de acuerdo con la idea de que «cuánto más avanzadas, más parecidas las culturas del mundo»? ¿Puede Ud. pensar en ejemplos que apoyen o que refuten esta idea? ¿Qué importancia tiene el hecho de que se haya usado el inglés en muchos de los artículos de este capítulo?
2. ◘¡Necesito compañero!◘ En este capítulo se ha sugerido que en el mundo hispano la idea del trabajo se asocia frecuentemente con la tensión o el estrés. ¿Cuáles son las asociaciones más frecuentes en los Estados Unidos? Con un compañero de clase del mismo sexo que Ud., hagan una lista breve de todas las asociaciones que puedan establecer al respecto. Luego comparen su lista con las de sus compañeros de clase. ¿Hay diferencias entre las respuestas de las mujeres y los hombres al respecto? En los Estados Unidos, ¿qué representaba históricamente el trabajo como valor cultural? ¿Todavía tiene este valor? ¿Por qué sí o por qué no?
3. Para Ud., ¿cuáles son las experiencias que más causan el estrés? ¿Cree Ud. que esto es bastante universal o que habrá diferencias según las características (la edad, la clase social, el sexo) del individuo? Explique.
4. ¿Qué hace Ud. en un momento de estrés? ¿Cuál es su manera de calmarse los nervios? ¿Qué le causa insomnio? ¿Es un problema frecuente entre los estudiantes? ¿Por qué sí o por qué no? ¿Tiene Ud. una solución para este problema? Descríbala.
5. ¿Cree Ud. que el norteamericano medio lee bastante? ¿Por qué sí o por qué no? ¿Se puede evaluar el nivel cultural de un pueblo por sus hábitos relacionados

con el leer? ¿Por qué sí o por qué no? ¿Es importante tomar en cuenta el tipo de lectura que se hace? Explique. ¿Qué otros indicios pueden usarse para establecer el nivel cultural de una nación?

6. En su opinión, ¿en qué consiste un nivel cultural alto para un país? ¿y para un individuo?

7. ¿Cree Ud. que los deportes y/o los atletas reciban demasiada atención en los EEUU? ¿Debe ser la «educación física» una especialización universitaria? ¿Por qué sí o por qué no? ¿Cree Ud. que se deben dar becas (*scholarships*) deportivas? ¿Cuáles son algunas ventajas y desventajas de tales becas?

8. La tradición y el rito del Campeonato Mundial de Fútbol pueden parecerle extraños a un norteamericano, pero hay muchas costumbres norteamericanas que podrían extrañar a un visitante de otra cultura a los Estados Unidos. Por ejemplo, ¿cómo explicaría Ud. las siguientes costumbres norteamericanas?
   a. *cheerleader*   c. *homecoming*
   b. *pep rally*   d. *tailgate party*

9. Si llegara un visitante de otra cultura a los EEUU, ¿en qué actividad debería participar o qué debería presenciar (*to witness*) para tener idea de lo «auténticamente norteamericano»? Explique.

10. En su opinión, ¿cuáles son los aspectos de la vida y de la cultura norteamericanas que están cambiando más hoy en día? ¿Qué factores explican esto?

EPILOGO

Si Ud. describiera doce aspectos de la cultura norteamericana, ¿cree Ud. que habría dado un retrato completo de la vida en los EEUU? Es probable que no. Es igualmente probable que los doce temas elegidos por Ud. no serían los mismos escogidos por un compañero de su clase o por un estudiante estadounidense de otra parte del país. Por esta misma razón, en los doce capítulos de *Pasajes: Cultura* no se pretende ofrecer un retrato completo de la cultura hispana. La civilización y cultura hispanas son ricas y variadas, y las costumbres que rigen en un país no tienen siempre la misma importancia—ni la misma forma de manifestarse—en otro.

Con todo, hay ciertas características que sí ayudan a distinguir la cultura hispana de la norteamericana y éstas son las que se han presentado aquí. Al pensar en lo que Ud. ha leído en este libro, debe tener presente que las generalizaciones son muchas veces inexactas y que la cultura hispana—como toda cultura viva—está en proceso de evolución. Tiene también sus virtudes y sus defectos que con frecuencia son imposibles de separar. Una virtud puede ser consecuencia de un defecto o vice versa. Por ejemplo, el hecho de que exista el problema del indio en Hispanoamérica es el resultado de la política de convivencia que rigió durante la época colonial. En cambio, la ausencia relativa de este problema en la mayoría de los EEUU proviene de la casi exterminación del indio durante y después de la época colonial.

No se puede decir que una cultura sea superior o inferior a otra. Toda cultura representa la adaptación de un pueblo a su ambiente y, en cuanto permita que el pueblo viva, es válida. Sin embargo, surgen problemas cuando dos culturas con valores distintos se confrontan. En tal caso, el único modo de evitar graves conflictos es por medio de una comprensión mutua, respetuosa y libre de prejuicios. La meta de *Pasajes: Cultura* ha sido precisamente fomentar dicha comprensión.

Aplicación

1. Imagine que Ud. va a escribir un libro sobre la cultura norteamericana dirigido a estudiantes hispanos. Haga una lista de los doce rasgos que Ud. considera fundamentales o muy importantes en esta cultura. Compare su lista con las de sus compañeros de clase, discutiendo las diferencias hasta que todos se pongan de acuerdo sobre una sola lista.
2. Siguiendo la lista de temas o rasgos de la cultura norteamericana, ¿cuál debe ser la idea general del capítulo sobre cada tema tratado en su libro?
3. Haga una lista de cinco aspectos positivos de la cultura hispana y cinco aspectos de la cultura norteamericana que le parezcan igualmente positivos.
4. Dé tres facetas de la cultura hispana que podrían chocar a un norteamericano y tres de la cultura norteamericana que resultarían chocantes a un hispano.

Spanish-English Vocabulary

This vocabulary does not include exact or reasonably close cognates of English; also omitted are certain common words well within the mastery of second-year students, such as cardinal numbers, articles, pronouns, possessive adjectives, and so on. Adverbs ending in **-mente** and regular past participles are not included if the root word is found in the vocabulary or is a cognate.

The gender of nouns is given except for masculine nouns ending in **-l, -o, -n, -e, -r,** or **-s,** and feminine nouns ending in **-a, -d, -ión,** or **-z.** Nouns with masculine and feminine variants are listed when the English correspondents are different words (*grandmother, grandfather*); in most cases (**trabajador, piloto**), however, only the masculine form is given. Adjectives are given only in the masculine singular form. Verbs that are irregular or that have a spelling change will be followed by an asterisk. In addition, both stem changes will be given for stem-changing verbs.

The following abbreviations are used in this vocabulary:

adj.	adjective		*m.*	masculine
adv.	adverb		*n.*	noun
f.	feminine		*pl.*	plural
fam.	familiar		*p. p.*	past participle
interj.	interjection		*prep.*	preposition
inv.	invariable		*sing.*	singular

A

abajo below; down
abandono abandonment
abarcar* to include
abeja bee
abierto *p. p.* open
abnegación self-denial
abnegado self-denying
abogado lawyer
abogar* (por) to advocate; to work for
abolir* to abolish
aborto abortion
abrazar* to hug, embrace
abrazo hug, embrace
abrigar* to shelter, protect
abrir* to open
abrumador overwhelming
abstener* (ie) to abstain

abuela grandmother
abuelo grandfather; *pl.* grandparents
aburrido boring
acabar to finish; **acabar de** + *inf.* to have just; **acabar por** + *inf.* to end up
acaso: por si acaso just in case
acatar to respect, obey (*a law*)
acaudalado wealthy
acceder to agree, consent
aceituna olive
aceptabilidad acceptability
aceptación acceptance
acerca de *prep.* about, concerning, with regard to
acercarse* to approach

acechar to lie in ambush for
acertado correct
acoger* to receive, welcome
acogida reception, welcome
acompañante *m./f.* companion; chaperon
aconsejable advisable
aconsejar to advise
acontecimiento event
acordado agreed-upon
acordarse (ue) to agree
acortar to shorten, lessen, reduce
acostar (ue) to put to bed; **acostarse** to go to bed
acostumbrarse to become accustomed to
actividad activity
actual present-day, current
actualidad present time

258

acudir to answer a call; to run to
acuerdo agreement, treaty; **estar de acuerdo** to agree; **de acuerdo** okay, sure; **de acuerdo a** according to; **de acuerdo con** in accordance with; **ponerse de acuerdo** to come to an agreement
adelantar to propose, put forth
adelante ahead, forward; **salir adelante** to make progress
además furthermore; **además de** besides
adentro within
adiestramiento job training
adinerado monied, wealthy
adivinar to guess
adormecerse* to fall asleep
adorno ornament; decoration
aduana customs
advertencia warning
advertir (ie, i) to warn
aéreo *adj.* air
afectivo affective, emotional
afecto affection
aferrado stubborn; faithful
afición: cobrar afición a to take a liking to
aficionado fan, supporter
afín similar
afincar* to buy up real estate; to settle
aflojar to relax
afrontar to confront
afuera outside; *pl.* outskirts
agarrar to seize, grasp
agotamiento exhaustion
agotar to exhaust
agradar to please
agradecer* to be grateful for
agradecido grateful
agravar to worsen
agregar* to add
agrícola *inv.* agricultural
agricultor farmer
agrupación group, gathering
agua water
agudizarse* to sharpen
agudo sharp
ahí there
ahijado godchild
ahondar to deepen; to advance in knowledge
ahora now
ahorrar to save money
ahorros savings

aire: al aire libre out of doors
aislamiento isolation
aislar to isolate
ajedrez *m.* chess
ajeno foreign; belonging to another
ajetreo activity, productivity
alabar to praise
alambrada wire entanglements
alargar* to extend
alboroto riot; outcry
alcance reach, grasp; **al alcance** within reach
alcanzar* ro reach, attain
alegar* to allege, claim
alegato allegation
alegría happiness
alejar to remove, put at a distance
alemán *n.* and *adj.* German
Alemania Germany; **Alemania Occidental** West Germany
alentador encouraging
alfabetismo literacy
alfabetización teaching to read and write
algo somewhat
algún (alguno/a) some
aliado ally
alianza alliance
aliar* to ally with
alimentar to nourish, feed
alimenticio nutritive, nutritional
alimento food, nourishment
alma soul
almacén department store
almohada pillow
almorzar (ue)* to have lunch
almuerzo lunch
alojamiento lodging
alquilar to rent
alquiler rent
alrededor (de) around; *pl.* outskirts (*of a city*)
altibajos ups and downs
alto high; **clase alta** upper class
altura height
aludir a to allude to
aluvión flood; torrent
allá there; **el más allá** the beyond, the hereafter
allí there
ama de casa *inv.* housekeeper
amable friendly; kind

amamantar to nurse (*an infant*)
amante *m./f.* lover
amar to love
amargo bitter
amargura bitterness
ambiente environment; atmosphere
ambos both
ambulante walking
amenaza threat, menace
amenazar* to threaten, menace
amigable friendly
amigo friend
amistad friendship
amor love
amortizar* to pay off
ampliar* to expand
analfabetismo illiteracy
analfabeto illiterate
anciano old person; **asilo de ancianos** old-folks' home
andadura walk, stroll
andar* to walk
andino Andean
anexión annexation
angloparlante English-speaking
anglosajón *m.* and *adj.* Anglo-Saxon
angustia anguish
anhelado desired, longed for
anhelo dream, longing
animado animated
animar to encourage
anoche last night
ansiedad anxiety
ansioso anxious
ante in front of, before
antepasado ancestor
anterior preceding
antes (de) before
antiguo old; former
anuncio announcement, ad
añadir to add
año year
apagar* to turn off (*electrical appliance*)
aparecer* to appear
apasionado passionate
apellido surname, last name
apenas scarcely
apertura *n.* opening
aplicar* to apply
apoderarse de to take over
aportar to contribute
aporte contribution
apostar (ue) to wager, bet
apoyar to support
apoyo support

apreciar to esteem, appreciate
aprecio appreciation
aprender to learn
apresurado hurried, rapid
apretar (ie) to tighten, squeeze
aprobación approval
aprobar (ue) to approve
aprovechamiento exploitation
aprovecharse de to take advantage of
apuntar to make a note of, jot down
apuro difficult situation
aquel (aquello/a) that (*at a distance*); **en aquel entonces** at that time, back then
árbol tree
arma weapon; **arma de fuego** firearm
arraigar* to take root
arreglar to arrange
arriba above; **por arriba** toward the top
arriesgar* to risk
arrojar to throw
artilugio worthless contraption, gadget; gimmick
arzobispo archbishop
ascendencia ancestry
ascender (ie) to promote; to add up to
ascenso climb, increase
asco nausea; disgust; **dar asco** to make sick
asegurar to assure, make sure of
asesinato murder
asesinar to murder
asesino murderer
asesor advisor
así thus, so; like that
asilo asylum; **asilo de ancianos** old-folks' home
asistir (a) to attend, be present (at)
asombroso amazing
áspero rough, rugged
asunto matter
asustar to frighten
atar to tie
atardecer* to grow late, draw toward evening
atender (ie) to attend to
atento polite
aterrador horrible, terrifying
atosigado polluted
atraer* to attract

atrás behind
atrasado backward; mentally retarded
atraso backwardness
atravesar (ie) to cross
atreverse a to dare to
aula lecture hall
aumentar to increase
aumento increase
aun even
aún still
aunque even though
ausencia absence
ausente absent
autónomo independent
autopista highway
autoridad authority
auxilio help
avanzar* to advance
avergonzar (ue)* to shame
averiguar* to investigate, find out
avión airplane
aviso notice; warning
ayer *adv.* yesterday
ayuda help, aid
ayudar to help, aid
azar hazard, chance
azotar to beat
azúcar sugar
azul blue

B

Bahía de Cochinos Bay of Pigs
bailador dancer
bailar to dance
baile dance
bajar to go down; to lower
bajo *adj.* low; lower; *prep.* under
bancario *adj.* bank
bandera flag
banquero banker
bañarse to take a bath
barato cheap
barco ship
barrera barrier
barrio residential area, neighborhood
bastante *adj.* sufficient; *adv.* enough; rather; quite
bastar to be enough
batalla battle
batir to beat
bautismo baptism
beato happy, blessed; devout
bebedor drinker

beber to drink
bebida beverage, drink
beca scholarship
bélico warlike
belleza beauty
bello beautiful; **Bellas Artes** Fine Arts
beneficiarse (de) to benefit; profit (from)
beneficio benefit
besar to kiss
beso kiss
besucón liking to kiss a lot
biblioteca library
bibliotecario librarian
bien *n.* (*material*) good; *pl.* possessions, belongings; *adv.* well
bienestar well-being
bienvenida *n.* welcome; **dar la bienvenida** to welcome
billete ticket
bisabuelo great-grandfather; *pl.* great-grandparents
blanco *n.* target; white person; *adj.* white
boca mouth
boda wedding
bofetón hard slap
bolsillo pocket
bombardeo *n.* bombing
bondadoso kind
bonito pretty
borrachera drunkenness
bosque forest
bosquejo sketch; outline
bracero farm worker, field hand
brazo arm
breve *adj.* brief
brillar to shine
brindar to offer
broma joke, prank
buen (bueno) *adj.* good; ¡Bueno! Well!
burla joke; **hacer burla de** to make fun of
burlarse de to make fun of
busca: en busca de in search of
buscar* to look for

C

caballo horse
cabaña cabin
cabe decir it suffices to say
caber* to fit
cabeza head; **asentir con la cabeza** to nod

cabo end; **al fin y al cabo** when all is said and done; **llevar a cabo** to carry out
cada *inv.* each, every
cadena chain
caer* to fall
cal *f.* lime
calamar squid
calavera skull
calidad quality
calificación grade (*academic*)
calificar* to grade
calor heat
caluroso hot; warm
calzado shoes, footwear
callarse to keep quiet
calle *f.* street
callejero *adj.* street
cámara chamber; camera
cambiar to change; to exchange
cambio change; **a cambio de** in exchange for; **en cambio** on the other hand
caminar to walk
camino road
campaña campaign
campeonato championship
campesino peasant
campo countryside; (playing) field; *pl.* lands
canción song
cancha field, court (*sports*)
cansarse to grow tired
cantante *m./f.* singer
cantar to sing
cantidad quantity
caótico chaotic, disordered
capacidad capacity
capacitado qualified
capaz capable
capellán chaplain, clergyman
capilla chapel
capítulo chapter
cara face
cárcel *f.* prison
carecer* to lack
carencia need, lack, deprivation
carga burden
cargar* to cart, carry; to load, burden
cariño affection
cariñoso affectionate
carne *f.* meat
carrera profession
carretera highway
carrillo cheek
carroza large or stage coach
carta letter

cartel poster
cartelón sign, placard
cartomancia fortunetelling by cards
cartón cardboard
casa house
casarse (con) to get married (to)
casero *n.* landlord; *adj.* home
casi almost
caso: hacer caso (de) to pay attention (to)
casta: de casta high class
castidad chastity
castigante punishing
castigar* to punish
castigo punishment
castillo castle
casucha hut
causa cause; **a causa de** because of
cautivo captive
caza hunting; hunt
cazador hunter
celos *pl.* jealousy; **tener celos** to be jealous
cena supper
cenar to have supper
ceniza ash
cepillado shaved; cut evenly
cerca *adv.* close by; **cerca de** *prep.* close
cercano *adj.* close(-by)
cerrar (ie) to close
cerveza beer
ciegamente blindly
cielo sky; heaven
ciento: por ciento percent
ciencia science
cierto certain; true
cifra number, figure
cigarrillo cigarette
cigüeña stork
cine *sing.* movies; movie theater
cinicismo cynicism
cinta tape, cassette
circo circus
cita date; appointment
citar to cite
ciudad city
ciudadanía citzenship
ciudadano citizen
claro clear; obvious; **¡Claro!** Of course!
clave *f.* key
clérigo clergyman
clero clergy
clima *m.* weather; climate
cobarde coward
cobertizo lean-to, shack

cobrar: cobrar afición a to take a liking to
cobre copper
cocina cooking; kitchen
cocinero cook
coche car
cochino pig; **Bahía de Cochinos** Bay of Pigs
código code
cofradía group, gang
coger* to catch, grab, seize
coito sexual intercourse
cola line
colchón mattress
colega *m.* colleague
colgado hanging
colocar* to put, place
colonizador colonizer
colono colonist
colorido *n.* coloring
collar necklace
combustible fuel
comedor dining room
comer to eat
comerciante merchant
comercio commerce, business
cometer to commit
comida food; meal
comidilla talk, gossip
comienzo *n.* beginning
cómodo comfortable
compadrazgo godparent relationship
compadre godfather of one's child; *pl.* godparents
compañero companion; **compañero de clase** classmate
compartir to share
competencia competition, competitive urge
competidor competitive
competir (i, i) to compete
complaciente cheerful
complejo complex, complicated
complemento object (*in grammar*)
completo: por completo completely
complot *m.* plot, conspiracy
componer* to compose, make up
comportamiento behavior
comportarse to behave
complacer* to please
compra purchase
comprar to buy
comprender to understand
comprensión understanding

comprobar (ue) to prove
comprometido dedicated, committed
compuesto *p. p.* composed
común common, shared
comunidad community
concebir (i, i) to conceive
conciencia awareness, consciousness; conscience
concientización *n.* consciousness-raising
concilio council
concordancia agreement (*in grammar*)
concordar (ue) to be in agreement
concurso competition
condado county
condenar to condemn
conducir* to drive (*a car*); **permiso de conducir** driver's license
confianza confidence
confiar* en to trust
conforme con in agreement with
confundir to confuse
congelar(se) to freeze
congestionado congested (*as with traffic*)
conjunto group
conocer* to know, be acquainted with
conocido well-known
conocimiento knowledge; consciousness
conquista conquest
conquistar to conquer
consagrado devoted
consanguíneo *adj.* blood (*relationship*)
consciente conscious, aware
conseguir (i, i)* to obtain
consejo council
consentir (ie, i) to permit
conservador *n.* and *adj.* conservative
consigo with himself (herself, itself, themselves, yourself, yourselves)
consiguiente: por consiguiente consequently
constituir* to make up, constitute; to signify
construir* to construct
consumidor consumer
consumo consumption, use
contar (ue) to count; to tell, relate; **contar con** to count on
contener (ie)* to contain

contenido *sing.* contents
contento happy
contestar to answer
contra against; **en contra de** against, in disagreement with
contrabandista *m./f.* smuggler
contradecir* (i, i) to contradict
contraer* matrimonio to get married
contrariar* to contradict, disagree with
contrario contrary; **al contrario** on the contrary; **por el contrario** on the other hand
contrarrestar to counteract
contrasentido absurdity
contratar to contract, hire
contribuir* to contribute
controvertido controversial
convencer* to convince
convenir (ie, i)* to be appropriate; to be advisable; to suit
convertir (ie, i) to convert; **convertirse en** to become, turn into
convivencia *n.* living together
convivir (con) to live together (with)
corazón heart
corderito little sheep; lamb
cordillera mountain range
cornada thrust of a bull's horn
corona crown
correr to run
corriente *n. f.* river current; trend; *adj.* current, up-to-date; **cuenta corriente** checking account
cortar to cut
cosa thing
cosecha harvest, crop
cosechero grower
costa coast
costar (ue) to cost
costo cost
costumbre *f.* custom, habit
crear to create
crecer* to grow, increase
creciente growing, increasing
crecimiento growth, increase
creencia belief
creer* to believe, think
creyente *m./f.* believer

criado servant
crianza raising (*animals*), bringing up (*children*)
criar* to raise, bring up
criatura creature; child
crimen crime; murder
criollo of European parents but born in the New World
crisol melting pot
crítica criticism
crítico *n.* critic; *adj.* critical
cruce crossroads
cruzar* to cross
cuadro picture, painting
cualquier any
cualquiera que sea whatever . . . may be
cuanto: en cuanto a with respect to; **unos cuantos** a few
cuarto *n.* room; one-fourth; *adj.* fourth
cubierto *p. p.* covered
cuchillo knife
cuenta bill, account; **cuenta corriente (bancaria)** checking (bank) account; **darse cuenta (de)** to realize; **tener en cuenta** to keep in mind
cuento story
cuerpo body; **Cuerpo de Paz** Peace Corps
cuidado care; **¡Cuidado!** Be careful!
cuidar to take care of
culpa guilt; **echar la culpa** to blame; **tener la culpa** to be guilty
culpable guilty
culpar to blame
cultivar to cultivate, grow
cultivo cultivation
culto educated, well-bred
cumbre *f.* high point
cumplimiento fulfillment
cumplir to complete, fulfill; to reach, attain
cuna cradle
cuñada sister-in-law
cura *m.* priest
cursivo italicized
curso course
custodiar to keep guard; to watch over
cuyo whose

CH

charlar to chat
chica girl

chicle chewing gum
chico boy
chino *n. and adj.* Chinese
chiguero enclosure for bulls
chispa spark
chispeante brilliant, witty
chiste joke
chocar* to shock; to collide
cholo negative term to refer
to an Indian
choque shock; collision
chorizo spicy pork sausage
chungo joke, fun
chuzo lance, whip made of
leather

D

dañino damaging
daño damage; **hacer daño** to
damage
dar* to give; **dar a luz** to
give birth; **dar asco** to
make sick; **dar la
bienvenida** to welcome;
dar la mano to shake
hands; **dar las gracias** to
thank; **darle a uno por**
+ *inf.* to finally decide (*to
do something*); **dar
vueltas** to wander around;
darse cuenta (de) to
realize
datar (de) to date (from)
**debajo: por debajo
de** under, below
deber *v.* to be obliged to;
n. duty; **deberse a** to be
due to
débil weak
debilitar to weaken
decir (i, i)* to say, tell; **cabe
decir** it suffices to say; **es
decir** that is to say; **ni que
decir tiene que** needless
to say
declive slump
decorado scenery, set
dedo finger
defensor defender
degradar to degrade,
humiliate
dejar to leave behind; to
allow
delante in front of
delgado thin
delito crime
demás all the rest
demasiado *adj.* too; *adv.* too;
too much

demostrar (ue) to show,
demonstrate
dentro de within
deportado deported
deporte sport
deportivo *adj.* sports
depredador *adj.* plundering
deprimente depressing;
depressant
deprimido depressed
derecha *n.* right (*direction*)
derecho *n.* (*legal*) right; law
derrocar* to bring down,
topple
derrochar to squander,
throw away
derrotar to defeat, rout
derrumbamiento precipitous
fall; collapse
derrumbar to knock down,
demolish
desafío challenge
desafortunadamente unfor-
tunately
desagradable unpleasant
desagradecido ungrateful
desahogarse* to ease one's
mind
desalentar (ie) to discourage
desamparo helplessness
desánimo discouragement
desaparición disappearance
desaprobar (ue) to
disapprove of
desarraigado uprooted
desarrollar to develop
desarrollo development
desasosiego anxiety
desastre disaster
desatender (ie) to ignore
descalificar* to take
authority away from
descansar to rest
descanso (period of) rest
descarado blatant,
bold-faced
descerebrado decapitated
desconfianza distrust
desconocer* to be unaware
of; not to know
desconocido unknown
desconocimiento ignorance
descontento unhappiness
descrito *p. p.* described
descubierto *p. p.* discovered
descubrimiento discovery
descubrir* to discover
desde from; since
desdén disdain
deseable desirable
desear to desire, wish

desembarcar* to put ashore;
to land
desempeñar to fulfill (*a
function*); **desempeñar un
papel** to play a role
desempleo unemployment
desenchufar to unplug
desenfrenado unchecked
desengañar to disillusion
deseo desire, wish
desequilibrado unbalanced,
uneven
desesperanzador hopeless
desgarrar to tear, claw
desgraciadamente unfortu-
nately
deshabitado uninhabited
deshacer* to undo
desigualdad inequality
desliz *m.* slipping, sliding
desmayar to faint
desmontar to clear (*land*)
desolador distressing
despectivo pejorative,
negative
despedida farewell
despedir (i, i) to fire;
despedirse (de) to say
goodbye (to)
despertador alarm clock
despertar(se) (ie) to awaken
desplazamiento displacement
desplazar* to displace
desplegar* to unfold
desplumar to pluck out
(*feathers*)
despoblado unpopulated,
uninhabited
despreciado scorned
desprovisto (de) stripped
(of), lacking (in)
después afterwards; **después
de (que)** after
destacar* to excell, stand
out
destinar to intend for
destino destiny; future;
destination
destreza skill
destruir* to destroy
desvelar to keep awake, be
watchful
desventaja disadvantage
detalle detail
detener (ie)* to detain
deterioro deterioration
detrás de *prep.* behind
devolver (ue)* to return
día *m.* day; **hoy (en)
día** nowadays
diapositiva slide (*photograph*)

diario *n.* newspaper; *adj.* daily
dibujar to draw, sketch
dibujo drawing
dicho *n.* saying, proverb; *p. p.* said; previously mentioned; **mejor dicho** rather
dictadura dictatorship
diente tooth
diferencia; a diferencia de unlike, in contrast to
difícil difficult
dificultad difficulty
dificultar to obstruct, impede
difundir(se) to spread (*news*)
difunto dead person
dignidad dignity
digno de confianza trustworthy
dinero money
dios *sing.* god
diputado delegate
dirigente *m./f.* director; leader
dirigir* to direct; **dirigirse a** to speak to
disco record (*musical*)
discriminado discriminated against
discurso speech
discutible disputable, arguable
discutir to discuss; to argue
diseñar to design
disfraz *m.* disguise, costume
disfrazar* to disguise
disfrutar to enjoy
disgustar to be displeasing
disimular to conceal
disminución reduction
disminuir* to decrease, diminish
disparate foolishness
disparar to shoot
disparo (gun)shot
disponer* to provide
disponibilidad availability
dispuesto *p. p.* willing, ready
distinguir* to differentiate; to distinguish
distinto different, distinct
diván couch
diversidad diversity
divertir (ie, i) to enjoy
docena dozen
dólar dollar
doler (ue) to hurt, ache
dolor pain, grief

dominante predominant
dominio control; power
don (doña) courtesy titles used before Christian names
donar to give, bestow, contribute
donativo donation
dondequiera wherever
dondiego morning glory
dormir (ue, u) to sleep; to put to sleep; **dormir la siesta** to take a nap; **dormirse** to fall asleep
dotación endowment, settlement
duda doubt; **sin duda** doubtless
dudoso doubtful
dueño owner
dulces *pl.* candy, sweets
durante during
durar to last
duro hard

E

ebriedad drunkenness
ecuatoriano Ecuadorean
echar to throw; **echar la culpa** to blame
edad age
edificio building
educación education; upbringing
educativo educational
E.E.U.U. *abbreviation for* United States
efectuar* to bring about
eficacia efficiency
eficaz effective
ejecución execution
ejemplificar* to illustrate
ejemplo example
ejercer* to exercise; to practice (*a profession*)
ejercicio exercise
ejército army
elaborar to prepare; to spell out
elegir (i, i)* to elect; to choose
elevado high
elevar to raise
embajada embassy
embajador ambassador
embarazo pregnancy

embarcar* to set out
embargo: sin embargo nevertheless
embobarse to be astonished, amazed
emborracharse to get drunk
emisora broadcasting station
empanada meat pie
empañado tarnished
empate tie (*score*)
empedernido hardened
empeñarse en to insist on
empeorar(se) to worsen
empezar (ie)* (a) to begin
empleado employee
emplear to hire, employ; to use
empleo employment, use
emprender to undertake
emprendedor enterprising
empresa company, firm; **libre empresa** free enterprise
empujar to push
enamoradizo inclined to fall in love easily
encabezado headed, led (by)
encantar to delight
encarcelado imprisoned
encargarse* de to take charge of
encauzar* to channel
encendido turned on (*electrical*)
encerrar (ie) to confine, shut in
encima (de) on top (of); **por encima (de)** above
encontrar (ue) to encounter, find
encuesta poll, survey
encuestado person who is polled, surveyed
endiosar to inflate
enemigo enemy
enfadar to anger
enfermarse to get sick
enfermedad illness
enfermo sick
enfoque focus
enfrentamiento confrontation
enfrentar to face; **enfrentarse con** to confront
enfrente de in front of
enganchado hooked
engañar to deceive
engaño deceit; misunderstanding
engendrar to create

enjuto lean
enloquecer* to drive insane, mad
enmienda amendment
enojado angry
enriquecer* to enrich
enseñanza teaching
enseñar to teach; to show
entender (ie) to understand
enterarse de to find out about
enterrar (ie) to bury
entierro burial
entonces then; en aquel entonces back then
entrada entrance; ticket
entrar to enter
entre between; among
entregar* to deliver; to hand over
entrenador trainer; coach
entrenamiento training
entrenar to train
entretener (ie)* to amuse, entertain
entrevista interview
entrevistar to interview
entrometerse to get involved
enviar* to send
envidia envy
envolver (ue)* to involve
equilibrado balanced
equilibrio balance; frenos y equilibrios checks and balances
equiparable comparable, equal
equiparar to be on a level with, compare to
equipo team; equipment
equivaler* to be the same as, equivalent to
equivocado mistaken
erigir (i, i)* to erect
esbozar* to sketch
escalofríos chills
escaramuza skirmish
escasear to be in short supply
escasez scarcity
escaso scarce; few; limited
esclavitud slavery
esclavizar* to enslave
esclavo slave
escoger* to choose
escolar adj. school
esconder to hide
escribir* to write
escritor writer
escuchar to listen to

escuela school; escuela primaria elementary school
esculpir to sculpt
esfera sphere
esforzar(se) (ue)* to force (oneself)
esfuerzo effort
esgrima fencing (sport)
espada sword
espalda n. back
espantoso fearful, frightful
esparcir* to scatter
especie f. species; type, class
esperanza hope
esperanzador hopeful
esperar to wait; to hope
espina thorn
espíritu m. spirit
esposo spouse
esquema m. scheme, plan
esquina corner
establecer* to establish
establecimiento establishment
estadio stadium
estadista m. individual favoring statehood
estado state; condition; estado de sitio martial law; golpe de estado coup d'etat, military takeover
estadounidense of or pertaining to the United States
estallar to burst; to break out
estancado stagnant
estaño tin
estar* to be; estar de acuerdo to agree
estatal adj. state
estilo: estilo de vida life-style
estimar to appreciate; to estimate
estival adj. summer
estorbar to hinder
estorbo obstacle
estrecho close; narrow
estrecharse la mano to shake hands
estrechez need, want
estudiante m./f. student
estudiar to study
estudio study
etapa stage, step
evitar to avoid
exigencia demand
exigente demanding
exigir* to demand

exiliado exiled person
exilio exile
éxito success: tener éxito to be successful
expectativa expectation
experimentar to experience
explicación explanation
explicar* to explain
explotar to exploit
exponer* to expose
expuesto p. p. exposed
extenso extended
exterior: política exterior foreign policy
extraer* to extract
extranjero n. foreigner; foreign place; adj. foreign
extrañar to miss, long for; to appear strange
extraño strange

F

fábrica factory
fabricado made, manufactured
fabricante manufacturer
facción facial feature
fácil easy
facilidad facility
fagocitado ingested, absorbed
falta lack, need; hacer falta to be necessary, missing
faltar to miss; to be lacking
familiar n. relative; adj. family
fantasma m. ghost
favor: por favor please
favorecer* to favor
fe f. faith
fecundo fruitful, fertile
fecha date
felicidad happiness
felicitar to congratulate
feliz happy
feo ugly
feria fair
feroz ferocious
ferrocarril railroad
ficha index card; file
fiel faithful; los fieles congregation
fiesta party
fijar to fix; fijarse en to notice
fila row

fin end; purpose; **al fin y al cabo** when all is said and done; **en fin** in short; **fin de semana** weekend; **por fin** finally
final: al final finally
financiar to pay for
financiero financial
finca farm
fingir* to pretend
firma signature; signing
firmar to sign
flaco skinny
flojo lazy; remiss
flor *f.* flower
foco focus
fomentar to stir up
fondo: a fondo in depth
fondos funds
forastero stranger
forma form; **de esta forma** in this way; **de todas formas** at any rate
formación educational preparation
formulario form; application
fortalecer* to fortify, strengthen
forzar (ue)* to force
forzoso forced
fracasar to fail
fracaso failure
francés *n.* and *adj.* French
franquista supporter of Franco
frase *f.* phrase; sentence
frenar to control; to brake
freno control; brake; **frenos y equilibrios** checks and balances
frente *n. m. sing.* front lines; **frente a** *prep.* facing; **hacer frente a** to face, confront
frío cold
frito *p. p.* fried
frontera border
frotar to rub
fuego fire
fuente *f.* source
fuera outside
fuerte strong
fuerza strength, force; **por fuerza** obligatorily
fumador smoker
fumar to smoke
función function; show
funcionamiento functioning
funcionar to function; to work
fundar to found
fundidor welder

funeraria funeral home
fusil rifle
fusilar to shoot, execute
fútbol soccer

G

gacho bent downward
gafas (eye)glasses
gallina hen
gamín street urchin
ganado livestock
ganancia earnings
ganar to win; to earn money; **ganarse la vida** to earn one's living
garganta throat
gasolinera gas station
gastar to spend; to use up
gasto expense; use; waste
gato cat
general: por lo general generally
género class, type; **género humano** human race
gente *f. sing.* people; common people
gesto gesture; expression
girar to revolve, rotate
gitano gypsy
gobernador *m.* governor
gobernar (ie) to govern
gobierno government
godo goth, visigoth
gol goal (*sport*)
golondrina swallow (*bird*)
golosina delicacy, sweet
golpe blow; **golpe de estado** coup d'etat, military takeover
golpear to beat, strike
gordo fat
gozar* to enjoy; to benefit from
grabación recording, taping
grabar to engrave; to record
gracia mercy
gracias thanks; **dar las gracias** to thank
gracioso funny, amusing
grado degree (*temperature*); grade; level
gran, grande great; large
grandeza greatness, grandeur
granja farm
granjero farmer
gratis free (of charge)
grave grave, serious

gravedad gravity, seriousness
griego *n.* and *adj.* Greek
gripe *f.* flu
gritar to shout
grito shout, cry; **grito de combate** battle cry
grúa crane, derrick
guapo handsome
guardar to keep; to save, set aside
guardia *m.* guard
gubernamental governmental
guerra war
guerrillero *n.* guerrilla; *adj.* of guerrilla fighters
guiar* to guide
guiño wink
gusano worm
gustar to be pleasing
gusto taste; pleasure

H

haber* to have: **haber de +** *inf.* to have to; **haber que +** *inf.* must; **hay** there is, there are
habitante inhabitant
habla speech
hablar to speak
hacer* to do; to make; **hacerse** to become; **hacer burla de** to make fun of; **hacer caer** to drop; **hacer caso de** to pay attention to; **hacer falta** to need; **hacer frente a** to face, confront; **hacerse pedazos** to fall to pieces; **hacer un papel** to play a role; **hacer un viaje** to take a trip; **hace +** (*period of time*) ago; **hace poco** a short time ago
hacia toward
hallar to find
hambre *f.* hunger
hasta until; up to; even
hectárea hectare (*measure of surface area*)
hecho *n.* fact, deed; *p. p.* made; **de hecho** in fact
helado ice cream
heredero heir
herencia heritage; inheritance
herida wound, injury
hermana sister

hermano brother; *pl.* siblings
hermoso beautiful
hervir (ie, i) to boil
hierba grass, vegetation
hierro iron
hígado liver
hija daughter
hijo son; *pl.* children
**hincapié: hacer hincapié
  en** to emphasize
hispanoparlante Spanish-
  speaking
hogar hearth; home
hogareño of the home
hoja leaf
hojalata tinplate
hombre man; mankind;
  **hombre de
  negocios** businessman
hondo deep, low
hongo mushroom
hora hour
horario schedule
hormiga ant
hosco gloomy
hospicio orphange
hostilidad hostility
hoy today; **hoy (en)
  día** nowadays
hoya hole; pit; river basin
hoyo hole, pit
huérfano orphan
hueso bone
huésped *m.* guest
huir* to flee
humanidad humanity
**humano: género
  humano** human race
humilde humble
humo smoke
hundir to sink
huracán *m.* hurricane

I

ida: de ida y vuelta *adj.*
  round-trip
identidad identity
idioma *m.* language
iglesia church
igual equal; **igual
  que** + *noun* like + *noun*; **al
  igual que** while, at the
  same time as
igualdad equality
imborrable unerasable,
  indelible
imperar to reign
implicar* to imply
imponer* to impose

importar to be important; **no
  importa** it doesn't matter
impedir (i, i) to impede,
  hinder
impresionante impressive
impreso printed
imprevisto unforeseen,
  unexpected
imprudente rash
impuesto *n.* tax; *p. p.*
  imposed
incapaz incapable
incluir* to include
inclusive *adv.* including
incluso *adv.* including; even,
  actually
incómodo uncomfortable
inconcebible inconceivable
incontenible uncontrollable
índice rate
indicio indication; evidence
indígena *inv.* indigenous,
  native; Indian
indiscutible indisputable
índole *f.* nature, type
indudable unquestionable;
  without doubt
ineficaz ineffective
inesperado unexpected
inestabilidad instability
infanticidio child-murder
infierno hell
influir* to influence
informe report
infranqueable impassable
infundado unfounded
ingenuo candid, ingenuous,
  innocent
ingerir (ie, i) to ingest
Inglaterra England
ingresar to join
ingresos *pl.* income
iniciar to begin
inmaduro immature
inmigración immigration
innocuo harmless
inquietarse to become
  restless
insatisfecho dissatisfied
insuperable insurmountable
integrar to make up, form
integridad integrity
intensidad intensity
intensificar* to intensify,
  grow stronger
intentar to try, attempt
intento attempt
intercambio exchange
interés interest
interior: asuntos interiores
  internal affairs

intervenir (ie)* to intervene
intimidad intimacy
íntimo intimate
intuir* to intuit, know
  intuitively
inundar to flood
inútil useless
inversión investment
inversionista investor
invertir (ie, i) to invest
invierno winter
invitado guest
involucrado wrapped up;
  involved
inyectarse to give oneself an
  injection, shot
ir* to go; **irse** to go away
Irlanda Ireland
irlandés Irish
irrefrenable uncontrollable
irremisiblemente unfailingly
isla island
izquierda left (*direction*)
izquierdista *m./f.* leftist

J

jamás never
Japón Japan
japonés *n.* and *adj.* Japanese
jaqueca migraine
jarabe syrup
jardín garden
jefe boss
jerárquico hierarchical
jíbaro peasant; poor farmer
jondo form of **hondo** in
  Flamenco music
jornada working day
joya jewel
joven young
jubilación retirement
jubilado retiree
judío *n.* Jew; *adj.* Jewish
juego game; **estar en
  juego** to be at stake
juerga spree
jugador player
jugar (ue)* to play
jugo juice
juguetear to toy with; to
  frolic
juicio judgment, decision
junta military government
juntarse to join
junto together
jurídico *adj.* legal
juventud youth
juzgar* to judge

L

laboral *adj.* labor
labrador worker
ladear to tilt
lado side; **al lado de** next to; **por un lado... por otro** on the one hand . . . on the other
ladrón thief
lago lake
lamer to lick
lapicero pencil case
lápiz *m.* pencil
largo long; **a largo plazo** in the long run; **a lo largo de** throughout
lastimar to wound
lata can (*food container*); tin can; tin
latido beat
latifundio vast rural property
latifundista *m.* owner of vast rural property
lavar to wash
lazo tie, link
lealtad loyalty
lección lesson
lector reader
lectura reading; reading selection
leche *f.* milk
leer* to read
legado legacy
legitimidad legitimacy
lejanía distance, remoteness
lejano distant, remote, far
lejos far
lema *m.* slogan
lengua language
lenguaje language
lento slow
letra words (*of a song*)
letrero sign
levantar to build, erect
leve light (*in weight*)
ley *f.* law
liar* to roll (*a cigarette*)
libertad liberty
librarse to free oneself
libre free; **libre empresa** free enterprise
librería bookstore
libro book
lid contest, fight; bullfight
ligar* to join
limonero lemon tree
linchamiento lynching
listo ready
lobo shy, unsociable

loco crazy
locuacidad talkativeness
lograr to achieve
logro achievement
Londres London
lucha fight, struggle
luchador *m.* fighter
luchar to fight, struggle
lúcidamente clearly
luego then; later
lugar place; **en lugar de** instead of
lujo luxury
lujoso luxurious
luz *f.* light; **dar a luz** to give birth

LL

llamada call
llamar to call
llamativo eye-catching
llano *adj.* flat
llave *f.* key
llegada arrival
llegar* to arrive; **llegar a** + *inf.* to reach the point of; **llegar a ser** to become
llenar to fill
lleno full
llevar to carry; to take; to lead (*a life*); to wear; to bear (*arms*); to spend (*time*); to lead to; **llevar a cabo** to carry out
llorar to cry
llover (ue) to rain
lluvia rain

M

madera wood
madero policeman (*slang*)
madre *f.* mother
madrileño from Madrid
madrugada dawn
maduro mature
maestro teacher
maíz corn
majadero foolish, silly
majestad majesty; kingship
mal (malo) *n.* evil; *adj.* bad
maldición curse, damnation
maleta suitcase
mancha spot, stain
mandamiento commandment
mandar to send
mandato command
manejar to manage; to drive

manera manner, way; **de esta manera** in this way; **de la misma manera** in the same way; **de manera** + *adj.* in a (particular) way; **de manera semejante** similarly
manifestación demonstration, protest; display
manifestar (ie) to show, expose
maniobra handiwork; maneuver
mano *f.* hand; **mano de obra** work force
manso docile
mantener (ie)* to maintain; to keep up (*a custom*)
mantenimiento maintenance
mantilla lace headcover for a woman
manzana apple
mañana *n.* morning; *adv.* tomorrow
máquina machine
mar sea
maravilla marvel
marcha: poner en marcha to set in motion
marcharse to leave
margen: al margen de out of the mainstream
marginado shut out, out of the mainstream
marido husband
marrón brown
martillero owner or manager of an auction house
más more; **el más allá** the beyond; the hereafter; **cada vez más** increasingly; **es más** furthermore
masa mass (*of people or material*); **en masa** en masse
masaje massage
máscara mask
masticación chewing
masticar* to chew
matador bullfighter
matanza killing, slaughter
matar to kill
materia subject matter (*school*); material; **materias primas** raw materials
matinal *adj.* morning
matiz shade
matrimonio marriage; married couple

mayor older, bigger; **los mayores** adults
mayoral overseer
mayoría *n.* majority
mecanografiado typed, typewritten
media half; middle; **clase media** middle class
mediano middle-sized; average
medianoche *f.* midnight
mediante by virtue of; by means of
médico *n.* doctor; *adj.* medical
medida measure; means; **en gran medida** to a large extent
medio *n.* half; middle; means, method; *adj.* average; mid; **en medio de** in the middle of; **por medio de** by means of
médula essence
mejillón sea mussel
mejor better; **a lo mejor** perhaps; **mejor dicho** rather
mejora improvement
mejoramiento improvement
mejorar to improve
melisa lemon balm
melómano music enthusiast
menor younger; less
menos less; fewer; except; **a menos que** unless; **al menos** at least; **por lo menos** at least
mensaje message
mensual monthly, per month
mente *f.* mind
mentir (ie, i)* to lie
mentiroso deceitful
menudo: a menudo frequently
mercado market
mercancía merchandise
merecer* to merit, deserve
mes *sing.* month
mesa table
meseta plateau
mestizo of Indian and European ancestry
meta goal
meter to put in; **meterse** to get in
mezcla mixture
mezclar to mix
mezquindad poverty

miedo fear; **tener miedo** to be afraid
miel *f.* honey
miembro member
mientras while
milagro miracle
milla mile
minero *adj.* mining
mínimo minimum; **en lo más mínimo** in the slightest
minoría *n.* minority
mirada gaze
mirar to look at
misa mass (*Catholic*)
misionero missionary
mismo same; **al mismo tiempo** at the same time; **del mismo modo** similarly; **de la misma manera** in the same way; **ellos mismos** they themselves; **sí mismo** oneself
mitad half
mito myth
moda fashion, style
modo manner, way; **a modo de** by way of; **de modo semejante** in the same way; **de ese modo** thus; **del mismo modo** similarly; **de otro modo** otherwise; **de todos modos** at any rate, anyway
molestar to bother, annoy
molestia injury; bother
momento moment; **de momento** at the moment
momia mummy
monedero coin purse
mono monkey
monolingüe monolingual, knowing only one language
montador installer, fitter
montar to put up, erect
monte mountain
montón heap; large amount
morador inhabitant, resident
morbo pallor
moreno brown-skinned; brunet
morir (ue, u)* to die
mortalidad mortality
mostrador counter
mostrar (ue) to show
motociclismo *n.* motorcycling
mover (ue) to motivate; to move

mucho *adj.* much; *pl.* many; *adv.* a lot
mudarse to move (*to a new residence*)
mudo silent; mute
muerte *f.* death
muerto *n.* dead person; *p. p.* dead
muestra sample
mugre *f.* filth
mujer *f.* woman
mulero muleteer
mundial *adj.* world
mundo *n.* world; **todo el mundo** everyone
municipio municipality
muñeca wrist
muñeco puppet
muralla wall
músculo muscle
músico musician

N

nacer* to be born
nacido: recién nacido newborn
nacimiento birth
nacionalidad nationality
nada nothing; *adv.* not at all
nadar to swim
nadie no one, not anyone
naipes *pl.* playing cards
nana lullaby
naranja *n.* orange
naranjo orange tree
nariz nose
narrar to narrate
natación *n.* swimming
natal *adj.* birth
natalidad birth
naturaleza nature
necesidad necessity
necesitar to need
negar (ie)* to deny; **negarse a** + *inf.* to refuse to (*do something*)
negociante *m./f.* business person
negocio business; **hombre de negocios** businessman
negro black
nena baby girl
nene baby boy
neoyorquino of or pertaining to New York
netamente purely, genuinely
nevado snow-covered
ni neither; **ni... ni** neither . . . nor; **ni siquiera** not even

nicaragüense of or pertaining to Nicaragua
nieto grandchild
nieve *f.* snow
niña little girl
niñez childhood; infancy
niño child, little boy
niñera nurse; babysitter
nivel *m.* level; **nivel de vida** standard of living
nobleza nobility
nocivo harmful
noche *f.* night; **esta noche** tonight
nombrar to name
nombre name
noreste *n.* northeast; *adj.* northeastern
norma norm, rule
noroeste *n.* northwest; *adj.* northwestern
norte *n.* north; *adj.* northern
norteño *adj.* of or from the north
nota grade; **sacar una nota** to receive a grade
noticias *pl.* news
novedad novelty
novia girl friend; fiancée; bride
noviazgo engagement
novio boyfriend; fiancé; groom
nube *f.* cloud
nublado cloudy
nuera daughter-in-law
nueva (*piece of*) news
nuevo new
nuez nut
nunca never
nutrir to nourish
ñoño feeble-minded; naive

O

obedecer* to obey
obispo bishop
obra work (*of art, literature, etc.*); **mano de obra** work force
obrar to act, behave
obrero worker
obsequiar* to entertain; to lavish attention on; make a fuss over
observador observer
obstante: no obstante nevertheless
obtener (ie)* to obtain
ocasionar to cause
occidental western

ocio leisure; free time
ocultar to conceal
oculto concealed
odiar to hate
odio hatred
oeste *n.* west; *adj.* western
oferta offer
oficio trade
ofrecer* to offer
oír* to hear
ojalá *interj.* I wish, hope
ojera bag under the eye
ojo eye; **¡Ojo!** Be careful!
ola wave
oleada wave, surge
olfato smell; sense of smell
olvidar to forget
opinar to think; have an opinion
oponerse* (a) to oppose
optar por to choose
oración sentence
orden *m.* order, sequence; *f.* order, command
orgullo pride
orgulloso proud
oriental *adj.* eastern
oriente east
origen origin; **dar origen** to cause
originario *adj.* native
oro gold
oscilar to oscillate, vary
oscuro dark
oso bear
otorgar* to give, grant
otoño fall (*season*)
otro other; another; **de otro modo** otherwise; **otra vez** again; **por otra parte** on the other hand

P

pacífico peaceful
padecer* to suffer
padre father; *pl.* parents
padrino godfather; *pl.* godparents
pagar* to pay (for)
página page
pago pay, wage
país country
paisaje landscape, countryside
pájaro bird
palabra word
palco theater-box
pan bread
panadería bakery
pandilla gang

pantalla screen
pañuelo handkerchief
papa *m.* pope
papá *m.* dad
papel paper; part, role; **desempeñar (hacer) un papel** to play a role
papeleta ballot
paquete package
par: a la par at the same time
para for; in order to; intended for; **para que** so that; **para siempre** forever
parabrisas *sing.* windshield
parachoques *sing.* bumper
paradójico paradoxical
paraíso paradise
parar to stop
parcela plot (*of land*)
parecer* to seem, appear; **parece que** it looks like
parecido similar
pared wall
pareja pair; partner
parentesco relationship
pariente relative
paro suspension of work; unemployment
parque park
párrafo paragraph
parroquia parish
parte *f.* part; **en gran parte** generally; **la mayor parte** the majority; **por parte de** on the part of; **por una parte... por otra (parte)** on the one hand . . . on the other hand
particular *n.* point, matter; *adj.* particular, specific
partidario supporter, follower
partido game, match; political party
partir (de) to depart, take off; **a partir de** after
parto childbirth, delivery
pasado past
pasaje passage; voyage
pasajero traveler
pasar to occur, happen; to spend (time); **pasar por** to go by
pasatiempo pastime
paseante passerby
pasillo hallway
paso pass; step
pastel pastry
pastelería pastry shop; bakery

pastor shepherd
patria native land
patrón pattern; boss
payo term used by Spanish
  gypsies to refer to
  outsiders
paz *f.* peace; **Cuerpo de
  Paz** Peace Corps
pecho chest, breast; **dar de
  pecho** to nurse (*an infant*)
pedazo piece; **hacerse
  pedazos** to fall to pieces
pedir (i, i) to ask for; **pedir
  permiso** to ask
  permission; **pedir
  prestado** to borrow
pegado stuck; glued
pelar to peel
pelea fight
película film; movie
peligro danger
peligroso dangerous
pelo hair
pena pain; **pena de
  muerte** death penalty
penalidad suffering; penalty
penoso painful
pensar (ie) to think; **pensar
  en** to think about
peor worse
pequeño small
percha coat hanger
perder (ie) to lose; **echar a
  perder** to waste; to throw
  away
pérdida loss
perdurar to last, endure
peregrinaje *m.* pilgrimage
peregrino pilgrim
pereza laziness
perezoso lazy
periferia periphery
periódico newspaper
periodista *m./f.* reporter,
  journalist
perjudicar* to hurt, damage
permanecer* to remain
permiso permission;
  **permiso de
  conducir** driver's license;
  pedir permiso to ask
  permission
perplejo perplexed,
  confused
perro dog
perseguido persecuted
personaje character, figure
pertenecer* to belong
perteneciente belonging to
peruano *n.* and *adj.*
  Peruvian

pesadilla nightmare
pesado heavy
pesar: a pesar de in spite of
pesca fishing
pescador fisherman
pese a in spite of
peso weight
pesquero *adj.* fishing
peste *f.* plague; pest
peta joint (*cigarette*)
petróleo *n.* oil
petrolero *adj.* oil
petrolífero oil producing
peyote type of cactus
pez *m.* fish
picada taste, little bit
picante spicy
pico peak; beak
pie foot; **a pie** on foot; **de
  pie** standing; **en
  pie** standing; remaining;
  seguir en pie to continue
  to exist
piedra rock, stone
piel *f.* skin; fur
pierna leg
pieza piece; (*theater*) play
pila battery
pileta small pool
pincharse to prick, puncture;
  to give oneself a shot
pinchazo puncture
pinta: tener pinta de to have
  the appearance of
pintarse to put on makeup
pintura painting
pipa pipe (*for tobacco*)
piratería aérea skyjacking
piscina swimming pool
piso apartment (*Spain*)
pista clue, trace; track
pitillo cigarette (*slang*)
pitón budding horn (*of a
  young bull*)
placer pleasure
plantear to pose (*a problem*)
plata silver; money (*slang*)
plátano banana
plato dish
playa beach
plazo: a largo plazo in the
  long run
pleno full, complete
pliego gathering; fold
poblador settler
poblar (ue) to populate, settle
pobre poor; unfortunate
pobreza poverty
poco *n.* bit; *adj.* small; **poco
  a poco** bit by bit;
  pocos few

poder (ue)* *v.* to be able; *n.
  m.* power; **puede que** it
  may be
poderoso powerful
policía *m.* policeman; *f.*
  police force
política politics; policy
político politician
politización political
  awareness
Polonia Poland
pollo chicken
polluelo chick, small
  chicken
poner* to put, place;
  ponerse a + *inf.* to begin
  to (*do something*);
  ponerse + *adj.* to become;
  ponerse de acuerdo to
  agree; **poner en duda** to
  call into question
popular of, for the people
por by; for; through; toward;
  por ciento percent; **por
  consiguiente** consequently;
  por debajo de under; **por
  ejemplo** for example; **por
  el contrario** on the other
  hand; **por ello** therefore;
  por eso therefore; **por esto**
  for this reason; **por favor**
  please; **por fin** finally; **por
  fuerza** necessarily; **por la
  noche** in the evening, at
  night; **por lo general**
  generally; **por lo menos** at
  least; **por lo tanto**
  therefore; **por medio
  de** by means of; **por si
  acaso** just in case; **por sí
  solo** by oneself; **por suma**
  in summary; in addition;
  por supuesto of course;
  por último finally; **por un
  lado... por otro** on the
  one hand . . . on the other
  hand; **por una parte... por
  otra** on the one hand... on
  the other hand; **algo por el
  estilo** something along
  those lines; **darle a uno
  por** + *inf.* to finally decide
  (*to do something*); **pasar
  por** to go by
porcentaje percent,
  percentage
pormenor *m.* detail; minute
  account
porro marijuana cigarette,
  joint
portal doorway

portarse to behave
portátil portable
porvenir future
postre dessert
practicar* to participate in (*sports*); to practice
precio price
preciso: es preciso it is necessary
predecir (i)* to predict
predicar* to preach; predicar con el ejemplo to practice what one preaches
predispuesto *p. p.* predisposed
prefijo prefix
pregunta question
preguntar to ask a question
preinfarto precoronary attack
prejuicio prejudice
premiar to reward
premio award, prize
prensa press (*journalism*)
preocupar to worry
prescripto prescribed
presión pressure
preso prisoner
prestado: pedir prestado to borrow
préstamo loan
prestar to lend; prestar atención to pay attention
presunto presumed
presupuesto budget
pretender + *inf.* to try to (*do something*)
prevenido prepared
prevenir (ie)* to foresee; to prevent
previsión foresight
primario: escuela primaria elementary school
primas: materias primas raw materials
primavera spring (*season*)
primer (primero) first
primigenio pristine
primo cousin
principio beginning; principle; a principios de at the beginning of; al principio at first; desde el principio from the beginning; en un principio at first
privación deprivation
privado *adj.* private
privar to take away, deprive

probar (ue) to prove
procedencia source; origin
procedente de coming from, originating in
procesamiento prosecution
prófugo fugitive
profundizar* to study in depth
prójimo neighbor, fellow man
promedio *n.* average
promesa promise
prometer to promise
promover (ue) to urge; to promote
pronosticar* to predict
pronto soon; promptly
propiedad property; characteristic
propietario property owner
propio own
proponer* to propose; to put forward
proporcionar to give, yield
propósito purpose; a propósito by the way
proscrito *p. p.* outlawed; *n.* outlaw
prostíbulo house of prostitution
proteger* to protect
provechoso profitable
proveer* to provide
provenir (ie)* to come from; to stem from
proximidad closeness
próximo next
prueba test
psicólogo psychologist
psicoterapéutico psychotherapeutic
psicoterapia psychotherapy
pubertad puberty
público *n.* audience; *adj.* public
pueblo town; common people
puente bridge
pueril childish
puerta door
puerto port
pues *adv.* well
puesto position, job; puesto que since, given that
pulgada inch
pulmón lung
pulpo octopus
puñado handful
pureza purity; innocence

Q

quedar to remain, to be left; quedarse to stay, to remain; quedarse + *adj.* to become
quehacer task, chore
queja complaint
quejar(se) to complain
querer (ie)* to want; to love
querido dear; ser querido loved one
queroseno kerosene
quietud quietness, tranquility
química *n.* chemistry
químico *adj.* chemical
quinto fifth
quitar to take away; to remove; quitarse to take off
quizá(s) perhaps

R

rabino rabbi
racionamiento rationing
raíz root
ramo branch
rapidez rapidity, velocity
raptar to kidnap
rapto kidnapping
rascacielos *sing.* skyscraper
rasgo characteristic, trait
raspar to rub off, erase
rato short while
raza race (*ethnic*)
razón *f.* reason; a razón de at the rate of; tener razón to be right
razonamiento reasoning
real real; royal
realizar* to achieve; to carry out
rebelde *m./f.* rebel
recaudado collected
recelo apprehension; suspicion
receta recipe
recibir to receive
recién, reciente *adv.* recent
reciente *adj.* recent
recinto area
reclamar to demand
recobrar to recover
recoger* to gather
recogida harvest; collection
reconocer* to recognize
reconocimiento recognition

recopilar to summarize; to
   compile
recordar (ue) to remember
recorrer to travel across
recreo recreation
recuerdo memory
recurrir a to resort to
recurso resource
rechazar* to reject
rechazo rejection
redactar to compose, to
   write
redada dragnet
redondo round
reemplazar* to replace
reflejar to reflect
reflejo reflection
reflexionar to reflect on,
   think about
reforzar (ue)* to reinforce
refrenar to restrain
refrendado *adj.* put to a
   vote
regalar to give (*a gift*)
regalo gift
regalonear to pamper, spoil
regir (i, i)* to be in force,
   prevail; to govern, rule
registrar to search;
   registrarse to happen
regla rule
regresar to return
reivindicar* to recover,
   regain possession of; to
   vindicate
relajar to relax
relatar to tell a story
reloj *m.* clock, watch
remedio remedy
remitir (i, i) to put aside; to
   send (*money*)
rendimiento yield;
   production
renombre fame
renta income
renunciar to give up
reparar en to consider; to
   pay attention to
repartir to divide up
**repente: de
   repente** suddenly
repentinamente suddenly
repercutir to have an effect
   on
replegar* (ie) to fall back,
   retreat
réplica reply, answer
reportaje report
represalia reprisal,
   retaliation

representar to represent; to
   put on (*a play*)
resaltar to stand out
rescate ransom
reseña review, critique
respaldar to back, support
respaldo backing, support
respirar to breathe
respuesta answer, response
restante remaining
restar to take away
resto rest; *pl.* remains
restringido restricted
resuelto *p. p.* resolved
resumen summary
resumir to summarize
resurgimiento resurgence
retar to challenge
retirada retreat, withdrawal
reto challenge
retratar to paint a portrait; to
   depict
retrato portrait
retroceder move back
retrógrado backward (*said of
   ideas*), reactionary
reunión meeting
reunir to bring together
revelador revealing
reventa retail, resale
revista magazine
rey *m.* king
reyerta brawl
rezar* to pray; to read (*law*)
rezo prayer
rico rich
riesgo risk
riflero rifleman
rincón corner (*of a room*)
riña fight
río river
riqueza riches, wealth
risueño pleasing, agreeable
ritmo rhythm
rito rite, ceremony
rodear to surround
rodilla knee
roer* to gnaw
rojo red
romper* to break
rondar to hover around
ropa clothing
rostro face
roto *p. p.* broken
rubio blond
rúbrica rule; custom; text
rubro heading, category
ruina ruin
rutinario *adj.* routine
ruso *n.* and *adj.* Russian

S

saber* to know; **saber** + *inf.*
   to know how to (*do
   something*)
sabor flavor
sacar* to take out; **sacar una
   nota** to receive a grade
sacerdocio priesthood
sacerdote priest
sacudir(se) to shake (*off*)
sagrado sacred
sal *f.* salt
sala room; **sala de
   estar** living room
salida departure
salir* to leave (*a place*); to go
   out; **salir a** + *inf.* to go
   out to (*do something*); **salir
   adelante** to make
   progress; **salir bien
   (mal)** to succeed
   (fail)
salud health
salvador savior
salvaje *adj.* + *n.* savage;
   wild, untamed
salvar to save
salvo except; **estar a
   salvo** to be safe
san (santo) saint (*title for
   male*); **santa** holy, blessed
sano healthy
sancionar to disapprove,
   penalize
sangre *f.* blood
sangriento bloody
santuario sanctuary
satisfacer* to satisfy
satisfecho *p. p.* satisfied
sea: o sea that is; **sea...
   o...** whether . . . or . . . ;
   sea... que sea whatever
   . . . that may be;
   cualquiera que sea
   whatever . . . may be;
   por... que sea however
   . . . it may be
seco dry; barren
secuestrar to kidnap, abduct
secuestro kidnapping,
   abduction
sede *f.* seat
sefardí *m.* Sephardi (*a
   Spanish or Portuguese Jew*)
seguir (i, i)* to continue; to
   follow; **seguir en pie** to
   continue to exist
según according to
segundo *adj.* second

seguridad security
seguro *adj.* safe, sure; certain; *n.* insurance
selva jungle
sello seal; stamp
semana week; **fin de semana** weekend
semejante similar; **de manera semejante** similarly; **de modo semejante** in the same way
semejanza similarity
semilla seed
senado senate
sencillez simplicity
sencillo simple
seno bosom, breast; security
sensible sensitive
sentarse (ie) to sit down
sentencia judgment (*legal*)
sentido sense; **¿en qué sentido?** in what sense (way)?; **tener sentido** to make sense
sentimiento feeling
sentir(se) (ie, i) to feel, be aware of
señal *f.* sign
señalar to indicate, point out
ser* *v.* to be, to exist; *n.* being
seriedad seriousness
serio serious; **tomar en serio** to take seriously
servil menial
servir (i, i) to serve; to be good for; **servir de** to serve as; **servirse de** to make use of
seta mushroom
siempre always
sierra mountain range
siesta nap; **dormir la siesta** to take a nap
siglo century
significado meaning (*of word or expression*)
significar* to mean
siguiente *adj.* following
silvestre wild, uncultivated
silla chair
simpático nice, kind
sin without; **sin embargo** nevertheless
sindicato labor union
sino but, but rather; **no ser sino** to be nothing but
sinvergüenza *m.* scoundrel, coward

siquiera: ni siquiera not even
sitio place; **estado de sitio** martial law
situado located, situated
soberanía sovereignty, rule
soborno bribe
sobrar to be more than enough
sobre over, on top of; about; **sobre todo** above all
sobrepasar to exceed
sobrepoblacíon overpopulation
sobrepoblado overpopulated
sobreseimiento suspension; dismissal
sobrevivir to survive
sociedad society
sociólogo sociologist
soga rope
sol sun
solamente *adv.* only
soldado soldier
soledad solitude, loneliness
soler (ue) to have the custom of; to generally do
solicitar to apply for
solo *adj.* alone; **por sí solo** by oneself
sólo *adv.* only
soltar (ue) to let loose
soltero unmarried, single
sombrío somber
someterse to submit
sondeo survey, opinion poll
sonido sound
sonoro harmonious, clear-sounding
sonrisa smile
soñar (ue)(con) to dream (about)
soportar to support; to put up with
sorber to sip; to sniff
sordo deaf
sorprendente surprising
sorprender to surprise
sorpresa surprise
soslayar to sidestep
sospecha suspicion
sospechar to suspect
sostener (ie)* to support
subempleado underemployed
subir to go up, climb
subrayar to underline
subvención grant (*of money*)
suceder to occur, happen
sucio dirty

sud *m.* south
suegro father-in-law
sueldo pay, wage
sueño dream; sleep
suerte *f.* luck; **tener suerte** to be lucky
sufijo suffix
sufrimiento suffering
sufrir to suffer; **sufrir cambios** to undergo changes
sugerir (ie, i) to suggest
sumamente very, extremely
sumiso submissive
sumo great, supreme
superar to overcome, surpass
supervivencia survival
suponer* to assume, presuppose
suprimir to suppress
supuesto *n.* assumption; *p. p.* supposed; **por supuesto** of course
sur *n.* south, *adj.* southern
sureste *m.* southeast
surgir* to arise; emerge
suroeste *n.* southwest; *adj.* southwestern
suspicaz suspicious; distrustful
susurrar to whisper

T

tabacalero *adj.* tobacco
tajante *adj.* incisive
tal such; **con tal (de) que** in case; **en tal caso** in that case; **tal (y) como** just as; **tal vez** perhaps
talego bag, sack
taller workshop; factory
tamaño size
tampoco *adv.* neither, not either
tan *adv.* so; **tan... como** as . . . as
tanda turn, rotation
tanto *adj.* and *adv.* so much, so many; **tanto... como** as well as; as much as; **por lo tanto** therefore
tapas hors d'oeuvres, snacks
tapujo: sin tapujos openly
taquicardia heart attack
taquilla ticket office, box office

tarde *adv.* late; *n. f.* afternoon
tardío *adj.* late
tarea task
tarjeta card
tasa rate
tata nanny; *m.* daddy
técnica technique
técnico *n.* technician; *adj.* technical
techo roof
tejado rooftop
telaraña spiderweb
televisión television (*program*)
televisor television set
tema *m.* theme, topic
temer to fear
temerario bold; reckless, rash
temeroso fearful
temor fear
templado mild, temperate
temporada period, season
temprano early
tender (ie) (a) to tend (to)
tenedor fork
tener (ie)* to have; to possess; **tener que** + *inf.* to have to (*do something*); **tener que ver con** to have to do with; **tener seis años** to be six years old; **tener cuidado** to be careful; **tener en cuenta** to keep in mind; **tener éxito** to be successful; **tener ganas** to feel like; **tener miedo** to be afraid; **tener pinta de** to have the appearance of; **tener presente** to bear in mind; **tener razón** to be right; **tener sentido** to make sense; **tener suerte** to be lucky; **tener vergüenza** to be ashamed; **ni que decir tiene que** needless to say
teoría theory
terapia therapy
tercer (tercero) *adj.* third
terminar to finish, end
término term; **en otros términos** in other words
ternura tenderness
terrateniente landowner
terremoto earthquake
terreno land, ground; plot of land; field (*of expertise*)
testaferro dummy

tía aunt
tiempo tense; time; **a tiempo** on time; **al mismo tiempo** at the same time; **hace mucho (poco) tiempo** a long (short) time ago
tienda store
tienta testing of the courage of young bulls
tierra land
tila linden tree
tinta ink
tío uncle; *pl.* aunts and uncles
tipificar* to characterize
tirar to throw; to tug on
tiro (gun)shot
tisana medicinal drink
tocar* to touch; to play a song or musical instrument
todavía still, yet; **todavía más (menos)** even more (less)
todo all; **con todo** nevertheless; **de todos modos** at any rate; **de todas formas** anyway; **del todo** wholly, completely; **en todo caso** at any rate; **sobre todo** above all; **todo el mundo** everyone; *pl.* everything, everyone
tomar to take; to consume; **tomar en cuenta** to take into account; **tomar en serio** to take seriously; **tomar medidas** to take steps
tontería foolishness
tonto silly, foolish
torear to fight bulls
toreo bullfight
torero bullfighter
torneo tournament, contest
torno: en torno a around
toxicomanía drug addiction
toxicómano drug addict
trabajador *n.* worker; *adj.* hardworking
trabajar to work
trabajo work, job
traba obstacle
trabar to strike up (*friendship*)
traducción translation
traducir* to translate
traer* to bring
traficante (drug) trafficker

traficar* to traffic in drugs
tragaperras slot machine
traje suit (*clothing*)
tras after
trasladarse to move to a new location
traslado move; transfer
trastorno disorder; disturbance
tratado treaty
tratamiento treatment
tratar to treat; to discuss; **tratar de** to try to; to deal with; **tratarse de** to be a matter of; to be a question of
trato treatment
través: a través de via, through, across
triste sad
tristeza sadness
tropezar (ie)* to stumble
tropiezo obstacle; difficulty
tumulto uproar; uprising

U

ubicar* to situate
último last; **en los últimos años** recently; **por último** finally
único unique; only
unidad unity; unit
unido united; close (*relationship*)
universidad university
universitario *adj.* university
usuario user
útil useful

V

vaca cow
vacío empty
vacunar to vaccinate
valer* to be worth
valiente brave
valor value; characteristic
vanidad vanity
vapor steam; steamship
vaquilla amateur bullfight with young bulls
varón male
vasco Basque
vaso drinking glass
¡vaya! Go on! Indeed!
veces: a veces sometimes
vecino *n.* neighbor; *adj.* neighboring
vela candle

velorio (funeral) wake
vencer* to conquer
vendedor seller
vender to sell
venerar to revere, honor
venezolano *n.* and *adj.*
Venezuelan
venir (ie)* to come; **venir a
ser** to turn out to be
venta sale
ventaja advantage
ventana window
ver* to see; **tener que ver
con** to have to do with
veraneante summer resident
veranear to spend the
summer
veraneo summer holiday(s)
veraniego relating to
summer
verano *n.* summer
verbena evening celebration
on the vigil of a saint's
day
verdad truth; **de verdad**
really; **¿verdad?** right?,
okay?
verdadero *adj.* true; rightful;
real
verde green
vergonzoso shameful
vergüenza shame; **tener
vergüenza** to be ashamed
vestido dress

vestir (i, i) to dress
vez time; **a veces** sometimes;
a la vez simultaneously; **a
su vez** in turn; **cada vez
más** increasingly; **en vez
de** instead of; **otra vez**
again; **tal vez** perhaps:
una vez once
vía férrea railroad tracks
viajar to travel
viaje trip
viajero traveler
vicio vice
vid grapevine
vida life; **estilo de vida**
life-style; **ganarse la vida**
to earn a living; **nivel de
vida** standard of living
vidente seer
viejo old
viento wind
vientre stomach; womb
vigente valid; in force
vigilar to watch over
vinculación bond, tie
vínculo bond, tie
vinícola *inv. adj.* wine
violación rape; violation
violar to violate; to rape
virtud virtue
viruela smallpox
visitante *m./f.* visitor
vista sight; view; **punto de
vista** point of view

viuda widow
viudedad widowhood
vivencia life experience
vivienda housing
vivir to live
vivo living, alive; vivid
voluntad will; desire
volver (ue)* to return; to
turn toward; **volver
a** + *inf.* to do (something)
again
voz voice; **en voz alta** in a
loud voice
vuelta *n.* return; **de ida y
vuelta** *adj.* round-trip

Y

ya already; **ya que** now
that, since
yacer* to lie, recline
yema tip (of a finger)
yerba grass
yista small rock or stone (*in
Quechua*)

Z

zafra crop; harvest season
zurdo left-handed; leftist
(*political*)

(Continued from page iv)

Readings   *Page 8* «Barrios más dignos», *Hoy* (19 Nov. 1984), Empresa Editora Araucaria, Santiago. *21* «María, *La Perrata*: El flamenco intuido y recordado». © *El País semanal*, Madrid. *44* «Eutanasia: El deber de vivir frente a la muerte voluntaria», *Cambio 16* (10 Feb. 1986), Madrid. *52* «Las tareas con mamá», *Clan* (Sept. 1984), Editorial Santiago, Santiago. *64* «Niños y abuelos: Una chispeante percepción», from the article «¿Regalonear es mal criar?», by Deborah Con. © *Carola*, Editorial Antártica, S.A., Santiago. *80* «Los parques nacionales: El último refugio de los colombianos», *El Tiempo* (12 Jan. 1986), Bogotá. *97* «¡Me falta algo!», *Clan* (Sept. 1984), Editorial Santiago. *123* «Oportunidades: perdidas y encontradas», by Carlos Fuentes, *El País semanal* (5 May 1986), Madrid. *132* «Judíos españoles sefardíes en busca de su raíz», *Cambio 16* (27 Jan. 1986), Madrid. *135* «Sínodo de sacerdotes casados», *Hoy* (18 Oct. 1983), Santiago. *146* «La secta Moon en la Argentina», by Daniel Hadad, *Somos* (23 April 1986), Buenos Aires. *177* «Cuba sin Cuba», *Cambio 16* (5 Nov. 1980), Madrid. *187* «Caídos del *caballo*», *Cambio 16* (15 Aug. 1983), Madrid. *194* «La vida de un camello», *Cambio 16* (15 Aug. 1983), Madrid. *218* «Exige la justicia de la democracia», *Cauce* (No. 3, 1984), Sociedad Editorial La República, Santiago. *230* «Insomnio: causas y remedios». © *El País*, Madrid. *234* «ExpoOcio», *Cambio 16* (17 March 1986), Madrid. *236* «El país del divan», *Somos* (26 Feb. 1986), Buenos Aires. *238* «Las angustias del tráfico», *Revista Triunfo* (14 Nov. 1970), Madrid. *239* «Han vuelto los serenos». © *El País*, Madrid. *240* «El estrés estival», *Somos* (29 Jan. 1986), Buenos Aires. *242* «Crece el interés de los españoles por la cultura». © *El País*, Madrid. *244* «La revolución del vídeo», *Cambio 16* (9 June 1986), Madrid. *247* «Los españoles y las máquinas tragaperras», *Cambio 16* (28 Oct. 1985), Madrid. *249* «Revivir un sueño», *Revista Semana* (26 May 1986), Bogotá. *254* «Un adiós de gloria y oro: Antoñete se despide de los toros», *Cambio 16* (30 Sept. 1985), Madrid.

Realia   *Page 8* Patricio Amengual (Revista «HOY», Chile); *51 Clan*, Sept. 1984 (Chile); *233 Cambio 16*, No. 746, March 17, 1986 (Spain); *238 Cambio 16*, March 17, 1986 (Spain); *241 Somos*, Jan. 29, 1986 (Argentina)

About the Authors

Mary Lee Bretz is Associate Professor of Spanish at Rutgers University, where she teaches undergraduate and graduate courses in Spanish language and literature. Professor Bretz received her Ph.D. in Spanish from the University of Maryland in 1973. She has published several books and numerous articles on Spanish literature.

Trisha Dvorak is Director of the Language Laboratory at the University of Michigan. She has coordinated elementary language programs in Spanish and taught courses in Spanish language and foreign language methodology. She is a certified Oral Proficiency Trainer in Spanish. Professor Dvorak received her Ph.D. in Applied Linguistics from the University of Texas at Austin in 1977. She has published articles on aspects of foreign language learning and foreign language teaching.

Carl Kirschner is Associate Professor of Spanish at Rutgers University, where he teaches courses in linguistics, applied Spanish linguistics, and second language acquisition. Professor Kirschner received his Ph.D. in Spanish Linguistics from the University of Massachusetts in 1976. He has published a book on Spanish semantics and articles on Spanish linguistics.